Wege des Lernens

herausgegeben von Ingo Baldermann, Christoph Bizer,
Helmut Ruppel und Michael Weinrich

Band 6

Peter Biehl
unter Mitarbeit von
Ute Hinze und Rudolf Tammeus

Symbole geben zu lernen

Einführung in die Symboldidaktik
anhand der Symbole
Hand, Haus und Weg

Neukirchener Verlag

© 1989
Neukirchener Verlag des Erziehungsvereins GmbH,
Neukirchen-Vluyn
Alle Rechte vorbehalten
Umschlaggestaltung: Kurt Wolff, Düsseldorf-Kaiserswerth
Umschlagabbildung: Die Steinigung des Stephanus (Museo de Arte Cataluna, Barcelona)
Gesamtherstellung: Breklumer Druckerei Manfred Siegel KG
Printed in Germany
ISBN 3-7887-1290-2

CIP-Titelaufnahme der Deutschen Bibliothek

Biehl, Peter:
Symbole geben zu lernen: Einführung in die Symboldidaktik
anhand der Symbole Hand, Haus und Weg / Peter Biehl. Unter
Mitarb. von Ute Hinze u. Rudolf Tammeus. – Neukirchen-
Vluyn: Neukirchener Verl., 1989
  (Wege des Lernens; Bd. 6)
  ISBN 3-7887-1290-2
NE: GT

Inhalt

3   **Zur Didaktik religiöser Symbole**

Vorwort

Das Buch möchte eine Einführung in die Symboldidaktik geben und mit ihren Chancen wie mit ihren Problemen vertraut machen, so daß eine differenziertere Betrachtung möglich ist. Dazu war es erforderlich, wenigstens indirekt ein Gespräch mit ihren Gegnern und mit ihren emphatischen Verfechtern zu führen. Schließlich sollte die These, daß die religiöse Rede in ihrem Kern *symbolisch-metaphorische* Rede ist, weitergeführt werden. Diese Intentionen ließen sich nicht immer gleichzeitig verfolgen.

Im Sinne einer *Einführung* beginnt man die Lektüre daher am besten mit dem Abschnitt 1.3.

Dem zweiten und dritten Teil liegen vielfältige Unterrichtserfahrungen zugrunde; sie sollen der Praxis wieder zugute kommen und zu entsprechenden Versuchen anregen. Als Beispiele haben wir drei Symbole ausgewählt, die alle mit der Raumerfahrung des Menschen zu tun haben.

Zu danken habe ich nicht nur Ute Hinze und Rudolf Tammeus, die unmittelbar an der Entstehung des Manuskripts beteiligt waren, sondern vielen Lehrern aller Schulstufen, die früher in Göttingen studiert und sich anschließend an einer experimentellen Praxis mit dem Symbolansatz beteiligt haben. Ihnen ist das Buch zugeeignet.

Manfred Josuttis schrieb gerade in seinem Lagebericht zur Praktischen Theologie, daß viele Seelsorger und Religionspädagogen die Einführung des Symbolbegriffs als *befreiend* empfunden haben, »weil sie ihnen den Umgang mit Bibeltexten und Ritualen erleichtert hat«. Wenn der Symbolansatz Religionspädagogen *zugleich* dazu verhilft, den Zugang zur Lebenswelt der Jugendlichen zu finden, entspricht das der hier verfolgten Intention.

Zu danken habe ich ferner dem Verlag für die sorgfältige Drucklegung. Frau Karin Krüger hat umsichtig das Manuskript erstellt. Frau Dipl.-Päd. Karin Kürten hat die Korrekturen gelesen und das Register angefertigt. Beiden danke ich für ihre Mithilfe.

Göttingen, im März 1988   Peter Biehl

1   Zur Theorie religiöser Symbole

Das Symbol gehört sowohl in eine *theologische Ästhetik* wie in eine *theologische Sprachlehre*. Es steht *zwischen* Bild und Wort und kann die unangemessene Spaltung zwischen Bild und Wort überwinden helfen. In dieser Möglichkeit, Wort und Bild, Sinnlichkeit und Sinn zu verbinden, liegt eine Chance der Symboldidaktik. Für die religionspädagogische Praxis ist es besonders gravierend, wenn auf der einen Seite ein instrumenteller Sprachgebrauch vorherrscht und auf der anderen Seite die »Ohnmacht rationaler Sprache« (Grassi) durch ein Höchstmaß an audio-visuellen Medien kompensiert werden soll. Eine Didaktik des »gefräßigen Auges« kann den Schaden der Erfahrungsarmut infolge einer bilderlosen Sprache und einer Abkoppelung von der natürlichen Mitwelt wie von der eigenen Leiblichkeit nicht mehr heilen. Die Theologie hat ihren Anteil an dieser Situation. »Obwohl die Bibel unerschöpfliches Material an menschlichen Erfahrungen, Gefühlen, Bildern und Symbolen liefert, hat sich die Theologie in ihrer Bemühung ... um begriffliche Klarheit oft von diesem Reichtum abgewendet und einzig auf das Wort konzentriert. Dabei stand und steht das geschriebene Wort ... deutlich im Vordergrund.«[1] Die Symboldidaktik kann selbstverständlich nicht auf das Wort und auf begriffliche Klarheit verzichten; sie berücksichtigt jedoch die auch entwicklungspsychologisch zu stützende Einsicht, daß Bilder und Symbole der Sprache *vorausliegen* und die in ihnen gesammelten Erfahrungen durch Worte, Symbole und Gesten wieder ausgelöst werden können.

Andere theologische Disziplinen mögen sich auf das »reine Wort« zurückziehen können; die Praktische Theologie muß berücksichtigen, daß der Streit um die Auslegung der Wirklichkeit immer auch *ein Streit um die Bilder* ist, die Macht über den Menschen gewinnen. So notwendig es ist, den Streit um die Bilder in der Christentumsgeschichte historisch zu verfolgen, so ist doch nicht zu übersehen, daß der Streit um die Bilder *heute* in der Gesellschaft und ihrer Schule stattfindet.

Bei Luther wird das Evangelium als wirksames, Heil und Gericht schaffendes Wort verstanden, bei dem – wie im Segen besonders anschaulich – Heil und Heilung, Wort und Leiblichkeit eng verbunden sind. Er wußte jedoch auch, daß das Wort etwas in das rechte Licht rückt, etwas in den Blick

---

1   *D. Ritschl*, Zur Logik der Theologie, München 1984, 41. Vgl. *J. Moltmann*, Gott in der Schöpfung. Ökologische Schöpfungslehre, München 1985, 19: »Würde man Bilder der Phantasie aus der Theologie verbannen, dann würde man die Theologie um ihr Bestes bringen.«

bringt, so daß man das Sichtbare neu und richtig wahrnehmen kann. Das
Wort bringt eine schöpferische Sehkraft mit sich, die in Gottes schöpferi-
schem Sehen gründet.[2]

»Für Luther gehört es zur Lebenswirklichkeit der Menschen, daß sie mit Bildern
umgehen. In Bildern stellen sich Menschen und Dinge dem Auge so dar, daß sie in
ihrer Bedeutung sichtbar werden ... Durch das Ansehen, das dem Bild gilt, konstituiert es sich wiederum als Bild.«[3] Bild und Blick (»Gesicht«) stehen in einem
dialektischen Verhältnis. Verändert werden müssen nicht die Bilder, sondern der
Blick der Menschen. In der Wahrnehmung durch Gott wird er vom »falschen Auge« befreit und lernt die Wirklichkeit mit den Augen Gottes wahrzunehmen. Luther erkennt also, daß der Streit um die Auslegung der Wirklichkeit im Bereich der
Wahrnehmung und des Sehens stattfindet.

Das Bild ist für unser »optisches Zeitalter« von besonderer Bedeutung und
bedarf einer eigenständigen Betrachtung innerhalb der Symboldidaktik.
Das Bild steht theologisch in Spannung zum Bilderverbot als dem Kriterium sachgemäßen Redens von Gott. G. Sauter hat das Bilderverbot (Ex
20,4) gegen das Symbol (»Götzenbild«) in Anspruch genommen.[4] Von einem sachgemäßen Verständnis des Bilderverbots hängt also zugleich die
theologische Sachgemäßheit des Symbolverständnisses ab. Auf der anderen Seite wird unbefangen von den »bildlichen Symbolen in der christlichen Kunst«[5] gesprochen oder der theologische Beitrag zur Interpretation
der bildenden Kunst unter dem Titel »Das Kunstwerk als Symbol« gefaßt.[6]
Wir nähern uns dem Verständnis des Symbols daher zunächst von dem
Problem des Bildes und des Bilderverbots, sodann von dem Problem der
poetischen Sprache her. In beiden Reflexionsgängen geht es darum, einen
sinnvollen Zusammenhang von Wort und Bild wiederherzustellen. Einen
Knotenpunkt der Überlegungen stellt die *ästhetische Erfahrung* dar; denn
der Begriff der ästhetischen Erfahrung umfaßt Wort und Bild, Ton und
Raum.[7]

---

2   Vgl. *E. Thaidigsmann*, Gottes schöpferisches Sehen, NZSTh 29 (1987) 19-38,
hier:19
3   Ebd., 25.
4   Vgl. *G. Sauter*, Was heißt: nach Sinn fragen?, München 1982, 133.
5   *D. de Chapeaurouge*, Einführung in die Geschichte der christlichen Symbolik,
Darmstadt 1984, 7ff.
6   Vgl. *R. Volp*, Das Kunstwerk als Symbol, Gütersloh 1966.
7   Der Abschnitt 1.2 konnte insgesamt kürzer ausfallen, weil hier Vorarbeiten
vorliegen (Symbol und Metapher. Auf dem Wege zu einer religionspädagogischen
Theorie religiöser Sprache, in: JRP 1 [1984], 1985, 29ff). Die poetische Sprache hat
einen sachlichen Vorrang innerhalb der theologischen Ästhetik; diese ist also nicht
- wie die Gliederung nahelegen könnte - auf die bildende Kunst einzuschränken.

1.1 Bildtheologie angesichts des Bilderverbots

1.1.1   Ein autobiographisches Beispiel (Elias Canetti)

Unser gängiges Lernverständnis ist einseitig kognitiv ausgerichtet; es ist nicht auf Symbole, schon gar nicht auf die *Vorgabe* von Symbolen angewiesen. Von einem solchen einseitig an Analyse und Aneignung von Sachverhalten orientierten Lernverständnis her muß der Titel »Symbole geben zu lernen« anstößig erscheinen. Er zielt auf eine *Erweiterung* des Lernverständnisses. Lernen ist wie Glauben ein ganzheitlicher Vorgang und – vermittelt durch das Verstehen – auf Erfahrung bezogen.[8] Ganzheitliches Erfahrungslernen aber ist auf Bilder, Imaginationen, Symbole und Geschichten angewiesen.

Elias Canetti erzählt in seiner Autobiographie, welche Bedeutung Bilder für ihn in einer krisenhaften Lebenssituation gehabt haben. Er denkt dabei an Bilder von Brueghel; die Einsichten lassen sich aber auf Bilder in der Sprache übertragen.

»Es war richtig, daß ich nicht lernen wollte, wie es in der Welt zuging . . . Ich wollte es nicht lernen, wenn lernen bedeutete, daß ich denselben Weg gehen müsse. Es war das *nachahmende* Lernen, gegen das ich mich wehrte . . . Auf anderen Wegen kam mir aber die Wirklichkeit doch nahe . . . Denn ein Weg zur Wirklichkeit geht über *Bilder*. Ich glaube nicht, daß es einen besseren Weg gibt . . . Bilder sind Netze, was auf ihnen erscheint, ist der haltbare Fang . . . Es ist aber wichtig, daß diese Bilder auch *außerhalb* vom Menschen bestehen, in ihm selbst sind sie der Veränderlichkeit unterworfen . . . Wenn er das Abschüssige seiner Erfahrung fühlt, wendet er sich an ein Bild. Da hält die Erfahrung still, da sieht er ihr ins Gesicht. Da beruhigt er sich an der Kenntnis der Wirklichkeit, die seine eigene ist, obwohl sie ihm hier vorgebildet wurde. Scheinbar wäre sie auch ohne ihn da, doch dieser Anschein trügt, das Bild braucht *seine* Erfahrung, um zu erwachen. So erklärt es sich, daß Bilder während Generationen schlummern, weil keiner sie mit der Erfahrung ansehen kann, die sie weckt. Stark fühlt sich, wer die Bilder findet, die seine Erfahrung braucht. Es sind mehrere – allzuviele können es nicht sein, denn ihr Sinn ist es, daß sie die Wirklichkeit gesammelt halten . . . Aber es soll auch nicht ein einziges sein, das dem Inhaber Gewalt antut, ihn nie entläßt und ihm Verwandlung verbietet. Es sind mehrere Bilder, die einer für sein eigenes Leben braucht, und wenn er sie früh findet, geht nicht zuviel von ihm verloren.«[9]

Canetti stellt das Erfahrungslernen anhand von Bildern dem Imitationslernen pointiert gegenüber. Bilder sind wie Netze; sie helfen, die Wirklichkeit zu strukturieren. Sie sind geronnene Erfahrungen, die es ermöglichen, sich Wahrnehmungen, Erlebnisse und Widerfahrnisse anzueignen und zu Erfahrungen werden zu lassen. Bilder strukturieren also auch die Erfahrungen in einem bestimmten Sinn. Bilder schützen den Menschen vor der

8 Vgl. *I. Baldermann*, Die Bibel – Buch des Lernens, Göttingen 1980.
9 *E. Canetti*, Die Fackel im Ohr (Fischer-Taschenbuch 5404), Frankfurt/M. 1986, 109f.

Übermächtigkeit seiner Erlebnisse (Canetti spricht von der »Abschüssigkeit« der Erfahrungen), geben ihnen wieder eine progressive Richtung. Dazu ist es allerdings erforderlich, daß sie auch »außerhalb vom Menschen bestehen«, daß sie ihm vorgegeben sind. Gleichwohl sind sie nicht ohne ihn da, denn sie brauchen seine Erfahrung. Durch Bilder werden Erlebnisse teilbar und mitteilbar. Wirklichkeit wird aber nicht zerstückelt. Wahrnehmung der Wirklichkeit anhand von Bildern ist *ganzheitliche* Wahrnehmung, die Subjekt und Objekt miteinander verbindet. Ein »sehendes Verstehen« durch Teilhabe kann die Subjekt-Objekt-Spaltung des neuzeitlichen Denkens schrittweise überwinden helfen. Canetti beschreibt treffend das dialektische Verhältnis von Bild und Erfahrung, das Lernen ermöglicht. Bilder und Erfahrungen müssen in angemessener Weise zueinander finden, ins *Einverständnis* kommen. Dabei sind es wenige Bilder, die die Wirklichkeit gesammelt und zugleich die Erfahrung offen halten. Ein einziges Bild würde zum Idol werden und die Lebendigkeit blockieren. Pädagogisches Handeln kann möglichst optimale Bedingungen für ein solches Erfahrungslernen schaffen, es aber nicht ersetzen. Es kann versuchen, Bilder zu finden und anzubieten, welche die Erfahrung jeweils braucht. Junge Menschen müssen Bilder und Geschichten selbst »anprobieren« (M. Frisch) und entdecken, ob ihre Erfahrung sie braucht. Pädagogisches Handeln muß jedoch auch eine Hilfe bieten zur *Befreiung* von den Bildern, die die Erfahrung nicht mehr braucht, sondern blockiert. Denn bevor in Lernprozessen Bilder und Geschichten als *Repräsentation* menschlicher Verständnis- und Handlungsmöglichkeiten angeboten werden können, sind bestimmte Bilder in der Lebensgeschichte immer schon wirksam. Sie sind in der frühen Sozialisation angeeignet worden. Sie ermöglichten eine erste Ordnung des Kosmos. Diese frühen Bilder präsentieren in der Bildungsgeschichte des Kindes eine bestimmte Lebensform; sie sind Medium der kulturellen und religiösen Überlieferung. Ist die Naivität dieser ersten Aneignung der Kultur gebrochen, vermögen die Symbole und Rituale nicht mehr das Ganze einer Lebensform zu *präsentieren*, wird in den Institutionen der Erziehung ausgewählt, was vermittelt werden soll.[10]

In den meisten Fällen werden es nicht Werke der bildenden Kunst sein, die unsere Lerngeschichte nachhaltig bestimmt haben. Bilder sind nicht nur Kunstwerke.[11] Es beginnt mit dem »Erkennen von Angesicht zu Ange-

10   *K. Mollenhauer* entwickelt Grundlinien einer Bildungs- und Erziehungslehre anhand von Texten und Bildern, und zwar aus dem *methodischen* Grund, weil man aus Bildern erschließen kann, nach welchen Regeln ›Erziehungswirklichkeit‹ sozial konstruiert wurde. Die Präsentation von Lebensformen und die Frage, auf welche Weise Erfahrungen repräsentiert werden können, sind die elementaren pädagogischen Momente. Mit dieser Feststellung ist er auch *sachlich* dem Wesen des Bildes nahe. Er erläutert: Ein elementarer Akt pädagogischer Präsentation sind die Gesten des Zeigens (Vergessene Zusammenhänge, München ²1985, 40ff).

11   Wir haben also mit einem weiten und einem engen Bildbegriff zu rechnen. Im *weitesten* Sinn ist das Bild »Gegenstand« eines Anschauens; es ist alles, was sich zeigt: das Sich-Zeigende überhaupt, Anblick und Erscheinung. Im *engeren* Sinn ist

sicht« (Erikson): das Bild der Mutter, die sich über uns beugt. »Es gibt unter Lebenden kein Beziehungsvakuum. Bevor noch Sprache verfügbar wird, findet schon ein Austausch von Blicken statt.«[12] Später ist es das Kinderzimmer, die Tapete, auf die unser Blick immer wieder fällt, das Wohnzimmer der Eltern, der Spielplatz im Park, der Weg zur Schule, der Ort des tiefen Schmerzes oder der Ort des ersten verliebten Blicks; aber auch grausame Bilder der Verwüstung aus dem Kriege, die zerstörte Stadt – solche Bilder haben unser Bewußtsein geprägt. Einige dieser Bilder kehren im Traum wieder; mit ihnen verbinden sich Hoffnungen und Ängste. Die Bilder liegen im Streit miteinander, und es hängt viel davon ab, welches Bild am Ende Recht behält. Bilder haben ein vieldeutiges Gesicht. Bilder sind Superman oder die anderen unverletzbaren »Helden« der Comic- und Fernsehserien. Ein Bild ist das Plakat vom Eigenheim, das unserer Zukunft ein Zuhause gibt. Ein Bild ist aber auch die Vision vom Zelt Gottes unter den Menschen. »Bilder vereinnahmen, aber in Bildern werden auch uneingelöste Erinnerungen wach. Sie prägen unser Bewußtsein in allen seinen Fasern; sie öffnen unsere Augen, aber sie legen auch unsere Vorstellungen fest. Bilder schaffen Sympathie und begründen Antipathie.«[13] Wenn Bilder unsere Lerngeschichte so nachhaltig beeinflussen, ist zu fragen, ob das notwendige Umlernen, die Korrektur bzw. Erweiterung der bisherigen Lerngeschichte nicht auch nur mit Hilfe neuer Bilder oder Modelle gelingt.[14] Das Problem verschärft sich noch in unserem »optischen Zeitalter«, in dem die hypotrophische Ausweitung und Beschleunigung der Bilder und die damit verbundene Entstehung neuer Bilder- und Mediensprachen das Se-

---

das Bild das Gemälde, das Photo..., also das »Bild eines Bildes«. Als Erscheinung bringt es zugleich ein anderes zum Erscheinen, nämlich das im Bilde Dargestellte (vgl. *W. Weischedel*, Abschied vom Bild, in: *Ders.*, Wirklichkeit und Wirklichkeiten, Berlin [West] 1960, 158-169, hier: 158f; vgl. auch *H.-G. Gadamer*, Wahrheit und Methode, Tübingen 1960, 128ff). *U. Eco*, Einführung in die Semiotik, München 1972, 213 versteht unter Bild »ein Modell von Beziehungen, das dem Modell der Wahrnehmungsbeziehungen homolog ist, das wir beim Erkennen und Erinnern des Gegenstandes konstruieren.«
12 *J. Manthey*, Wenn Blicke zeugen könnten. Eine psychohistorische Studie über das Sehen in Literatur und Philosophie, München/Wien 1983, 15.
13 *R. Volp*, Die reformatorischen Kirchen und das Bild, in: *R. Beck u.a.* (Hg.), Die Kunst und die Kirchen, München 1984, 34-38, hier: 34, vgl. 35.
14 *B. Brecht* schreibt in seinem Gedicht »Gleichermaßen gefährlich und nützlich ist auch das Machen
Einleuchtender Bilder«:
»Kämpfend nämlich mit neuen Lagen, niemals erfahrenen
Kämpfen die Menschen zugleich mit den alten Bildern
und machen
Neue Bilder, das nunmehr möglich Gewordene
Auszuzeichnen, das Unhaltbare verschwunden
Schon beseitigt zu zeigen. In großen Modellen
Zeigen sie so sich selbst das schwer vorstellbare Neue
Schon funktionierend...
(Gesammelte Werke, Bd. 10, Gedichte 3, Frankfurt/M. 1967, 902f).

hen umformt und zu einer Krise der Schrift führt. In audio-visuellen Medien werden nämlich Sprache und Bild so miteinander verbunden, daß der Betrachter nicht mehr wie bei der Lektüre zu den gehörten Sprachsequenzen Bilder mit Hilfe seiner Imagination entwickeln muß.[15]

Helmut Hartwig geht der Grausamkeit der Bilder und den Bildern der Grausamkeiten im neuen Massenfilm nach, der Metaphorik der Gewalt und der Radikalisierung der sinnlichen Erfahrung; er fragt, ob wir uns nicht in einer kritischen Phase der Mediengeschichte befinden, wo immer unklarer wird, ob die Ästhetik des späten 20. Jahrhunderts eine Befreiung der Imagination oder eine Unterwerfung von Wahrnehmung und Phantasie unter anonyme Herrschaft befördert. Darauf ist keine bestimmte Antwort möglich. Ganz sicher sei diese Ästhetik jedoch bestimmt »von einer Mischung aus emblematischen und selbstreflexiven Motiven und einem unentwirrbaren Durcheinander von Imitation und Simulation, in dem die künstlichen Bilder sich wie angestrengter Realismus und die mimetisch gestreuten Darstellungen wirklicher Ereignisse sich als Nachahmung von Medienbildern erweisen.«[16]

Der Streit um die Bilder als religiöse, politische und kulturelle Zeichen findet heute statt, und dieser Streit erweist sich zugleich als ein *Bildungsproblem* ersten Ranges. Das Problem der Bilder und der ästhetischen Erfahrung kann auch für die Theologie nicht mehr gleichgültig sein. Aber in welchem Verhältnis stehen ästhetische und religiöse Erfahrung?

1.1.2   Zum Verständnis der ästhetischen Erfahrung

Für Canetti bedeutet das Bild zugleich Selbsterfahrung und Welterschließung. Die Bedeutungsvielfalt und Unabgeschlossenheit des Bildes läßt ein objektivierendes Sehen durch den Betrachter nicht zu. Ein Bild gehört zusammen mit seinem Betrachter; zu einem Werk gehört die Geschichte seiner Auffassung und Interpretation.[17] So gehören auch Kunstwerk und ästhetische Erfahrung zusammen; das Kunstwerk gewinnt seine Identität durch die Geschichte immer wieder realisierter ästhetischer Erfahrungen hindurch. Was heißt ästhetische Erfahrung? In ihr wird die klare Distanz zwischen Subjekt und Objekt aufgehoben. Der gewohnte Lebenszusammenhang wird für den Augenblick unterbrochen, die Alltagspragmatik suspendiert. Eine Einstellungsänderung wird möglich, wenn eine veränderte Rückkehr in den gewohnten Lebenszusammenhang erfolgt.

Zur ästhetischen Erfahrung gehören nämlich nach Hans Robert Jauß ein *produktives*, ein *rezeptives* und ein *kommunikatives* Verhalten. Für das *produzierende* Be-

---

15   Vgl. *C. Wulf*, Das gefährdete Auge, in: *D. Kamper / C. Wulf* (Hg.), Das Schwinden der Sinne, Frankfurt/M. 1984, 21-45, hier: 42.
16   *H. Hartwig*, Die Grausamkeit der Bilder, Weinheim/Berlin 1986, 163.
17   Vgl. *R. Bubner*, Zur Analyse ästhetischer Erfahrung, in: *W. Oelmüller* (Hg.), Kolloquium Kunst und Philosophie 1. Ästhetische Erfahrung (UTB 1105), Paderborn u.a. 1981, 245-262 und die Diskussion um den Werkbegriff, ebd., 262ff.

wußtsein besteht sie »im Hervorbringen von Welt als seinem eigenen Werk (Poiesis); für das *rezipierende* Bewußtsein im Ergreifen der Möglichkeit, seine Wahrnehmung der äußeren wie der inneren Wirklichkeit zu erneuern (Aisthesis), und schließlich – damit öffnet sich die objektive auf intersubjektive Erfahrung – in der Beipflichtung zu einem vom Werk geforderten Urteil oder in der Identifikation mit vorgezeichneten und weiterzubestimmenden Normen des Handelns« (Katharsis).[18]
Rainer Volp, der nach der Bedeutung der bildenden Kunst für die religiöse Erfahrung fragt, kommt zu ähnlichen Grundkategorien wie Jauß: Die *produktive* Seite der ästhetischen Erfahrung besteht in der Erweiterung der Ausdrucksmöglichkeiten (Poiesis), die *rezeptive* Seite in der Durchbrechung der Wahrnehmungsmuster (Aisthesis) und die **kommunikative** Seite in dem Gewinn des Spielraums für Entscheidungen.[19] Mit der *rezeptiven* Seite der ästhetischen Erfahrung hängt ihre eigentümliche *Zeitlichkeit* zusammen: Sie hebt den Zwang der Zeit auf und läßt ›neu sehen‹. Sie hat ferner eine entdeckende Funktion: Indem sie auf zukünftige Erfahrung vorgreift, öffnet sie den Spielraum möglichen Handelns. Auf der *kommunikativen* Seite ermöglicht die ästhetische Erfahrung die spielerische Identifikation mit dem, was sein soll, und die Rollendistanz des Zuschauers.[20]

An der *produktiven* Seite der ästhetischen Erfahrung hängt die Möglichkeit, daß sie nicht mit der Betrachtung von Gegenständen endet, sondern »in der produktiven Umwandlung von Wille und Phantasie in neuen Symbolen« die Erfahrung wiederholbar macht.[21] Weil die ästhetische Erfahrung Erfahrung der Verwandlung von Wirklichkeit auf symbolische Zeichenhaftigkeit hin ist, ist sie auch wiederholbar.[22] Sie ist also einerseits außerordentliche Erfahrung, Erfahrung an der Grenze, weil wir den gewohnten Lebenszusammenhang verlassen, aus den Konventionen ausbrechen; andererseits läßt sie sich wegen der Zeichenhandlung des Wahrnehmenden so in die Alltagserfahrung einholen, daß diese erweitert wird.[23]

Die ästhetische Verwandlung gründet in der Zeichenbildung des Wahrnehmenden. Das bedeutet jedoch nicht, daß ästhetische Erfahrung auf das Sprachliche beschränkt ist; sie bezieht sich auf Sprachliches wie Nichtsprachliches.[24] Symbolische Zeichenhaftigkeit kann sich nämlich auf alle Phänomene beziehen; sie wird aber prozeßhaft gebildet und ist wesentlich eine Sache des Wahrnehmenden: Ihm wird das Bild, die Landschaft, das Ding, die Sprache zeichenhaft.[25] Der Baum, der sich

18   H.R. *Jauß*, Ästhetische Erfahrung und literarische Hermeneutik, Frankfurt/M. ⁴1984, 88f.
19   Vgl. *R. Volp*, Bildende Kunst und religiöse Erfahrung, in: HPTh 2, 80-95, hier: 87f.
20   Vgl. *Jauß*, a.a.O., 39f.
21   *Volp*, a.a.O., 87f.
22   Vgl. *J. Anderegg*, Sprache und Verwandlung. Zur literarischen Ästhetik, Göttingen 1985, 99.
23   Anderegg selbst nimmt allerdings eine strenge Trennung zwischen ästhetischer Erfahrung und Alltagserfahrung vor: Die Erfahrung der Verwandlung der Sprache »ist uns als solche genug« (96). Dieser Sachverhalt hängt damit zusammen, daß nach Anderegg ästhetisch erfahrene Sprache ihre kommunikative Funktion einbüßt und aufhört, Beziehungen zu stiften (vgl. 95). Zur Kritik vgl. unten 1.2.
24   Vgl. *Anderegg*, a.a.O., 96.
25   Vgl. ebd., 100.

mir in bestimmter Weise zeigt, kann mir auf diesem Wege zum Symbol werden. Indem sich mir in der ästhetischen Erfahrung das Wirkliche zum Zeichen wandelt, gewinne ich ein verändertes Verhältnis zu ihm, und zwar im Prozeß der wechselseitigen Anverwandlung. Ich öffne mich der Wirklichkeit und verwandle sie auf mich hin. Dieses Aneignen der Wirklichkeit ist jedoch gerade kein In-Besitznehmen. In der ästhetischen Erfahrung wird das Haben auf Seinserfahrung (E. Fromm) hin transzendiert, die nicht mehr durch den Gegensatz von Besitzen und Nichtbesitzen bestimmt ist.[26]

Da die Fremdheit von Wirklichem in der ästhetischen Erfahrung für einen Augenblick aufgehoben wird, läßt sie sich als Nachklang oder Vor-Erfahrung von Ganzsein begreifen; andererseits verschafft uns gerade diese Aufhebung ein verschärftes Bewußtsein von der Fremdheit des Wirklichen. *Ästhetische Erfahrung bringt also einen Komparativ in die menschliche Erfahrung;* das Wirkliche spricht an und wird in ihr intensiver erfahren. Die Freude am geglückten Augenblick und das Leiden an der Fremdheit werden gesteigert. Ästhetische Erfahrung ist jedoch *ambivalente* Erfahrung. Sie bedeutet nicht nur einen Gewinn, sondern auch einen Verlust an Wirklichem, insofern sie nämlich in der Verwandlung irrealisiert wird. Eine Ästhetisierung des Lebens macht die Preisgabe von Wirklichkeit zum Prinzip. Daher kommt es darauf an, ästhetische Erfahrung auf die Alltagserfahrung zu beziehen, so daß diese erweitert und einer Ästhetisierung des Lebens entgegengewirkt wird. Dadurch kann zugleich deutlich werden, daß sich die ästhetische Erfahrung auf das Ganze des Lebens bezieht. Sie erneuert »nicht nur die Interpretationen der Bedürfnisse, in deren Licht wir die Welt wahrnehmen; sie greift gleichzeitig in die kognitiven Deutungen und die normativen Erwartungen ein und verändert die Art, wie alle diese Momente aufeinander *verweisen.*«[27] Nach Habermas sind die ästhetische, die moralische und die kognitive Dimension also auf vielfältige Weise miteinander verschränkt, obwohl sie ihre spezifische Eigenart haben. Das gilt entsprechend auch für bildliche und sprachliche Wahrnehmung; es ist aber gerade das Wechselverhältnis von Sehen und Sagen, von Anschauen und Begreifen, das zu der neuen Interpretation der Bedürfnisse führt. Ästhetische Erfahrung wird *umfassend* verstanden: Sie bezieht sich auf die Lebenspraxis wie auf die Produktion und Rezeption der Künste. Worin besteht das *Unterscheidende* der ästhetischen Erfahrung gegenüber anderen Formen der Erfahrung? Nach A. Grözinger besteht der Unterschied darin, daß in der ästhetischen Erfahrung die Inhaltsfrage als *Formfrage* präsent ist. Der Formbegriff wird aber überfordert, wenn er allein die

---

26   Vgl. ebd., 101f.105.
27   *J. Habermas*, Die Moderne – ein unvollendetes Projekt, In: *Ders.*, Kleine politische Schriften I–IV, Frankfurt/M. 1981, 444–464, hier: 461. Habermas *widerspricht* hier einer Nietzsche folgenden Auffassung, nach der in der ästhetischen Erfahrung die dionysische Wirklichkeit gegen die Welt der theoretischen Erkenntnis und des moralischen Handelns, gegen den Alltag abgeschottet wird (vgl. *ders.*, Der Eintritt in die Postmoderne, Merkur 10 [1983] 752–761, hier: 759).

Differenz gewährleisten soll. *Ästhetische Form und ästhetische Beurteilung bilden vielmehr zusammen das unterscheidend Ästhetische.* Das ästhetische Urteil beruht auf ästhetischer Erfahrung. Es expliziert diese aber kritisch, damit ein Werk oder eine Darstellung als »authentischer Ausdruck einer exemplarischen Erfahrung«, als »die Verkörperung eines Anspruchs auf Authentizität« wahrgenommen und verstanden werden kann. Ästhetische Kritik möchte die *Teilhabe* an der Erfahrung der Lebenswelt ermöglichen, die in dem Werk oder der Darstellung exemplarisch verdichtet ist.[28]

Die *Gemeinsamkeit* der ästhetischen Erfahrung mit anderen Formen der Erfahrung besteht vor allem darin, daß die Momente der Offenheit, Negativität und Endlichkeit, die den dialektischen Begriff der Erfahrung kennzeichnen[29], auch hier zutreffen.

Zur Erfahrung gehört nämlich die grundsätzliche *Offenheit* für neue Erfahrung. Die *Negativität* der Erfahrung hat einen eigentümlich produktiven Sinn, der mit der Freude und der Schmerzhaftigkeit der Geburt zu tun hat, weil hier Neues aufbricht und Gewohntes überschritten wird. Die Negativität ermöglicht zugleich Einsicht in die *Endlichkeit* und *Geschichtlichkeit* aller Erfahrung.

Diese Kennzeichnung der Erfahrung entspricht genau dem, was Rolf Wedewer – um auch einen Kunstwissenschaftler heranzuziehen – über das ästhetische Zeichen herausgearbeitet hat. Wedewer versucht die Barriere zwischen Wort und Bild, die besonders für das neuzeitliche Denken charakteristisch ist, zu überwinden und geht dabei von der These aus, daß die bedeutungsstiftende Struktur des Bildes analog der Sprachstruktur organisiert ist.[30]

Wo die Sprache benennt, be-deutet das Bild, ohne auf Nennung ganz zu verzichten. Das ästhetische Zeichen ist ein anschauliches Zeichen, das als autonome Form besteht; gleichwohl verweist es auf etwas, für das es steht und das es zugleich bedeutet. Dadurch, daß die bildende Kunst im Unterschied zur Sprache »die Dinge notwendig im Modus der Abweichung darstellt und mithin als be-deutete, spiegelt sich im dargestellten Außen immer zugleich auch eine psychische Realität«.[31] Die im ästhetischen Zeichen enthaltene wörtliche Bedeutung bezieht sich auf die Vorerfahrungen, die wir schon gemacht haben. Da das ästhetische Zeichen aber im Modus der Abweichung erscheint – in den Formen der Bilder sind die Dinge mehr, als sie in der Realität sind –, stellt es die bisherige Erfahrung in Frage und erweitert

---

28 *J. Habermas*, Theorie des kommunikativen Handelns, Bd. 1, Frankfurt/M. 1981, 41, vgl. 70f. – Vgl. *A. Grözinger*, Praktische Theologie und Ästhetik, München 1987, 124. Für Grözinger kommt in der ästhetischen Erfahrung der ›Bild‹-Charakter der Wirklichkeit in den Blick. *G. Picht*, Kunst und Mythos, Stuttgart ²1987, 380 bezeichnet die *Gestalt*, in der sich etwas darstellt, ebenfalls in einem sehr weiten Sinn des Wortes als ›Bild‹. Die Kunst wird von ihm insgesamt als *Darstellung* verstanden, in der sich uns zeigt, was überhaupt geschieht.
29 Vgl. *Gadamer*, a.a.O., 338ff.
30 Vgl. *R. Wedewer*, Zur Sprachlichkeit von Bildern. Ein Beitrag zur Analogie von Sprache und Kunst, Köln 1985, 20; vgl. ebd., 81ff zur Metapher.
31 Ebd., 209.

sie in Richtung auf ein bisher Nicht-Gewußtes oder Nicht-so-Gewußtes. Im
ästhetischen Zeichen – und damit im Ganzen des Bildes – wird die Vorerfahrung
aufgehoben und »in einer Umkehr gleichsam aus dem Geschlossenen der Gewißheit ins Offene des Noch-Ungewissenen gewendet, in einen bis dahin unbekann-
ten Raum«.[32]
In Anlehnung an Anderegg spricht Wedewer von einem »*übergänglichen* Raum«;
denn die dialektische Erfahrung vollendet sich darin, daß sie offen für neue Erfahrung ist.[33]

So entspricht dem hier entwickelten Verständnis von ästhetischer Erfahrung am genauesten ein Verständnis des »*offenen Kunstwerks*«, wie es Um-
berto Eco entwickelt hat.[34] Er beschreibt diese Offenheit auf drei Ebenen:
(1) Das Kunstwerk kann offen sein durch die Einladung, zusammen mit
dem Hervorbringer das Werk zu machen. (2) Es kann offen sein für ständi-
ge Neuknüpfungen von inneren Beziehungen, die der Rezipierende entdecken soll. (3) Es kann offen sein für eine unendliche Reihe möglicher
Lesarten, deren jede das Werk neu belebt. Dieser letzte Gesichtspunkt
dient Eco zugleich dazu, poetische Wirkung zu definieren, nämlich als die
Fähigkeit eines Textes, »immer neue und andere Lesarten zu erzeugen, ohne sich jemals ganz zu verbrauchen«.[35] Offenheit meint in Ecos Sinn nicht
Beliebtheit; der Text stellt den Leser vielmehr vor die Wahrheitsfrage; er
will aufdecken, wer er ist.[36]
Während Gadamers Ästhetik im Rahmen der universalen Hermeneutik
und Adornos Ästhetik der Negativität am klassischen bzw. anti-klassi-
schen Kunstwerk orientiert waren, haben Jauß und Anderegg diese Werk-
prämisse relativiert und entwerfen eine Theorie der ästhetischen Erfahrung. Dabei ist für Jauß eine Rehabilitierung des »*ästhetischen Genießens*«
leitend[37], für Anderegg steht – darin einer theologischen Ästhetik vielleicht
näher – die *Kategorie der Verwandlung* im Vordergrund des Interesses. Beide aber öffnen die Dimension der Objektivität der Kunst auf die Subjektivität des Betrachters hin, ohne den Bezug zum ästhetischen Gegenstand zu
verlieren.[38] Die Möglichkeit der ästhetischen Verwandlung liegt – wie wir
gesehen haben – in der symbolischen Zeichenbildung des Wahrnehmenden.
Was ist durch diesen Neuansatz gewonnen? Es handelt sich um einen ganz-

---

32 Ebd., 114.
33 Einen *theologisch* interessanten Versuch, die Barriere zwischen Wort und Bild
zu überwinden, unternimmt *E. Herms*; er vertritt die These, daß das Medium der
Offenbarung szenische Erinnerung, die Sprache der Bilder ist, in deren Gesamtzu-
sammenhang das »Bild des Wortes« gehört (vgl. *ders.*, Die Sprache der Bilder und die
Kirche des Wortes, in: Die Kunst und die Kirchen, a.a.O. [s.o. Anm. 13], 242-259).
34 Vgl. *U. Eco*, Das offene Kunstwerk (stw 222), Frankfurt/M. 1977, 57.
35 *U. Eco*, Nachschrift zum ›Namen der Rose‹, München 1986, 17.
36 Vgl. ebd., 57.
37 Vgl. *Jauß*, a.a.O., 71ff.
38 Vgl. *R. Bubner*, Warum brauchen wir eine Theorie ästhetischer Erfahrung?,
Merkur 37 (1983) 817-823, hier: 819.

heitlichen Ansatz, der durch eine Summierung von einzelwissenschaftlichen Kunsttheorien nicht zu erreichen ist; die Beziehung zwischen Kunst und Alltag wird deutlicher bestimmbar in einer Zeit, in der der Alltag selbst durch die stete Gegenwart von Reklame, Mode und Design mit ästhetischen Zeichen konfrontiert wird[39]; die Theorie entspricht stärker dem gegenwärtigen Kunstschaffen und Kunstverständnis, das offener für lebensweltliche Prozesse ist, als es die allein an Werken orientierte Ästhetik war.[40] Der Theologie wird die Verhältnisbestimmung zur Ästhetik erleichtert, zumal die religiöse Erfahrung strukturell der ästhetischen Erfahrung ähnlich ist. In der *ästhetischen* wie der *religiösen Erfahrung* geht es nämlich um eine durch Überraschung, Verfremdung oder Schock ausgelöste Erfahrung des »mühelosen Einklangs« (Bubner) bzw. des Ganzseins in einem Augenblick der Gratwanderung zwischen Alltagseinstellung und ihrer Suspendierung, in der eine »neue Erfahrung mit der Erfahrung« gemacht werden kann (Jüngel). Bestimmte Kennzeichen der religiösen Erfahrung – Unmittelbarkeit, Erfahrung an der Grenze, Entstehung in Erschließungssituationen, Widerfahrnischarakter, Kompetenz für symbolische Deutung[41] – treffen ebenso für die ästhetische Erfahrung zu. Was ist dann das entscheidend Religiöse im Unterschied zum Ästhetischen? Jauß sieht den grundlegenden Unterschied im Moment der Freiwilligkeit und im Spielcharakter der ästhetischen Erfahrung: »Das Ritual ist obligatorisch, der Tanz bleibt freiwillig« (Lotman).[42] Aus mehreren Gründen ist es fragwürdig, gerade in diesen Momenten den Unterschied zu sehen. Im kultischen Spiel – verbunden mit Tanz und Gesang – liegt nicht nur die ursprüngliche Einheit von Sprache und Mythos, sondern auch die gemeinsame Wurzel des Religiösen und des Ästhetischen. H. Schröer kann in der Wahrnehmung der im Evangelium proklamierten Freiheit geradezu den theologischen Ansatzpunkt für eine Beschäftigung mit der Ästhetik sehen.[43] Freiheit in Distanz und Nähe zur Welt ist die Lebensform der christlichen Religion; sie beginnt wie die Kunst jenseits des Reiches der Notwendigkeiten; sie ist schöpferische Vorwegnahme des Reiches der Freiheit im Reich der Notwendigkeit. Sie kann sich daher mit der Kunst im Kampf gegen Dog-

39 Vgl. ebd., 817. Zur Kritik vgl. *M. Seel,* Die Kunst der Entzweiung, Frankfurt/ M. 1985, 50ff.

40 Vgl. *R. Leuenberger,* Theologische Reflexionen über die Kunst, ZThK 81 (1984) 127-137, hier: 130. Die Reduktion der Kunst auf »Werke « ist eine »Folge einengender Erziehung. Östliche Kulturen beziehen die kunstvolle Pflege von Blumen, von Duft und Geruch in ihre ästhetische Kultur ein, sinnlich gebildete Europäer die Kunst, Speisen und Getränke zu bereiten – und zu genießen.« Das macht aber den Werkbegriff nicht überflüssig, wie gerade die Thesenreihe von Leuenberger zeigt.

41 Vgl. dazu genauer: *P. Biehl,* Alltagserfahrungen und Bedürfnisse, in: *W. Bökker u.a.* (Hg.), Handbuch Religiöser Erziehung I, Düsseldorf 1987, 214-227, hier: 217f.

42 *Jauß,* a.a.O., 44.

43 Vgl. *H. Schröer,* Art. Ästhetik, III, in: TRE 1, 566-572, hier: 571.

matismus und Zwang verbünden – das schließt aber das Engagement für *verbindliche* Freiheit ein.

Der Unterschied zwischen religiöser und ästhetischer Erfahrung wird vielmehr darin zu suchen sein, daß sich die religiöse Erfahrung im Widerfahrnis des Heiligen gründet. Im Blick auf *christliche* Erfahrung ist hier davon zu sprechen, daß Gott in der Person Jesu zur Welt gekommen ist und daß dieses Ereignis eine neue Erfahrung mit der Erfahrung ermöglicht hat. Basis dieser Erfahrung ist nicht die reale sinnliche Begegnung mit dem Werk[44], sondern die Begegnung mit dem fleischgewordenen Wort, in dem Gott in die Welt der sichtbaren Wahrnehmung eingetreten ist, das aber der unmittelbaren Sichtbarkeit entzogen bleibt.[45] In der christlichen Erfahrung ist der Wahrnehmende, dem sich das Wirkliche zum symbolischen Zeichen verwandelt, der von Gott *Angeredete,* der Entsprechungen zwischen Schöpfer und Geschöpf und innerhalb der Schöpfung entdeckt. Der Begriff der ästhetischen Erfahrung bietet der Religionspädagogik die Möglichkeit, die Elemente der sinnlichen Wahrnehmung, wie Bild, Klang, poetische Sprache, Rhythmus, sowie die Begegnung mit Werken der bildenden Kunst, Musik und Literatur in religiösen Lernfeldern in einem *gemeinsamen* Horizont zu reflektieren, und zwar in theologisch sachgemäßerer Weise als unter der Leitvorstellung einer Veranschaulichung biblischer Texte. Der Begriff der ästhetischen Erfahrung kommt zudem dem eigenen Interesse der Religionspädagogik an der Erfahrung entgegen. Die enge Verwandtschaft zwischen religiöser und ästhetischer Erfahrung, die beide dem Bereich des Ethischen *vorausliegen,* legt angesichts der Vorherrschaft des instrumentellen Wirklichkeitsverständnisses eine enge Zusammenarbeit zwischen Ästhetik, Theologie und Religionspädagogik nahe. Eine Förderung der Erfahrungsfähigkeit in ästhetischer Hinsicht kommt – ganz abgesehen von den Inhalten – der religiösen Erfahrung zugute und umgekehrt. Das bedeutet weder religiöse Bevormundung der Kunst noch Kunst als Religionsersatz: Es kann nur eine spannungs- und konfliktreiche Nähe geben. Sie dient der Verwandlung der Instrumentalität in andere Weisen der Begegnung mit Wirklichkeit. Bei dieser Verwandlung kommt den symbolischen Zeichen eine entscheidende Bedeutung zu.

Ästhetische wie religiöse Erfahrung lassen sich ihrem Wesen nach allerdings nicht in Lernprozessen methodisch herbeiführen; es lassen sich nur möglichst optimale Bedingungen für solche Erfahrungen schaffen und das Verständnis für sie eröffnen. Vielleicht lassen sich ästhetische Vorerfahrungen leichter simulieren. Dringend erforderlich ist die Ausarbeitung einer theologischen Ästhetik unter religionspädagogischer Perspektive; denn die religionspädagogische Praxis hat zugleich eine ästhetische Dimension. Beim Bibliodrama und bei der Symboldidaktik wird besonders deutlich, wie sich die religiöse und ästhetische Dimension verschränken. Eine theo-

---

44   Vgl. *Bubner,* Zur Analyse, a.a.O. (s.o. Anm. 17), 255.
45   Vgl. *Leuenberger,* a.a.O., 135.

logische Ästhetik wird zu klären haben, ob religiöse (christliche) Erfahrung in eine Leiblichkeit und Sichtbarkeit drängen, die eine ästhetische Struktur annehmen muß.[46]

1.1.3 Der Ansatz der theologischen Ästhetik bei Albrecht Grözinger

Den jüngsten Entwurf einer theologischen Ästhetik unter praktisch-theologischer Perspektive hat Albrecht Grözinger vorgelegt; wir können ihn hier nicht in seiner Gesamtheit diskutieren – er soll zugleich eine Grundlegung der Praktischen Theologie bieten; wir konzentrieren uns lediglich auf den biblischen und systematisch-theologischen Ausgangspunkt.

Das Bilderverbot
Da in der Theologie jede Stellungnahme zum Problem des Bildes durch das alttestamentliche Bilderverbot bestimmt sein muß (Ex 20,4; Dtn 5,8), macht Grözinger es zum Ausgangspunkt seines Ansatzes; er versteht es nämlich als ästhetisches Ereignis. Das 1. und 2. Gebot gehören zusammen und interpretieren sich wechselseitig. Wird zunächst die Exklusivität Gottes betont, so beschreibt das Bilderverbot seine »Personalität«; es dient daher ebenfalls der Selbstvorstellung Gottes. Erscheinung und Verborgenheit, Unsichtbarkeit und Sichtbarwerden sind keine Gegensätze, sondern gehören zum Wesen dieses Gottes. Dann aber – so folgert Grözinger – kann das Bilderverbot nicht länger als Argument *gegen* eine theologische Ästhetik verwendet werden, sondern dient vielmehr der *Begründung* einer solchen Ästhetik; sie muß aber die Erscheinung *und* die Verborgenheit Gottes, Präsentation *und* Entzug dialektisch zusammendenken.
»Darum kann auch nicht mehr länger der Gegensatz von Wort und Bild, von Sinnlichkeit und Geistigkeit für eine solche Ästhetik leitend sein.«[47] Jahwe offenbart sich im Wort, aber ›Offenbarung‹ ist immer mehr als ›Wort‹. Ist Offenbarung nach Jüngel per definitionem ein ästhetisches Ereignis[48], so bezieht Grözinger diesen Sachverhalt auf die Offenbarung Jahwes und entwickelt anhand der Berufungsgeschichte des Mose (Ex 3,1–14) eine kleine ästhetische Phänomenologie. Auge und Ohr des Mose werden

---

46 Vgl. ebd., 133.
47 *Grözinger*, a.a.O., 91. Vgl. *C. Link*, Das Bilderverbot als Kriterium theologischen Redens von Gott, ZThK 74 (1977) 58-85, hier: 65f: Das Verbot des Bildes bedeutet nicht den Verzicht auf die Gestalt. Im Gegenteil! Aber Gott selbst schafft den Schauplatz und den Rahmen, in dem er offenbarend in Erscheinung tritt. Vgl. *Picht*, Kunst und Mythos, a.a.O. (s.o. Anm. 28), 378: »Das Bilderverbot ist von der Offenbarung auch des Neuen Testaments nicht zu trennen, und ohne das Bilderverbot ist diese Offenbarung nicht zu verstehen. Das bedeutet zugleich, daß diese Offenbarung unverständlich wird, wenn wir die Macht und den Sinn der Bilder nicht mehr begreifen.«
48 Vgl. *E. Jüngel*, »Auch das Schöne muß sterben« – Schönheit im Lichte der Wahrheit, ZThK 81 (1984) 106-126, hier: 121.

durch die Offenbarung in Anspruch genommen. Das Wort macht eindeutig, was als Phänomen vieldeutig war, aber das Wort bleibt auf die es umgebenden Phänomene wie auf einen Resonanzboden angewiesen. Was damit beginnt, daß Mose einen Busch in Flammen sieht, der nicht verbrennt, endet damit, daß er den Auftrag erhält, zum Anführer eines Befreiungszuges zu werden. Ästhetik und Praxis, Wahrnehmen und Handeln – einer der Grundzüge der von Grözinger entfalteten Ästhetik – sind in dieser Geschichte verbunden. Die Frage des Mose nach dem Namen Jahwes ist ein Angriff auf die Souveränität des Gegenüber; er bekommt eine Antwort (»ich werde sein, der ich sein werde«), die die Frage aufnimmt und gleichzeitig zurückweist.[49] Jahwe verspricht stete Gegenwart, steten Beistand, aber er läßt sich nicht auf bestimmte Erscheinungsformen festlegen. Darin kommt das Bilderverbot zur Geltung. An der Symbolgeschichte vom brennenden Dornbusch gewinnt Grözinger wichtige Maximen für eine theologische Ästhetik: eine Erscheinung, die den sogleich verändert, der sie erblickt; »ein Gott, der die Vieldeutigkeit der anschaubaren Welt nicht verachtet, um sie von sich her eindeutig zu machen«, der sich aber nicht in eine bestimmte Vorstellung zwingen läßt.[50]

Im Neuen Testament wird Jesus Christus als »Bild des unsichtbaren Gottes« (2Kor 4,4; vgl. Kol 1,15) bezeichnet. Damit wird das alttestamentliche Bilderverbot präzisiert. Grözinger widerspricht damit der These Karl Barths, daß Jesus Christus die Bilder und das Bilderverbot überflüssig macht. Gott gibt sich vielmehr exklusiv in Jesus Christus als seinem Bild zu erkennen.[51] Durch die Inkarnation verliert aber die Offenbarung nicht ihre Zweideutigkeit; die Dialektik von Erscheinung und Verborgenheit bleibt erhalten. *Das »Geheimnis des Gottesreiches« (Mk 4,11) kommt als Gleichnis zu den Menschen; es entbirgt und verbirgt sich in Symbolen und Metaphern.* Wird Christus als »Bild Gottes« bezeichnet, so unterscheidet es sich von einem kultischen Gottesbild gerade dadurch, daß die Unsichtbarkeit Gottes gewahrt und das Bilderverbot so erfüllt wird:

Der christologische Titel »Bild Gottes« – das macht die Taufsprache deutlich, in der er seinen Sitz im Leben hat – zielt auf eine Wiederherstellung der Gottebenbildlichkeit *aller* Menschen.[52] G. Ebeling setzt Gottebenbildlichkeit und Bilderverbot in eine kritische Beziehung. Gottebenbildlichkeit ist nicht im Sinne des Bild-Habens, sondern im Sinne des Bild-Seins zu verstehen. Es konstituiert das Sein des Menschen, daß er »Bild Gottes« ist. Das Bilderverbot bezieht sich darauf, daß der Mensch sich diesem Bild-sein nicht fügen will und stattdessen ein Bild haben möchte, über das er verfügen kann.[53]

49   Vgl. *Grözinger*, a.a.O., 95f.
50   Ebd., 96.
51   Vgl. ebd., 98.
52   Vgl. *G. Ebeling*, Dogmatik des christlichen Glaubens, Bd. 1, Tübingen 1979, 386f. Vgl. *Link*, a.a.O. (s.o. Anm 47), 67.
53   Vgl. *Ebeling*, a.a.O., 395f.

Für das Neue Testament untersucht Grözinger die Emmaus-Perikope, um seine ästhetische Phänomenologie zu erweitern. Während in Ex 3 das Wort erst das Phänomen des brennenden Dornbuschs eindeutig macht, hat in Lk 24 das sinnliche Erkennen durch das Brot-Brechen die zuvor gesprochenen Worte eindeutig qualifiziert.[54] Dort, wo Gott in Jesus Christus ein konkretes Bild seiner selbst setzt, wird aber auch der Entzug dieses Bildes leibhafter und sinnenfälliger erfahren. Je näher das Bild, um so entschiedener ist es uns entzogen. Grözinger folgert aus dieser Beobachtung an Lk 24, daß das Bilderverbot im Neuen Testament präzisiert, konkretisiert und radikalisiert wird.[55] Es ist jedoch hervorzuheben, daß Lk 24 nicht auf das Bilderverbot im engeren Sinne verweist; die leibliche Gegenwart Jesu Christi, die zum »Sehen« und Erkennen führt, ist an die *Gemeinschaft des Herrenmahls* gebunden, nicht an ein Bild. Nach dem Entzug der leiblichen Gegenwart bleibt als sinnliche Erfahrung das »Brennen des Herzens«, kein Bild, das stete Präsenz verbürgt.

Das Kreuz Jesu als Radikalisierung des Bilderverbots

Von einer Radikalisierung des Bilderverbots im Neuen Testament läßt sich vor allem angesichts des Kreuzes Jesu sprechen. Es ist das Ende aller voreschatologischen Bilder Gottes. Das Ereignis des Kreuzestodes Jesu ist das Ereignis, in dem Gott sich aus der Welt herausdrängen läßt und in dem alle religiösen Vorstellungen und Bilder von Gott zerbrochen werden. Angesichts dieses Ereignisses des Herausdrängens Gottes gilt Bonhoeffers Satz: ». . . gerade und nur so ist er bei uns und hilft uns«.[56] Gott ist gerade auch als der in der Welt Abwesende anwesend. Jüngel hat diese Aussage Bonhoeffers in einer Weise interpretiert, die auch für das Problem des Bilderverbots aufschlußreich sein kann.

Jüngel verweist zunächst auf eine menschliche Analogie. Auch für die Anwesenheit des Menschen gilt, daß zu seiner Anwesenheit eine bestimmte Weise des Entzogenseins gehört; da der Mensch zur Freiheit bestimmt ist, ist er ein Wesen der Möglichkeit und des Übergangs. Er transzendiert daher seine jeweilige Wirklichkeit; er ist zugleich anwesend und entzogen. Er ist immer mehr, als er darstellen kann.[57]
Da der Mensch dem anderen entzogen ist, hat Max Frisch das Bilderverbot auf mitmenschliche Beziehungen übertragen.[58] Wenn man den anderen in einem unveränderlichen Bild fixiert, verfehlt man ihn, man nimmt ihm seine Zukunft und legt ihn auf seine Vergangenheit fest. Andererseits kommt gestaltende Liebe nicht ohne »Entwürfe« aus. Es wird daher auf die Offenheit der Bilder ankommen, in denen das *Ineinander von Anwesenheit und Abwesenheit* wahrgenommen werden

54   Vgl. *Grözinger,* a.a.O., 101f.
55   Vgl. ebd., 103.
56   *D. Bonhoeffer,* Widerstand und Ergebung, München 1959, 242.
57   Vgl. *E. Jüngel,* Gott als Geheimnis der Welt, Tübingen 1977, 82. Vgl. *ders.,* Zur Freiheit eines Christenmenschen, München 1978, 35ff.
58   Vgl. *M. Frisch,* Tagebuch 1946-1949, Frankfurt/M. 1963, 31: Die Liebe befreit von jeglichem Bildnis.

kann. Jüngel überträgt diese Einsicht auf das Sein Gottes, das sich allerdings von dem des Menschen darin unterscheidet, daß dieser nicht nur dem anderen, sondern sich selbst entzogen ist. Das Ineinander von Anwesenheit und Abwesenheit ist für das Verhältnis Gottes zur Welt konstitutiv. Damit wird der Fixierung Gottes auf ein überweltliches »Über-uns« ebenso widersprochen wie der metaphysischen Theorie von der weltlichen Allgegenwart eines überall und nirgends anwesenden Gottes. Gerade als der, der sich aus der Welt herausdrängen läßt, kommt er zur Welt. Gottes Allgegenwart ist aus der Gegenwart Gottes am Kreuz zu begreifen, d.h. sie ist nicht ohne christologisch begründeten *Entzug* zu verstehen.[59]

Der gekreuzigte Jesus ist das einzig angemessene »Bild Gottes«; denn hier ist Nähe und Entzug, Bild und Zerbrechen des Bildes wahrnehmbar. Angesichts des durch das Kreuz radikalisierten Bilderverbots sachgemäß von Gott zu reden bedeutet also nicht, auf bildhafte, anthropomorphe Rede von ihm zu verzichten. Gott ist in dem Menschen Jesus im wahrsten Sinne des Wortes »anthropomorph« geworden. Er ist »Gleichnis Gottes«, »Bild Gottes«. Hier finden wir das Kriterium, um verantwortliche und nichtverantwortliche bildhafte Rede von Gott zu unterscheiden, nicht aber um auf sie zu verzichten.

»Die Austreibung aus der überlieferten Sprache des Glaubens in eine Bildlosigkeit und Spracharmut, wenn nicht Sprachlosigkeit in bezug auf Gott hat heute ein Ausmaß angenommen, welches das Reden von Gott überhaupt zu ersticken droht . . .«.[60] Grözingers These, das Bilderverbot sei immer auch ein Bildergebot, läßt sich also systematisch-theologisch weiter präzisieren. Er hat recht, wenn er das Bilderverbot als Zentrum der theologischen Ästhetik in Anspruch nimmt. Gottes Offenbarung ist selbst ein ästhetisches Ereignis; die menschliche Ästhetik antwortet auf dieses Ereignis. Theologische Ästhetik folgt den Gestalten von Gottes Offenbarung und ist so kritischer Begleiter christlicher Lebenspraxis.[61] Die theologische Einsicht, die wir angesichts des Kreuzes Jesu über bildhafte Rede von Gott gewonnen haben, läßt sich auf das Symbol übertragen. Das Evangelium, die Rechtfertigung des Gottlosen im Wort vom Kreuz, kann nur in religiöser und alltäglicher Sprache wahrgenommen werden, in der Wort und Bild eng miteinander verbunden sind, wie im Symbol, in der Metapher und in der Erzählung. Dabei wird die Anschaulichkeit und Bildhaftigkeit der Sprache gebrochen, verwandelt und durch das Evangelium zu ihrer Wahrheit gebracht. *Das Bilderverbot als Kriterium der Theologie richtet sich also nicht gegen das Symbol als Form bildhafter religiöser Rede, sondern gegen die Gefährdung, die zu jeder Zeit gegeben ist, die Rede von Gott den leitenden Vorstellungen und Bildern der eigenen Gegenwart unterzuordnen.*[62]

59   Vgl. *Jüngel,* Gott, a.a.O., 82.
60   *Ebeling,* a.a.O., 391.
61   Vgl. *Grözinger,* a.a.O., 104; vgl. 223ff.
62   Der Versuch, das Absolute in einem *Begriff* zu fassen, geht erheblich über die Gefährdung hinaus, der das Bilderverbot an seinem historischen Ort wehren wollte (vgl. *Link,* a.a.O., 61; vgl. 77).

Das kann durch theologische Begrifflichkeit ebenso geschehen wie durch poetische Sprache. R. Bultmanns leidenschaftlicher Kampf um die Nicht-objektivierbarkeit Gottes angesichts vorstellenden Denkens neuzeitlicher Wissenschaft, an dem die Theologie teilhat, ist in diesem Sachverhalt begründet.

1.1.4 Exkurs zur Bilderfrage bei Luther

Der theologische Sinn des Bilderverbots verschiebt sich in dem jahrhundertelangen Streit um die Bilder. Die *Inkarnation* wird in der Alten Kirche zur wichtigsten Legitimation für das Christusbild. Im Osten ist die *Ikone* zugleich bleibender Repräsentant der Inkarnation; im Westen werden Bilder als Bücher der Laien *(biblia pauperum)* gerechtfertigt.
Die Alte Kirche geht von einer Entsprechung zwischen Wort und Bild aus; sie werden nicht unterschieden und in ein dialektisches Verhältnis gesetzt, sondern liegen auf einer Ebene, auf der dann das anschaubare Bild gegenüber dem Wort einen Vorrang gewinnen kann.[63] Weil in dem Gegeneinander von Bilderverehrung und Bildersturm ein theologisches Sachproblem ungelöst bleibt, muß der Streit in der Reformationsgeschichte wieder virulent werden. Karlstadt löst Anfang 1522 in Wittenberg einen ersten Bildersturm aus. Luther wird zu einer öffentlichen Stellungnahme gezwungen. Die Bilderfrage bleibt bei ihm aber ein Problem am Rande. Er betont von Anfang an, daß die Bilder nicht heilsnotwendig, aber auch nicht verboten sind. In Ex 20,4 ist nicht das Machen und Haben, sondern das Anbeten von Bildern untersagt. Der eigentliche Mißbrauch kommt aus der damit verbundenen *Werkgerechtigkeit.* Daher muß der entscheidende Angriff auf die Werkgerechtigkeit geführt werden; dann fällt der Mißbrauch der Bilder von selbst.[64] Grundsätzlich werden die Bilder freigegeben. Luther will die christliche Freiheit nicht einem neuen Zwang opfern. »Wo das Götzenbild im Herzen verschwindet, da ist das äußere Bild nicht mehr gefährlich.«[65] Bei Luther erscheint das Bilderverbot nicht im Katechismus und in seinen katechetischen Schriften. Er rechnet es von Anfang an zum 1. Gebot als ein Beispiel für Abgötterei. Den Bildern weist er vor allem eine *religionspädagogische Aufgabe* zu. Weil dem gepredigten Wort eine innere Anschauung, ein »Bild im Herzen«, entspreche, sei es gut, sich ein Bild, eine äußere Anschauung vom Inhalt der Predigt zu machen (WA 18, 82f, vgl. 83, 6ff).[66] »Weil wir ja müssen gedancken und bilde fassen des, das uns jnn worten

---

63 Vgl. *G. May,* Die Kirche und ihre Bilder, in: Die Kunst und die Kirchen, a.a.O. (s.o. Anm. 13), 57-67, hier: 58f.
64 Vgl. *W. von Loewenich,* Art. Bilder, VI, in: TRE 6, 546-557, hier: 548.
65 Ebd., 547.
66 Vgl. *J. Rohls,* ». . .unser Knie beugen wir doch nicht mehr«. Bilderverbot und bildende Kunst im Zeitalter der Reformation, ZThK 81 (1984) 322-351, hier: 325.

fürgetragen wird, und nichts on bilde dencken noch verstehen können . . .«
(WA 37, 63,25f). Das Wort selbst ist bildhaft und löst beim Hörer bildhafte
Vorstellungen aus. Nach Luthers anthropologischer These ist der Mensch
für sein Wahrnehmen auf bildhafte Anschaulichkeit angewiesen; umge-
kehrt erreicht uns die Offenbarung nur im Konkreten und Leiblichen.[67]
Zur Stärkung des Glaubens fügt Gott dem Wort sichtbare Zeichen hinzu:
»Dan wir arme menschen, weyl wir in den funf synnen leben, müssen yhe
zum wenigsten ein eußerlich zeychen haben neben den worten, daran wir
uns halten und zusammen kummen mugen, doch alßo, das das selb zeychen ein sacrament sey« (WA 6, 159,6–9).
So können wir von Gott auch nur in Bild und Gleichnis reden, weil das
Verstehen des Wortes durch Anschauungen vermittelt ist, obwohl sie ih-
rem »Gegenstand« gegenüber immer unangemessen sind. *Luther versteht
also das Wort bildhaft und das Bild worthaft;* das Bild kann allerdings das
Wort nicht ersetzen.[68] Das Bild unterscheidet sich vom Sakrament darin,
daß es nicht von Gott eingesetzt ist und daß er sich folglich nicht an ein
Bild, sondern an den *Vollzug eines Geschehens* gebunden hat.
Aus *Luthers Sakramentsverständnis* gewinnen wir auch weiterreichende
Aufschlüsse über die Leibhaftigkeit und »Sichtbarkeit« des Wortes (vgl.
1.3.4). Die Bilder und die Kunst insgesamt haben für Luther die höchste
Bedeutung, wenn sie der Verkündigung dienen. Abgesehen von dem ge-
predigten Wort hat die Kunst keine religiöse Funktion mehr.[69] Kunst und
Ästhetik sind ein »weltlich Geschäft«; sie sind nicht Ort der Offenbarung.
Die Kunst gedeiht in dem Spiel-Raum der Freiheit, die ihr die Reformation
erschlossen hat, und gewinnt dadurch ganz neue Themenkreise (Landschaft, Stilleben, Genrebild).[70] Die ästhetische Dimension wird aber mit
der Freigabe der Bilder nicht beliebig, wie E. Thaidigsmanns Studien über
Luthers Magnificat-Auslegung zeigen. So kennt Luther eine Rangordnung
unter den Bildern; es gibt »hohe und nidrige Bilde«. Die »hohe Bilde« repräsentieren die allgemeinen Güter, Mächte und Kräfte des Lebens (z.B.
Weisheit, Gewalt, Reichtum) und haben gesellschaftliche sowie politische
Bedeutung. »Die Frage ist aber, welchen Bildern der Mensch sich so auslie-
fert, daß sie bis ins Innerste seiner Affekte Macht über ihn gewinnen, so
daß er durch die Teilhabe an ihnen sein Sein begründet wähnt.«[71] *Die theologische Frage, die zugleich eine religions- und ideologiekritische Funktion
hat, richtet sich darauf, ob der Mensch Bild Gottes sein will oder ob er Bilder
haben muß, an die er sein Herz hängt. Luthers Auslegung des 1. Gebotes im
Großen Katechismus* (»Worauf Du nu . . . Dein Herz hängest und verläs-
sest, das ist eigentlich Dein Gott«) *bringt das theologische Anliegen des alt-*

67   Vgl. ebd.
68   Vgl. *von Loewenich*, a.a.O., 550; vgl. *May*, a.a.O., 62.
69   Vgl. *Rohls*, a.a.O., 348.
70   Vgl. ebd.
71   *Thaidigsmann*, a.a.O. (s.o. Anm. 2), 26.

testamentlichen Bilderverbots sachgemäß zur Geltung. Das Evangelium muß sich der Herausforderung konkurrierender Bilder stellen.

Im Sinne einer *Zwischenbilanz* können wir festhalten: Eine theologische Ästhetik muß die Spannung zwischen Bilderverbot und Inkarnationslehre berücksichtigen; sie muß einerseits die Freiheit, Lebendigkeit und Unverfügbarkeit Gottes wahren, andererseits der Notwendigkeit menschlicher Leiblichkeit und Konkretion entsprechen. Die Bilderfrage ist heute nicht mehr theologisch gleichgültig; der Streit um die Bilder ist vielmehr im Medium des Bildes auszutragen. Dementsprechend sind Fragen der Gestalt und der Bilddidaktik nicht beliebig. Die Erweiterung der Wahrnehmungs- und Gestaltungskompetenz ist auch in religionspädagogischer Hinsicht eine entscheidende Bildungsaufgabe.[72]

Im Blick auf die religionspädagogische Grundaufgabe, konkret und erfahrungsbezogen von Gott zu reden, werden wir bei Luther auf die *Bildhaftigkeit des Wortes* verwiesen. Gott läßt sich nicht im Bild fixieren, aber er will so zu Gehör kommen, daß man ihn *sieht*. In diesem Sinne legt O. Bayer Hamanns Formel »Rede, daß ich Dich sehe!« aus der »Aesthetica in Nuce« (1762) aus.[73]

1.1.5   Das Bild im Rahmen der Symboldidaktik

Die Symboldidaktik hat eine besondere Affinität zu Bildern. Hubertus Halbfas hat dementsprechend seinem grundsätzlichen Entwurf der Symboldidaktik ein Kapitel über Bilder vorangestellt.[74] Halbfas versteht unter »Bild« im Gegensatz zu dem heute üblichen Verständnis von Abbild oder Nachahmung »die Erscheinung einer tiefer gründenden Wirklichkeit«; er rechnet mit einer »inneren Korrespondenz zwischen dem Bild und der Seele des Menschen«, so daß wir in einem Bild der anschaubaren Gestalt einer in uns selbst wirkenden Urbildlichkeit begegnen.[75] Das Bild bringt *einen* Aspekt dieser Urbildlichkeit zur sichtbaren Darstellung. Es ist um so wahrer, je mehr es zum Ausdruck eines im Konkret-Singulären durchscheinenden Urbildes wird. Wir erkennen schon hier einen deutlichen Unterschied zu unserer bisherigen theologischen Reflexion. Jüngel[76] be-

---

72   Vgl. *R. Volp*, Kunst als Gestaltungskompetenz, in: Die Kunst und die Kirchen, a.a.O. (s.o. Anm. 13), 259-273, hier: 271. Volp nennt den *verantwortlichen Umgang* mit Bildern Kunst.

73   *J. G. Hamann*, Sämtliche Werke, Bd. 2, Wien 1950, 198. Vgl. Joh 8,38: »Was ich beim Vater *gesehen* habe, *rede* ich.« Zum spezifisch johanneischen »Sehen« vgl. *R. Bultmann*, Theologie des Neuen Testaments, Tübingen 1953, bes. 418ff. – Vgl. *O. Bayer*, Schöpfung als Anrede, Tübingen 1986, 16.

74   Vgl. *H. Halbfas*, Das dritte Auge, Düsseldorf 1982, 51ff.

75   Ebd., 53.

76   *Jüngel*, »Auch das Schöne muß sterben«, a.a.O. (s.o. Anm. 48), 121. Jüngel bezieht sich auf Aussagen von F. Schiller und E. Bloch.

stimmt Kunst als »Vorschein kommender Wahrheit«, v. Hentig[77] als »Er-
kundung des Möglichen«; sie verstehen Kunst also – in durchaus unterschiedlicher Weise – in ihrer Gestaltungsmöglichkeit von Zukunft, während Halbfas die Übereinstimmung mit dem Urbild zum Wahrheitskrite-
rium erhebt. Die theologischen Unterschiede treten noch stärker hervor,
wenn Halbfas davon spricht, daß das »Bild Gottes« der Seele eingeprägt
sei und daß das Gottesbild mit dem Archetypus des Selbst korrespondiere
(Jung).[78] Unter dieser Voraussetzung sind die nicht zufälligen Bilder einer
letzten Ganzheit symbolische Gestaltungen, durch deren ›Einbildung‹ der
Mensch in Übereinstimmung mit den tragenden Urbildern kommt. Mit
dieser Bildtheologie ist die entsprechende *Bilddidaktik* bereits mitgesetzt.
Der heutigen *Bildüberflutung* entspricht eine *Bildentfremdung*, nämlich
die Zerstörung des inneren Bildsinns. Daher sind Bilder zu finden, die eine
symbolische Gestalt haben und zu »Innenbildern« werden können. Das
sind nicht die klassischen Werke der bildenden Kunst (»Kunst als Augen-
weide«), sondern das fernöstliche und christliche Meditationsbild. So beschreibt Halbfas den Umgang mit dem indisch-tibetanischen Yantra (Kult-
bild) als einen Zugang zum Bild, der eine auch religionspädagogisch
grundlegende Unterscheidung von Sehen und innerem Schauen erfordert.[79] Es handelt sich nämlich beim Sehen und Schauen um »grundver-
schiedene Vorgänge, die durch keinerlei Übergänge voneinander ableitbar
sind«.[80] *Luther* unterscheidet zwar auch zwischen Sehen und Schauen des
Glaubens. Gottes Sehen ist gegenläufig zu dem Sehen der Menschen im alltäglichen Lebenszusammenhang. Schauen des Glaubens und Sehen werden aber dialektisch wieder aneinander gebunden: *»Schauen« meint nicht
eine mystische Gottesschau in Abkehr von den Bildern der Welt, sondern
führt zu einem neuen Sehen, das mit Gottes Augen sieht,* das aufmerksam
und entdeckend gegenüber dem Unansehnlichen und nicht Beachteten
wird.[81] Die ästhetische Distanz, die das Schauen mit beinhaltet, bedeutet
zugleich größere Nähe zu Menschen und Phänomenen, die zu ethischem
Engagement herausfordern. *Nicht die Abkehr von den Bildern der Welt ist
das Ziel der Auseinandersetzung mit Bildern im Rahmen der Symbolkunde,
sondern Anleitung zum Streit mit ihnen.* Schon diese unterschiedliche Einschätzung des Bildes zeigt, daß es innerhalb der Symboldidaktik konzep-
tionelle Differenzen gibt, denen wir im 3. Teil näher nachgehen müssen. Da
für Halbfas das Bild nur im Sinne einer ganz bestimmten symbolischen
Gestaltung (als Meditationsbild) religionspädagogisch von Bedeutung ist,
spielt die ästhetische Dimension innerhalb der Religionspädagogik keine
eigenständige Rolle. Das wird exemplarisch an seiner Einschätzung der

---

77   *H. von Hentig,* Ergötzen, Belehren, Befreien. Schriften zur ästhetischen Er-
     ziehung, München/Wien 1985, 31ff.
78   *Halbfas,* a.a.O., 54f.
79   Vgl. ebd., 61-63.
80   Ebd., 61.
81   Vgl. *Thaidigsmann,* a.a.O., 21.

Photographie deutlich. Da diese nur aufnehmen könne, was in einem bestimmten Augenblick irgendwo konkret da ist, sei es ihr unmöglich, Symbole zu schaffen, wie die Kunst es kann.[82] Grözinger wendet zu Recht ein, daß man so zu diesem Thema nur noch reden könne, wenn man sich weigere, zur Kenntnis zu nehmen, was etwa Susan Sontag, Gisèle Freund oder die Forschergruppe um Pierre Bourdieu zur Ästhetik der Photographie erarbeitet haben.[83] Bei Halbfas kann dementsprechend eine bestimmte Symboltheorie die Funktion der Ästhetik übernehmen, so wie die Symboldidaktik bei ihm ein Gesamtkonzept für den Religionsunterricht darstellt.

Der Mensch verwirklicht sein Menschsein in bestimmten fundamentalen Verhältnissen, unter anderem in einem religiösen, ästhetischen, sittlichen und politischen Verhältnis. Diese Verhältnisse sind daraufhin zu befragen, wie der Mensch sich in ihnen zu Gott, zur Welt und zu sich selbst verhält[84]; das Evangelium ist dazu kritisch in Beziehung zu setzen.[85] In diesem Sinne ist *das ästhetische Verhältnis des Menschen* bzw. seine *ästhetische Erfahrung* – in dem oben entwickelten Verständnis – als *eigenständige Dimension* von der Religionspädagogik zu reflektieren.

Noch in anderer Hinsicht bedarf das Konzept von Halbfas einer Erweiterung. Die Kunst kann in religiösen Lernprozessen eine *wirklichkeitserschließende*, eine *kommunikative* und eine *meditative* Funktion haben. Halbfas betont nur die letztere. Wo Menschen miteinander kommunizieren, fördern oder hemmen Bilder immer schon die Kommunikation; ferner verstärken oder schwächen sie die Botschaften, die in diesen Prozessen ausgetauscht werden.[86] Bilder können in Lernprozessen bewußt so eingesetzt werden, daß sie die Kommunikation fördern und die innere und äußere Wirklichkeit der Teilnehmer zu erschließen helfen. Bilder (insbesondere Arbeiten der bildenden Kunst) können nämlich helfen, dem Leben Ausdruck und Gestalt zu geben. Sie können Zeichen der Angst und der Hoffnung, des stummen Schmerzes oder der Klage, der Freiheit und der Zwänge, der Bosheit oder Schwäche und der Liebe, der Verlassenheit und der Gemeinsamkeit sein. Sie können beide Pole zum Ausdruck bringen und – wenn der eine Pol etwas stärker ist – ermuntern und ermutigen, trösten und erheitern, stärken und provozieren, so daß Konflikte ausgetragen, Verdrängen bewußtgemacht und Befreiung initiiert wird.[87] Bilder repräsentieren den geschichtlichen Lebenszusammenhang, in dem sie stehen, und zugleich den Lebenszusammenhang des Wahrnehmenden. *Sie können*

---

82 Vgl. *Halbfas*, a.a.O., 81f.
83 Vgl. *Grözinger*, a.a.O., 245.
84 Vgl. *Jüngel*, a.a.O. (s.o. Anm. 48), 107f.
85 Vgl. *P. Biehl*, Evangelium und Religion, in: *K. Goßmann* (Hg.), Glaube im Dialog, Gütersloh 1987, 88-107.
86 Vgl. *R. Volp*, Art. Bilder, VII, in: TRE 6, 557-568, hier: 562.
87 Vgl. *von Hentig*, a.a.O. (s.o. Anm. 77), 30: »Neben sinnlichem Genuß und Einsicht kann uns etwas zuteil werden, das dem Bewegungsgesetz der Kunst unmittelbar entspringt und das ich ›Befreiung‹ nenne...«

zu Symbolen werden, wenn sie den Lebenszusammenhang im Sinne jener polaren Grunderfahrungen »verdichten«, wenn sie an bestimmte Erfahrungen erinnern und zugleich zukünftige Möglichkeiten zu erkunden helfen. Authentische Kunstwerke entbinden in einem rückschauenden Wiedererkennen Erinnerungspotentiale und in vorwärtsgewandter Bewegung Visionen. Die *Gefahr* des Bildes liegt darin, daß der Blick bei dem Dargestellten festgehalten und es doch als Abbild mißverstanden wird. *Werden Bilder zu Symbolen, verweisen sie stärker auf das, was nicht als solches Bild werden kann.* In diesem Sinne spricht W. Weischedel von einer »leisen Auflösung der Bilder ins weisende Symbol«.[88] Werden Bilder in ihrem Symbolcharakter erschlossen, wird ihr Verweisungscharakter stärker wahrgenommen; es wird deutlich, daß *zum Bild das Zerbrechen des Bildes gehört,* wenn es nicht auf bestimmte Vorstellungen von Gott, Welt und Mensch fixieren soll. Bilder als Symbole verweigern den Aufenthalt bei ihnen und sind unterwegs zu dem, worauf sie deuten.[89] Die genannten »Wirkungen« können um so eher von den Bildern ausgehen, je weniger sie – auch didaktisch – funktionalisiert werden. Einerseits ist also die Eigenständigkeit und Widerständigkeit der Kunst zu wahren; andererseits ist nach didaktischen Kriterien auszuwählen. Die Kunst bleibt im Spannungsfeld von Eigenwert und Funktionswert.[90] Wo die Spannung des Lebens zum Ausdruck gebracht, Erfahrungen vertieft und intensiviert werden, können Bilder unabhängig von ihrer gegenständlichen und thematischen Bedeutung für den Religionsunterricht in Betracht kommen; sie müssen also nicht eine explizite religiöse Thematik haben. Inhalt des Unterrichts sind selbstverständlich auch Werke der christlichen Kunst, die eine ermutigende, tröstende, provozierende und befreiende Kraft entbinden können. Der Begriff der »christlichen Kunst« ist allerdings problematisch; denn vom Wesen der Kunst her hat das offene Kunstwerk eine bekenntnistransformierende, ja nicht selten eine häretische Tendenz. »Das ästhetische Wertkriterium christlicher Dichtung und Kunst liegt in deren Kraft, christliche Identität im Prozeß künstlerischer Verwandlung zu bewahren bzw. neu zu gewinnen.«[91]

Wie schon beim Begriff der ästhetischen Erfahrung deutlich wurde, umfaßt der Kunstbegriff nicht nur das Kunstwerk, sondern auch *Kunst als Praxisdimension.*[92] Diese Dimension der Kunst im Religionsunterricht zu realisieren bedeutet bewußte Übung der sinnlichen Wahrnehmung und Erweiterung der Wahrnehmungs- und Gestaltungsmöglichkeiten, Umorganisation von Wahrnehmungs- und Handlungsgewohnheiten, spontane und doch übbare Freude am Spielen, Herstellen, Gestalten – an der Bean-

88   *Weischedel,* a.a.O. (s.o. Anm. 11), 168.
89   Vgl. ebd., 169.
90   Vgl. *G.M. Martin,* Kunst-Stücke, München 1981, 22.
91   *Leuenberger,* a.a.O. (s.o. Anm. 40), 135.
92   Vgl. *Volp,* Kunst als Gestaltungskompetenz, a.a.O. (s.o. Anm. 72), 262.

spruchung *aller* Sinne. Diese Dimension der Kunst ist für die Symboldidaktik besonders wichtig. Über Symbole kann man nicht nur reden. Das wäre zuwenig! Brot kann man backen, teilen und schmecken, einen Sonnenaufgang beobachten, mit Händen Ausdrucksübungen machen, Bäume pflanzen, fühlen und pantomimisch darstellen, Haus und Garten begehen und selbst entwerfen. Mit allen elementaren Symbolen lassen sich Symbol-Erfahrungen machen. Halbfas berichtet davon, wie Schüler einer 4. Grundschulklasse ein halbes Jahr lang in einer Arbeitsgemeinschaft am Nachmittag ein blühendes Labyrinth angelegt haben und es arbeitend, spielend und feiernd in Brauch genommen haben.[93] Daß solche Erfahrungen nicht auf die Grundschule beschränkt bleiben müssen, zeigen die Arbeiten einer gymnasialen Oberstufe zum Symbol Hand (vgl. 2.3). In den religionspädagogischen Praxisfeldern wird es darauf ankommen, beide Dimensionen der Kunst zusammenzuhalten. Es kann im Religionsunterricht eine sinnvolle Aufgabe sein, einen Gegenfilm zu dem Kurzfilm »Das Leben in einer Schachtel« zu drehen, Wege zu photographieren, ein Gedicht zu vertonen oder die religiösen Botschaften der Werbung zu analysieren; daneben geht es um die sachgerechte Interpretation von Dokumenten der christlichen Kunst, und zwar nicht nur auf dem Wege der im Religionsunterricht gerne geübten »Bildmeditation«, sondern ebenso mit Hilfe analytisch-zielgerichteter Verfahren.[94]

»Jeder Mensch ist ein Künstler« (J. Beuys). Dieses Motto gilt ebenso für den Umgang mit der Sprache. Wir können uns in einen Baum hineinversetzen und seine Lebensgeschichte verfassen, wir können Weggeschichten erzählen, ein Gedicht oder eine Meditation zu einem Bild schreiben – die ansprechendsten Texte in unseren Unterrichtsversuchen stammen oft von Schülern. Unsere Alltagsphantasie hat eine strukturelle Ähnlichkeit mit der literarischen Phantasie.[95] Bei den Schriftstellern ist unsere Alltagsphantasie »professionell« geworden. Die Alltagssprache ist nie völlig instrumentalisiert; im Alltag wird beispielsweise erzählt. Daher kann es gelingen, durch eine Förderung des schöpferischen Verhaltens bei der Verarbeitung von Alltagserfahrungen, beim Entdecken von Analogien und Entsprechungen zwischen Mensch und umgebender Wirklichkeit, beim Aneignen von Symbolen und Finden von Metaphern den Spielraum der Alltagspoesie zu erweitern, ja, sie zu verwandeln.

93   Vgl. *H. Halbfas*, Religionsunterricht in der Grundschule. Lehrerhandbuch 4, Düsseldorf 1986, 518ff.
94   Vgl. *D. Zilleßen*, Bilder im Religionsunterricht, in: JRP 2 (1985), 1986, 93-115, hier: 95f. Die strukturale Bildanalyse hat besonders A. Stock gefördert. Vgl. *M. Wichelhaus / A. Stock*, Bildtheologie und Bilddidaktik, Düsseldorf 1981. – Vgl. *F. Johannsen* (Hg.), Religion im Bild, Göttingen 1981.
95   Das hat *H. Hillmann* in seinem produktionsästhetischen Konzept gezeigt: Alltagsphantasie und dichterische Phantasie, Kronberg 1977.

1.2   Wissenschaftliche und poetische Sprache

Symbole können Worte, Bilder, Gesten, Melodien, also nicht nur sprachliche Phänomene sein. Gleichwohl wird meistens eine Klärung des Symbolverständnisses im Bereich der Sprache gesucht; wenn es sich um bildhafte Rede von Gott handelt, sprechen auch theologische Gründe dafür – wie wir gesehen haben –, von Sprachsymbolen auszugehen.

Da Symbole, besonders religiöse Symbole, die gewohnte Welt überschreiten, neue Wirklichkeit erschließen wollen, ist zwischen der *poetisch-wirklichkeitserschließenden* und der *prosaisch-innerweltlichen Funktion* der Sprache zu unterscheiden, um den angemessenen Ort für die Symbole finden zu können. Wir gehen zunächst von der prosaischen Funktion der Sprache aus und fragen, wie es zur *Verwandlung* in die poetische Funktion kommt. Innerhalb der prosaisch-innerweltlichen Funktion der Sprache lassen sich mit Karl Bühler *drei Funktionen der Zeichenverwendung* unterscheiden. Bühler geht von einem semiotischen Modell des Sprachzeichens aus; es wird von einem Sprecher mit dem Ziel verwendet, sich über Gegenstände und Sachverhalte mit einem Hörer zu verständigen. Dementsprechend unterscheidet er (1) die *kognitive* Funktion der Darstellung eines Sachverhalts, (2) die *appellative* Funktion von Aufforderungen (Mitteilungen), die an einen Adressaten gerichtet werden, und (3) die *expressive* Funktion des Ausdrucks von Erlebnissen des Sprechers.[96]

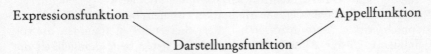

Die drei Funktionen sind in einer Rede (einem Text) miteinander verbunden. Der Sprecher kann sich in der Kommunikation jedoch vor allem auf sich selbst beziehen oder über sich sprechen; dann dominiert die *Expressionsfunktion*. Bespricht er vor allem die Welt außerhalb seiner selbst, dann dominiert die *Darstellungsfunktion*. Macht der Sprecher den Hörer zum primären Gegenstand seiner Rede, steht die *Appellfunktion* im Vordergrund.[97]

Dieses »dreistrahlige« Sprachmodell ist in der Sprachwissenschaft und Psychologie kritisiert und weiter präzisiert worden.[98] Jürgen Habermas hat sprachphilosophisch die Gleichursprünglichkeit und Gleichwertigkeit der drei semantischen Sprachfunktionen unter dem Gesichtspunkt von *Sprechhandlungen* herausgestellt. Elementare Sprechhandlungen weisen eine Struktur auf, in der drei Komponenten miteinander verschränkt sind:

96   Vgl. *K. Bühler*, Sprachtheorie, Jena ¹1934 (²1965), 28.
97   Vgl. *A. Stock*, Textentfaltungen, Düsseldorf 1978, 82.
98   Vgl. *J. Habermas*, Theorie des kommunikativen Handelns, Bd. 1, Frankfurt/M. 1981, 372ff.

(1) der propositionale Bestandteil für die Darstellung von Sachverhalten, (2) der kommunikative Bestandteil für die Herstellung interpersonaler Beziehungen und (3) der expressive Bestandteil zum Ausdruck von Sprechintentionen.[99]

Habermas hat mit den Sprachfunktionen bestimmte Geltungsansprüche und Weltbezüge verbunden: Im Blick auf die Darstellung erhebt der Sprecher den Anspruch auf Wahrheit in Beziehung auf die objektive Welt; (2) im Blick auf die Herstellung interpersonaler Beziehungen, daß die Sprachhandlung mit dem Bezug auf einen geltenden normativen Kontext richtig ist; und (3) im Blick auf die Expression, daß die manifeste Sprecherintention so gemeint ist, wie sie geäußert wird, also den Anspruch auf *Wahrhaftigkeit* in bezug auf die subjektive Welt.[100]

Wir haben mit dieser idealtypischen Beschreibung der Sprachfunktionen zugleich Gesichtspunkte gewonnen, an denen sich die Unterschiede zwischen wissenschaftlicher und poetischer Sprache verdeutlichen lassen. Zur Beschreibung dieses unterschiedlichen Sprachgebrauchs ziehen wir *zwei Ansätze* heran; der eine ist von dem Heideggerschen Sprachverständnis, der andere von der Semiotik beeinflußt. Beide entwickeln aber eine eigenständige Begrifflichkeit.

Ernesto Grassi unterscheidet zwischen der *beweisenden* und der *weisenden* Sprache als zwei prinzipiell unterschiedlichen Äußerungsformen.[101] Die *be-weisende* Sprache ist eine rein rationale, wissenschaftliche Sprache. Da die Objektivität ihrer Aussage durch Gründe verbürgt wird, darf sie nicht durch subjektive Meinungen getrübt werden; sie darf weder zeit-, orts-, noch persönlichkeitsgebunden sein. Sie ist antirhetorisch. In der Antike wurde diese Sprache »apo-diktisch« genannt, weil sie, von Gründen ausgehend, etwas zeigt. Die *weisende*, rein »semantische« Sprache drückt die ursprünglichen Prämissen der rationalen Rede aus. Da diese Prämissen unableitbar sind, können sie selbst nicht beweisbar sein. »Semantische« Sprache vermag nur zu be-kunden, nicht zu be-gründen; sie hat eine »kündende« Eigenschaft. Durch diese eigentümliche und unmittelbare Struktur erweist sie sich als zeigende, sehen lassende und damit »bildliche« Sprache.[102] Grassi möchte mit dieser Unterscheidung erneut die Frage nach der Beziehung zwischen Philosophie und Rhetorik aufwerfen, um damit etwas Prinzipielles aufzudecken. Seit Descartes wird nämlich das Problem des Bildes von der philosophischen Erörterung ausgeschlossen, modernes rationales Denken von bildhafter Sprache getrennt. Grassi führt Beispiele von Locke, Kant, Hegel und Marx an, um zu zeigen, wie ablehnend die neuzeitliche Philosophie gegenüber der bildhaften Sprache – die für Luther

99 Vgl. *J. Habermas*, Der philosophische Diskurs der Moderne, Frankfurt/M. 1985, 363.
100 Vgl. *Habermas*, Theorie, a.a.O., 149.
101 Vgl. *E. Grassi*, Die Macht der Phantasie, Königstein 1979, 25.
102 Vgl. ebd., 25-27.

ja eine zentrale Bedeutung hatte – reagierte. So heißt es etwa bei Locke: »Wir müssen zugeben, daß die ganze Redekunst, all die künstliche und *figürliche Anwendung des Wortes*, welche die Beredsamkeit erfunden hat, zu nichts weiter dient, als *unrichtige Vorstellungen* zu erwecken, die Leidenschaften zu erregen, *dadurch* das Urteil zu mißleiten, und so in der Tat eine *vollkommene Betrügerei* sei.«[103]

Nun kann man sogleich auf die spärliche, aber gleichwohl wirksame »Gegentradition« hinweisen, in der die ursprüngliche Kraft poetischer Sprache hervorgehoben wird. Ich nenne nur zwei Beispiele, die für die Theologie besonders aufschlußreich sind. Friedrich Gottlieb Klopstock schreibt über die bleibende Bedeutung der poetischen Sprache: »Es giebt Gedanken, die beynahe nicht anders als poetisch ausgedrückt werden können; oder vielmehr, es ist der Natur gewisser Gegenstände so gemäß, sie poetisch zu denken, und zu sagen, daß sie zuviel verlieren würden, wenn es auf eine andere Art geschähe. Betrachtungen über die Allgegenwart Gottes gehören, wie mich deucht, vornähmlich hierher.«[104]

Johann Georg Hamann beginnt seine »Aesthetica in Nuce«, in der er Gottes Schöpfung als »Rede an die Kreatur durch die Kreatur« entfaltet, mit der Feststellung: »Poesie ist die Muttersprache des menschlichen Geschlechts ... Sinne und Leidenschaften verstehen nichts als Bilder. In Bildern besteht der ganze Schatz menschlicher Erkenntniß und Glückseligkeit.«[105]

Grassi geht bis zu den griechischen Ursprüngen der Philosophie zurück, um zu zeigen, daß der Mythos den Logos begründet. Die rationale, beweisende, erklärende Sprache ist nämlich nicht ursprünglich; sie wurzelt in der weisenden Sprache der Mythen, Religionen und Evangelien; sie wurzelt wiederum in einem unmittelbaren, anredenden, weisenden Sehen. Die Sprache steht in einem Bezug zum ursprünglich Bildhaften, »das sich durch einen semantischen, hinweisenden Charakter auszeichnet«.[106]

Grassi erläutert diesen Sachverhalt am Symbol. Es sei auch auf der Stufe des animalischen Lebens am Werke; das Leben selbst ist es, was den Phänomenen der Umwelt ihre symbolische Bedeutung verleiht. »Während aber das sensitive Leben in festgelegten, bedeutungsvollen Symbolen verankert ist ..., ist es das Spezifische des menschlichen Lebens, daß der Mensch die für ihn gültigen symbolischen Bedeutungen der Phänomene *suchen muß*.«[107] Das gilt vor allem auch für die Sprache des Dichters. Alles, was er sagt und worauf er hindeutet, weist über die Gegenstände und über das Gesagte hinaus und hat dadurch eine symbolische Bedeutung.

In der vor-rationalen Sprache spielt das ›bildhafte‹ Element und somit das

103   *E. Grassi*, Macht des Bildes: Ohnmacht der rationalen Sprache, München ²1979, 13.
104   Zitiert nach: *D. Sölle*, Realisation, Darmstadt/Neuwied 1973, 13.
105   *Hamann*, Sämtl. Werke, a.a.O. (s.o. Anm. 73), 197.
106   *Grassi*, Macht des Bildes, a.a.O., 67.
107   Ebd., 70.

›Sehen‹ eine wesentliche Rolle. Für Grassi ergibt sich daraus, daß sich eine solche Sprache aus prinzipiellen Gründen der Metapher bedienen muß, als einer Übertragung von Ausdrücken, die dem Gebiet der Sinne und des ›Sehens‹ entnommen sind. »Die weisende vorphilosophische Sprache ist mit Bildern durchsetzt, die Zusammenhänge ergeben sich nicht rational, kausal, sondern zeigen sich in metaphorischen, bildlichen Einsichten.«[108]
Um den Ursprung der Sprache verständlich zu machen, müßten noch weitere Theorieansätze herangezogen werden; sie könnten zeigen, daß die Sprachentwicklung phylogenetisch (stammesgeschichtlich) wie ontogenetisch (individualgeschichtlich) nach derselben evolutiven Logik verläuft. Für unseren Zusammenhang ist jedoch wichtig, daß die von Grassi aufgewiesenen Strukturen rationaler und bildhafter, poetischer Sprache nicht an das Wirklichkeitsverständnis der Antike gebunden sind, sondern als zwei Grundformen aufeinander bezogen bleiben. Damit wenden wir uns gegen die Annahme einer Evolutionsgeschichte des Menschen, die in der beziehungsreichen, bildhaften, darstellenden, anredenden Sprache nur die Vorstufe der rationalen, begrifflichen Sprache erkennt.
Grassis Grundthese über den bleibenden Vorrang der poetischen Sprache vor der rationalen Sprache läßt sich vielfach belegen, etwa bei Eugen Rosenstock-Huessi: »Alles Sprechen geschieht in Bildern, in Gleichnissen, und je mehr wir uns von seinem Bildwerk befreien möchten, um ›rein‹ zu denken, desto unausweichlicher verfallen wir ihm.«[109] Verweist Rosenstock-Huessi auf Bild und Gleichnis, um den poetischen Charakter der Sprache hervorzuheben, so Bruno Liebrucks auf Metapher und Mythos. »Denn die eigentliche Fruchtbarkeit der Sprache liegt darin, daß alles Reden metaphorisch ist. Jede Metapher erzählt einen kleinen Mythos.«[110]

Walther Killy beginnt seine Untersuchung über die »Wandlungen des lyrischen Bildes« mit einer treffenden Kennzeichnung des poetischen Bildes. »Die Poesie spricht in Bildern. Sie nennt Dinge der Welt, welche ein inneres Auge durch die Kraft des Wortes aufs Neue wahrnehmen kann. Die poetischen Bilder sind nicht nur Natur. Die Seele ist in ihnen aufgegangen. Sie sind nicht nur Anschauung, sie vermitteln Erkenntnis.«[111] Killy betont nicht nur den *Zusammenhang von Anschauung und Erkenntnis*, den auch Hamann hervorgehoben hatte, sondern zugleich das Moment der *Zeitlichkeit*. Das poetische Bild differenziert sich nicht nur in die Vielfalt unterscheidender Anschauungen, sondern » *in den Raum der Historie,* um dem Aussprechen eines jeweils anderen Bewußtseins zu dienen«. Seine Interpretationen beginnt er dementsprechend mit dem Satz Goethes: »Die Lyrik ist entschieden historisch«.[112]

108 Ebd., 78.
109 *E. Rosenstock-Huessi*, Die Sprache des Menschengeschlechts, Bd. 1, Heidelberg 1963, 661.
110 *B. Liebrucks*, Sprache und Bewußtsein, Bd. 1, Frankfurt/M. und Bern 1964, 481.
111 *W. Killy,* Wandlungen des lyrischen Bildes, Göttingen ⁴1964, 5.
112 Ebd., 7.10. Den Zusammenhang von Anschauung und Erkenntnis beschreibt *R. Arnheim* (Anschauliches Denken, Köln ⁴1980, 257) nach dem Strukturvergleich eines Gemäldes von C. Carot und einer Plastik von H. Moore ganz ähnlich: »Das

Selbst ein Philosoph aus einer ganz anderen Denkrichtung wie Jacqûes Derrida nimmt die zu Unrecht als schwärmerisch verlachte Ansicht, daß die Poesie die Ursprache des Menschengeschlechts sei (Hamann, Herder), produktiv auf. »Denn wenn – gemäß Saussure – eine Sprache nur aus Differenzen besteht und wenn weiterhin die Differenzen unsagbar sind, dann kann man begründet behaupten, das Unsagbare sei der Grund für das Sagbare. *Das Unsagbare wird aber immer durch symbolische oder poetische Stilfiguren repräsentiert . . ., und also ist das Poetische der Grund für die Möglichkeit des Sprechens.*«[113]

Während Grassi aufzeigt, daß die rationale Sprache in der »semantischen« Sprache mit ihren vielfältigen Formen (Symbol, Metapher, Bild, Vision) ursprünglich verwurzelt ist, entwickelt *Johannes Anderegg*[114] ein *dynamisches Modell*, um wissenschaftliche und poetische Sprache (31ff), instrumentellen und medialen Sprachgebrauch in ein spannungsvolles Verhältnis zu setzen. Als Beispiel für instrumentelle Sprachverwendung wird die *Alltagssprache* eingeführt.

Es gibt eigentlich nicht die Alltagssprache, sondern wir machen von der Sprache am Arbeitsplatz, in der Freizeit in sehr verschiedener Weise Gebrauch; er ist jedoch immer durch Selbstverständlichkeit geprägt. »Der Alltag oder das Alltägliche reicht gerade so weit wie die Selbstverständlichkeit des Sprachgebrauchs« (37).

Mit der Sprache des Alltags reaktivieren wir bereits vollzogene, zur Konvention gewordene Konstituierungen von »Welt«, die wir mit anderen teilen, eben weil sie Konvention sind (vgl. 42). Im Alltag sind die Wahrnehmungshorizonte derart reduziert, daß die Sprache »ein Instrument zur Bezeichnung von Gegebenem« ist (43).

Sprache kann aber noch etwas anderes sein als Instrument zur Bezeichnung und Bezugnahme, nämlich *Medium* für das Erproben von Sinn. Der Begriff des Mediums meint gerade nicht bloßes »Mittel«, sondern den Ort, in dem und von dem her das *sinnbildende* Begreifen geschieht (51). Der mediale Sprachgebrauch, bei dem nicht einfach eine Ordnung als selbstverständlich vorausgesetzt, sondern nach Sinn allererst gefragt wird, aktiviert unsere Fähigkeit zur Sinnbildung und unser Bedürfnis nach Sinnbildung;

Kunstwerk ist ein Wechselspiel von Anschauung und Gedanken. Die Individualität des Einzelwesens und die Allgemeinheit des Typus vereinigen sich im Bilde. Indem Wahrnehmung und Begriff einander beleben und erleuchten, offenbaren sie sich als zwei Ansichten einer einzigen Erfahrung.«

113   *M. Frank*, Was ist Neostrukturalismus?, Frankfurt/M. 1984, 601 (Hervorhebung von mir). Für die Homiletik hat besonders *G. Otto* (Predigt als Rede, Stuttgart u.a. 1976, 53f) die Bedeutung der Poesie (als gestaltete Sprachbilder) herausgearbeitet: Nur die Rede in Bildern erreicht die Vieldimensionalität des Lebens und »verwickelt« Redner und Hörer; sie hilft zu sagen, was noch nicht ist. Vgl. *ders.*, Predigt als rhetorische Aufgabe, Neukirchen-Vluyn 1987, 57ff.

114   Vgl. *Anderegg*, a.a.O. (s.o. Anm. 22). Die Seitenzahlen in Klammern beziehen sich auf dieses Werk.

sie gehören in grundlegender und elementarer Weise zur menschlichen Existenz (54f).

Anders als der instrumentelle Sprachgebrauch konfrontiert uns der mediale mit Noch-nicht-Begriffenem. Es können keine konventionellen Zeichen sein, die das schon Begriffene transzendieren und das Noch-nicht-Begriffene wahrnehmen lassen, sondern es müssen im Prozeß der Sinnbildung entsprechende Zeichen gefunden werden. Der Prozeß der Sinnbildung ist also gleichursprünglich ein Prozeß der Zeichenfindung und Zeichenbildung (56). Zeichen müssen erprobt werden und sich als mediale Zeichen erweisen. Andereggs grundlegende These ist, daß die medialen Zeichen nicht an die Stelle der instrumentellen Zeichen treten, sondern in einem *Prozeß der Verwandlung* aus diesen gebildet werden (57). Unseren Vorüberlegungen entsprechend müssen die Zeichen in ihrer »dreistrahligen« Funktion, als Darstellung, Mitteilung und Ausdruck, verwandelt werden. »Insofern die medialen Zeichen aus jenen Zeichen gebildet werden, die uns durch den instrumentellen Umgang mit der Sprache schon vertraut sind, kann man von einer Verwandlung der Instrumentalität in die Medialität sprechen . . .« (57). Dieser Prozeß kann sich natürlich auch in umgekehrter Richtung vollziehen: Aus Symbolen können wieder Signale werden. Es lassen sich keine objektiven Merkmale für den medialen Sprachgebrauch angeben. Konstitutiv ist sein spezifischer Zeichencharakter, der sich erst im Prozeß der Sinnbildung erweist und den deshalb nur derjenige identifizieren kann, der sich auf die Zeichen- und Sinnbildung einläßt, sich also schon im symbolischen Modus bewegt. – Man hat gleichwohl immer wieder versucht, die Zeichenhaftigkeit alternativer Sprachverwendung durch zentrale Begriffe wie Metapher, Ikon und Symbol begreifbar zu machen. Anderegg prüft nacheinander, welche Gesichtspunkte diese Schlüsselbegriffe zur Charakteristik der Zeichenhaftigkeit des medialen Sprachgebrauchs beibringen. Er will die alternative Sprache nicht auf *einen* Begriff bringen, sondern würdigt sie in ihrer spezifischen Bedeutung und sieht sie in einem komplementären Zusammenhang. Darin sehe ich die besondere Bedeutung dieses Ansatzes für Theologie und Religionspädagogik.

(1)   Die besondere Leistungsstärke, aber auch die Grenze des *Metapherbegriffs* liegt darin, daß er ein besonderes Verfahren meint (59). Er meint nämlich ungewohnte, nicht durch Konventionen abgesicherte Kombinationen: »durch eine Inkongruenz von Erwartung und Einlösung ist die Metapher charakterisiert« (60). Sie entsteht aus dem besonderen Umgang mit dem Gewohnten. Die Metapher spiegelt auf der semantischen Ebene das, was den medialen Sprachgebrauch auf durchaus verschiedenen Ebenen kennzeichnet: die *Verwandlung des Gewohnten*. »In der Zusammenschau von Metapher und medialem Sprachgebrauch tritt der Aspekt der Verwandlung und Transzendierung als für beide konstitutiv hervor« (61; vgl. unten 1.3.4.2).
(2)   In der von der Semiotik geprägten Literaturwissenschaft nimmt der Begriff des *Ikons* bei der Kennzeichnung der poetischen Sprache eine Schlüsselstellung ein. Der *Begriff des ikonischen Zeichens* zielt auf das enge Verhältnis – auf struktu-

relle Ähnlichkeit – zwischen Zeichen und Bezeichnetem, zwischen Zeichengehalt und Zeichenobjekt (61). Er läßt sich sowohl auf der syntaktischen wie auf der semantischen Ebene gebrauchen. Wird er zur Charakterisierung des medialen Sprachgebrauchs herangezogen, bedeutet das: Das Zeichen im medialen Sprachgebrauch sagt wie das ikonische Zeichen selbst, was es meint. Aus der Zeichenstruktur selbst muß sich also erschließen lassen, was begriffen werden soll. Anderegg nennt verschiedene Gründe, warum der mediale Sprachgebrauch nicht zureichend allein vom Begriff des Ikons her charakterisiert werden kann. Den wichtigsten Grund sehe ich darin, daß der Begriff des Ikons üblicherweise nicht nur den Bild-, sondern den Abbild-, genauer den Nach-bildcharakter eines Zeichens meint (62), während es bei dem medialen Sprachgebrauch um das Noch-nicht-Begriffene, also um ein mögliches Vor-bild für die Strukturierung unseres Begreifens geht. Dieser Vor-bildcharakter wird durch den *Begriff der Analogiebildung* sachgemäßer zum Ausdruck gebracht (63).
(3)   Besondere Fruchtbarkeit und Dauerhaftigkeit attestiert Anderegg dem *Begriff des Symbols.* In weiten Bereichen der Semiotik ist ›Symbol‹ der Name für das arbiträre und also instrumentelle Zeichen. In der Kunstgeschichte kennzeichnet ›Symbol‹ konventionalisierte Zeichen, deren Bedeutung in Symbollexika steht. Der Begriff ist aber nicht auf einen dieser Aspekte eingeschränkt, auch nicht auf eine bestimmte Sprachebene; der Begriff verweist vielmehr auf eine kreative Offenheit medialer Zeichenbildung. Soll ›Symbol‹ den medialen Sprachgebrauch kennzeichnen, steht der Begriff im Gegensatz zu dem des Signals, dem Namen für das instrumentelle Zeichen, das einem Code zugehört und inventarisierbar ist. Das Symbol erschließt sich erst demjenigen, der sich eingehend mit ihm befaßt; es zeigt sich nur demjenigen, der es sucht und bildet, »weil erst seine Gestalt zeigt, was es meint« (64). Wenn es sich erschließt, ermöglicht es ein verändertes und veränderndes Begreifen.

Verwandlung von Gewohntem (Metapher), *sprechendes Vor-bild* (Ikon und Analogon), *kreative Offenheit* (Symbol) – *diese Aspekte charakterisieren die Medialität der Sprache.* Im Begriff des Symbols lassen sie sich zusammenfassen (64). Es ist also durchaus angemessen, wenn wir unsere Überlegungen zum medialen Sprachgebrauch auf das Symbol konzentrieren; wir müssen jedoch seine Wirkungsweisen genauer beschreiben. Andereggs Gedankengang zielt auf den Entwurf einer literarischen Ästhetik (vgl. 1.1.2); gleichwohl bezieht er die Sprache des Glaubens (83ff) in seine Überlegungen mit ein. Für den *religiösen* Sprachgebrauch ist die *immanente Spannung zwischen Sagen und Meinen,* zwischen den Welten, die das Sagen präsent hält, und jener Welt, die im Sinnbilden entstehen soll, charakteristisch. Dieser Sachverhalt wird noch deutlicher, wenn Anderegg formuliert: »In die uns verfügbaren Welten bringt der mediale Sprachgebrauch auf Grund seiner Differenz eine Welt ein, die sich von allen anderen dadurch unterscheidet, daß sie nicht ist, sondern entsteht« (67). Die mediale Sprache enthält aufgrund ihrer Differenz zwischen Sagen und Meinen eine innere Dynamik, die selbst bei ihrem Versuch, das Unsagbare zu sagen, stets über das jeweils Gesagte hinaustreibt. Der mediale Sprachgebrauch hat seinen Ort nicht am Rande, sondern im Zentrum unserer Existenz, nämlich da, wo es um das Ausbrechen aus den konventionell vertrauten Ordnungen, um eine ungeschützte Verwandlung, um ein Befreien, um ein Unterwegssein geht, also um jene Bewegung, ohne die wir nicht lebendig sein können (vgl. 70ff). Nun weiß Anderegg sehr wohl, daß zu menschli-cher Existenz nicht nur Unterwegssein, sondern ebenso Zuhausesein ge-hört. Um dieser Komplementarität von Stabilität und Bewegung willen *verbindet er instrumentellen und medialen Sprachgebrauch: Sie sind kom-plementärer Art,* weil wir der Veränderung ebenso wie der Stabilität bedür-fen. Faktisch herrscht allerdings im gegenwärtigen Alltag die Instrumenta-lität vor. In ihm geht verloren, was der instrumentelle Sprachgebrauch grundsätzlich leisten *könnte,* nämlich das Ordnen und Absichern (79); ebenso hat das Außerordentliche im verordneten Alltag keinen Platz. Besonders im Blick auf die religiöse Sprache erweist es sich als *notwendig, innerhalb des medialen Sprachgebrauchs zu differenzieren.*

Anderegg stellt die Sprache des Glaubens der Alltagssprache gegenüber. Wo die Alltagssprache herrscht, hat alles seine selbstverständliche Ordnung; in der Spra-che des Glaubens soll aber Außerordentliches zur Sprache gebracht werden. »Im Sinnbezirk des Glaubens und der religiösen Erfahrung soll Sprache mehr sein als ein Instrument der Bezugnahme. Sie soll . . . Erfahrungen möglich machen, sie soll nicht nur Begriffenes bezeichnen, sondern Medium des Begreifens sein« (84). Der mediale Sprachgebrauch ist eine Sprache des Noch-nicht, Annäherung an das Ge-meinte, nur Bild, stets unfertig und frag-würdig (90). Daß die Sprache des Glau-bens Anrede, Zuspruch ist, kommt nicht angemessen zur Geltung.

Aber auch ein Gedicht kann als *Zuspruch* erfahren werden, kann Wahrheit zuspielen (vgl. S. 92ff). Diese *Möglichkeit der Sprache, neues Sein in der Ge-genwart zu gewähren,* läßt sich ja nicht dem instrumentellen Sprachge-brauch zuschreiben. Anderegg spricht von einem dialektischen Beieinan-der von ikonischer und symbolischer Zeichenhaftigkeit im medialen Sprachgebrauch; ebenso wäre von einem dialektischen Beieinander von metaphorischer und symbolischer Zeichenhaftigkeit zu sprechen. Die Me-tapher kann – wie wir noch sehen werden – den *Anredecharakter* und die präzisierenden Möglichkeiten des medialen Sprachgebrauchs besonders zur Geltung bringen, und zwar gerade im Gegenzug zum kreativ-erschlie-ßenden Charakter der Symbole.
Noch in einer anderen Hinsicht ist m.E. eine *Korrektur* an diesem Konzept erforderlich. In der Übergänglichkeit von der Instrumentalität zur Media-lität verliert die Sprache ihre instrumentelle Klarheit und Genauigkeit; sie büßt nach Anderegg aber zugleich ihre kommunikative Funktion ein; sie hört auf, Beziehungen herzustellen (95). Die Sprache des Glaubens stiftet aber gerade neue Beziehungen! *Wenn der Gedanke der Verwandlung von Sprache konsequent durchgehalten werden soll, muß er sich auf alle drei ein-gangs genannten Sprachfunktionen beziehen.*

So verwandelt sich die *Darstellungsfunktion* im medialen Sprachgebrauch derart, daß Wirklichkeit nicht nach-gebildet, sondern vor-gebildet wird (z.B. in der Ver-bindung von Inszenierung und Darstellung im fiktiven Spiel oder in der Erzählung als Vor-Erzählung); die *kommunikative* Funktion des Zeichens verwandelt sich von digitaler zu analoger Kommunikation. Während die digitale Kommunikation diskursiver begrifflicher Erkenntnis dient, ist die analoge Kommunikation ärmer an Informationen, aber reicher an Beziehungen, weil sie Emotionen enthält sowie der Klärung von Beziehungen dient. Analoge Kommunikation ist ursprünglicher, konkreter, anschaulicher. Dementsprechend kommt im medialen Sprachgebrauch die *expressive* Funktion des Zeichens stärker zur Geltung als beim instrumentellen Sprachgebrauch.

Die strenge Trennung von Alltagserfahrung und ästhetischer Erfahrung, die Anderegg vornimmt, und die Entkoppelung der poetischen Sprache von der kommunikativen Alltagspraxis hängen wiederum damit zusammen, daß er die Alltagssprache für völlig erstarrt hält. Wir müssen also *auch innerhalb des instrumentellen Sprachgebrauchs stärker differenzieren.*

Gerhard Ebeling weist darauf hin, daß das für die Theologie zentrale Problem sprachlicher Grenzüberschreitung, der Übergänglichkeit der Sprache, mit der Sprache selbst gegeben ist. Sogar noch die zum Kalkül formalisierte Sprache weist über das hinaus, was sie selbst ist und enthält. »Als Zeichen hat sie Verweischarakter. Darum ist sie in ihrer eigentlichen Gestalt als *alltägliche Umgangssprache* voller Anspielungen und Zumutungen über das hinaus, was unmittelbar gesagt ist. Das *Metaphorische* und *Symbolische* verrät nicht sprachliche Defizienz, sondern gehört zu dem, was die Eigentümlichkeit der Sprache in ihrer äußersten Möglichkeit ausmacht: die Grenzen zu überschreiten, die der exakten Feststellbarkeit gesetzt sind. Davon lebt die Sprache aller zwischenmenschlichen Beziehungen sowie die des Denkens und Dichtens.«[115]

Die Alltagssprache hat eine eigentümliche Zwischenstellung zwischen der poetischen Sprache und den Spezialsprachen von Wissenschaft und Technik, Recht, Wirtschaft und Politik. Beide Arten des Sprachgebrauchs sind Modifikationen der Alltagssprache, aber in entgegengesetzter Richtung.
»Die wissenschaftliche Sprache modifiziert die Umgangssprache in Richtung auf das eindeutige Bezeichnen, bis zum Ausschluß aller symbolischen Nebenklänge. Die Sprache der Dichtung dagegen modifiziert die Umgangssprache in Richtung auf das symbolische Sagen, bis zum völligen Ausschluß jedes eindeutigen Bezeichnens. Die Umgangssprache umschließt beide Funktionen.«[116] Anderegg hat darin recht, daß *faktisch* der instrumentelle Sprachgebrauch vorherrscht. So genießen in der Wissenschaft jene Disziplinen besonderes Prestige, die das Wirkliche »im Griff« zu haben behaupten und die ihren Sprachgebrauch »strengster Regelung

115   *G. Ebeling,* Dogmatik des christlichen Glaubens, Bd. 3, Tübingen 1979, 425f. Für *F.D.E. Schleiermacher,* Hermeneutik und Kritik (stw 211), Frankfurt/M. 1977, 405f liegt die sinnschöpferische Potenz in der Sprache selbst, sie tritt nur in der poetischen Rede besonders rein hervor: »So wäre demnach die Poesie eine Erweiterung und neue Schöpfung in der Sprache. Allein... die Möglichkeit dazu wohnt schon der Sprache ursprünglich ein, aber freilich ist es immer nur das Poetische, woran es zum Vorschein kommt, sei es rein oder an einem andern.« Die dichterische Kunst ist die Kulmination dessen, »was dem Menschen eigentümlich angehört, wie es an die Sprache geknüpft ist«.
116   *H. Ott,* Das Reden vom Unsagbaren, Stuttgart 1978, 56.

und uneingeschränkter Instrumentalisierung unterwerfen« (77). Gerade die *Schule* ist auf die Instrumentalisierung des Sprachgebrauchs ausgerichtet, und schon in ihr beginnt die Diffamierung medialer Möglichkeiten. Daran hat in hohem Maße der Sprachunterricht Anteil.

Kinder sind in ihrer *Sprachentwicklung* zunächst ganz auf Gegenstände und Symbole ausgerichtet. Das Hantieren mit Gegenständen ist die Voraussetzung der Symbolbildung. Sie sprechen den einzelnen Gegenstand oder den Einzelfall mit Worten an. Später können sie dann einen nicht anwesenden Gegenstand, eine Person oder ein Ereignis mit Hilfe eines differenzierteren »Zeichens« oder Symbols anwesend sein lassen. Kinder verfügen im frühen Lebensalter noch über einen medialen Sprachgebrauch, in dem zugleich innere Erfahrungen laut werden. Das begriffliche Denken fällt ihnen schwer. Auf dem Wege zum Denken muß die Spracherziehung das Begriffliche fördern. Einfache Begriffsbildung ist für die Entstehung jeder Sprache notwendig. Erst die Entwicklung komplexer und differenzierter Begrifflichkeit führt dann zur Wissenschaftssprache, die sich in dieser Beziehung von der Alltagssprache unterscheidet.

In der Schule wird es darauf ankommen, neben der notwendigen Begriffsbildung den medialen Sprachgebrauch dadurch zu fördern, daß der Wahrnehmungshorizont erweitert, Sprache verwandelt, die Differenz zwischen dem Gesagten und Gemeinten ausgehalten wird. Symbolverstehen und die Erschließung religiöser Symbole sind nur möglich im Rahmen einer Intensivierung des medialen Sprachgebrauchs insgesamt. Die religionspädagogische Grundaufgabe besteht also darin, die im Alltagsleben häufig verkümmerte Poesie mit Hilfe des medialen Sprachgebrauchs, insbesondere mit Hilfe der kreativen, inspirierenden und verändernden Kraft poetischer und religiöser Sprache, zu erneuern und zu intensivieren.

Nach Modifikationen und Erweiterungen ist Andereggs Entwurf einer literarischen Ästhetik auch als systematische Grundlegung für eine religionspädagogische Theorie religiöser Sprache geeignet, weil er von der Verwandlung der Sprache in einem alternativen Gebrauch ausgeht. Der Entwurf stellt zugleich eine Basis dar, um die unterschiedlichen Ansätze zu einer theologischen Sprachlehre zu integrieren, nämlich den Ansatz bei der Metapher, beim Ikon und beim Symbol.[117]

Auch im Blick auf das Sprachverständnis in der Theologie ist zu unterstreichen, daß die Verwandlung der Sprache alle drei Funktionen des Bühlerschen Schemas (s.o.) betrifft. Die bisherige Diskussion zeigt in dieser Hinsicht Einseitigkeiten.

G. Ebeling hat in seinen früheren Arbeiten (unter dem Einfluß Heideggers) zur hermeneutischen Analyse der Sprache besonders ihre Mitteilungsfunktion im in-

---

117   Vgl. *P. Biehl*, Symbol und Metapher. Auf dem Wege zu einer religionspädagogischen Theorie religiöser Sprache, in: JRP 1 (1984), 1985, 29-64, hier: 20-39. Vgl. *R. Volp* (Hg.), Zeichen. Semiotik in Theologie und Gottesdienst, München/ Mainz 1982.

terpersonalen Bereich betont.[118] H. Weder arbeitet besonders das Moment der »Anrede« von Person zu Person heraus.[119] W. Pannenberg betont demgegenüber besonders die Darstellungsfunktion der Sprache. Die Reduktion der religiösen Sprache auf die apellative Funktion führt zu einem Wirklichkeitsverlust. Es ist allerdings sogleich hervorzuheben, daß für die Darstellung von Wirklichkeit nicht allein die Aussagestruktur von Behauptungssätzen kennzeichnend ist; Wirklichkeit wird nicht nur in Aussagesätzen dargestellt, sondern ursprünglicher in der Erzählung, im Spiel sowie im Bekenntnis und im Gebet. Dementsprechend hat religiöse Rede nicht nur diskursive, sondern vor allem narrative und doxologische Struktur.[120]

Die appellative Funktion der Sprache bei Bühler muß im Blick auf die religiöse Sprache aufgespalten (und sachgemäßer bestimmt) werden in die *anredende* und die *kommunikative* Funktion. Die anredende Funktion bezieht sich auf die Teilgabe an der (neuen) Wirklichkeit, die in der Darstellung erschlossen wurde, die kommunikative Funktion auf den gemeinsamen Lebenszusammenhang. Wir verdeutlichen diesen Sachverhalt zusammenfassend am Symbol: *In symbolischer Rede kommt die Verwandlung der Sprache von einem instrumentellen zu einem medialen (poetischen) Gebrauch exemplarisch zur Geltung. Symbolische Rede hat eine darstellende, eine anredende und kommunikative sowie eine expressive Funktion. Symbolische Rede stellt nämlich Wirklichkeit in ihrer Tiefendimension und in ihrer utopischen Dimension (in ihrem Möglichkeitssinn) dar; sie bringt in der Anrede Wirklichkeit neu zur Sprache und ermöglicht analoge Kommunikation; sie gibt schließlich der »inneren Sprache« des Redenden expressiv Ausdruck.*

1.3   Symbole geben zu verstehen und zu lernen

Das Symbol ist zu einem Kristallisationskern des Gesprächs zwischen den Wissenschaften geworden. Es gibt ein »Jahrbuch für Symbolforschung« (»Symbolon«), eine Bibliographie zu Symbolik, eine Gesellschaft für Symbolforschung mit einer eigenen Schriftenreihe usf. Für die Diskussion ist ein *Begriffspluralismus* kennzeichnend. Wir sind auf dem Wege zu einem neuen Symbolverständnis, ohne daß schon feste Konturen erkennbar wären. In dieser Situation ist es wenig sinnvoll, daß die Religionspädagogik eine eigene Definition des Symbols sucht; die Fruchtbarkeit des Symbolansatzes liegt auch nicht darin, daß man das Symbol auf den Begriff bringt; so

118   Vgl. z.B. *G. Ebeling*, Wort und Glaube, Bd. 1, Tübingen 1960, 319ff, bes. 342ff.
119   Vgl. *H. Weder*, Neutestamentliche Hermeneutik, Zürich 1986, 160ff.
120   Vgl. *W. Pannenberg*, Anthropologie in theologischer Perspektive, Göttingen 1983, 381ff.385.

bietet sich eine *pragmatische Lösung* an, die das Gespräch mit anderen Disziplinen ermöglicht, falsche Frontstellungen abbaut, abweichende Begrifflichkeit bei gleicher Intention toleriert, ohne daß es zu unbekümmerter Vagheit kommt.[121]
Die Religionspädagogik teilt das Interesse am Symbol mit der Praktischen Theologie; sie ist ihr nächster Gesprächspartner.

W. Jetter arbeitet von einem phänomenologischen Symbolverständnis her die Bedeutung der Symbole und Rituale für den Gottesdienst heraus[122]; J. Scharfenberg entfaltet mit Hilfe eines tiefenpsychologischen Symbolverständnisses eine Pastoralpsychologie[123]; R. Fleischer ermittelt von einem semiotischen Ansatz her die Verständnisbedingungen religiöser Symbole am Beispiel des Taufrituals[124]; H. Albrecht entwickelt von einem gesellschaftskritisch gewendeten Symbolverständnis her (Tillich; Ricoeur) eine soziale Homiletik[125]; ebenso legt M. Josuttis Vorüberlegungen zu einer am Symbol orientierten Homiletik vor.[126]

Die Arbeiten berücksichtigen in starkem Maße die Symboltheorien von P. Tillich und P. Ricoeur; sie zeigen aber auch eine breite Aufnahme der interdisziplinären Symbolforschung, bei Scharfenberg konzentriert auf das Gespräch mit der Psychoanalyse. Eine Ausnahme macht die Dissertation von R. Fleischer, der die bisherige Trennung von Symbol und Semiotik zu überwinden sucht.
Es sprechen mehrere Gründe dafür, das Symbolverständnis im Gespräch mit Paul Ricoeur zu entfalten.

Er hat seinen Symbolbegriff aus der Analyse religionsgeschichtlichen Materials gewonnen und in kritischer Auseinandersetzung mit dem Strukturalismus einerseits und mit Freud andererseits weiter entfaltet. Ricoeurs Symbolbegriff ist mit theologischen und semiotischen Symbolkonzeptionen zu vermitteln. Ricoeur hat auf seinem philosophischen Denkweg, der vor allem bestimmt ist durch die hermeneutische Variante der Husserlschen Phänomenologie, nacheinander die unterschiedlichen Formen der religiösen Sprache, wie Mythos und Symbol, Gleichnis und Metapher sowie die Erzählung, eingehend untersucht und in einen hermeneutischen Gesamtentwurf einbezogen.[127] Die hermeneutische Grundsituation, von der er ausgeht, ist derjenigen des Religionsunterrichts adäquat.

121 Vgl. *Chr. Wilhelmi*, Handbuch der Symbole in der bildenden Kunst des 20. Jahrhunderts, Frankfurt/M. und Berlin 1980, 15.
122 Vgl. *W. Jetter*, Symbol und Ritual, Göttingen 1978.
123 Vgl. *J. Scharfenberg*, Einführung in die Pastoraltheologie, Göttingen 1985; ders. / *H. Kämpfer*, Mit Symbolen leben, Olten 1980.
124 Vgl. *R. Fleischer*, Verständnisbedingungen religiöser Symbole am Beispiel von Taufritualen – ein semiotischer Versuch, Diss. Theol. Mainz 1984. Vgl. zu diesem Ansatz auch: Themaheft »Symbole und Mythen«, Kunst und Kirche 1/1986.
125 Vgl. *H. Albrecht*, Arbeiter und Symbol, München/Mainz 1982.
126 Vgl. *M. Josuttis*, Rhetorik und Theologie in der Predigtarbeit, München 1985. – Vgl. den vorzüglichen Gesamtüberblick bei *G. Otto*, Grundlegung der Praktischen Theologie, München 1986, 225-246.
127 Vgl. *P. Ricoeur*, Erzählung, Metapher und Interpretationstheorie, ZThK 84 (1987) 232-253. – Vgl. *B. Waldenfels*, Phänomenologie in Frankreich, Frankfurt/M. 1983, 266ff.

Wir gehen von der Etymologie aus, gewinnen von konkreten Situationen her grundlegende Bestimmungen des Symbols und beschreiben dann das Symbolverständnis Ricoeurs.

1.3.1   Kennzeichen der Symbole

1. Szene

Zwei Freunde im alten Griechenland nehmen Abschied voneinander. Sie ritzen ihre Namen auf eine Tonscherbe und brechen sie in zwei Stücke. Jeder nimmt eine Hälfte mit; jeder weiß, daß er den Freund lange nicht sehen wird. Das Brechen von Ton und Namen drückt den Schmerz des Abschieds aus. Das sorgfältige Bewahren bringt Treue zum Ausdruck. Jede Hälfte verweist auf die Freundschaft, die gestern erlebt wurde, und ist zugleich ein Zeichen der Hoffnung auf die Freundschaft, die morgen neu erfahren werden kann. Der zerbrochene Teil der Tonscherbe (des Ringes oder der Schale) ist zwar selbst nicht Freundschaft, aber er ist ein sinnliches Erkennungszeichen, das abwesende Freundschaft vergegenwärtigen, in die Gegenwart hineinziehen kann. Nach langer Zeit treffen sich die Freunde wieder: Bei einer Schale Wein setzen sie die Tonstücke wieder zusammen. Ton und Namen ergänzen sich wieder. Sie feiern das Glück der Wiedervereinigung der Getrennten.[128]

Das griechische Verb »*symballein*« heißt »zusammenwerfen, zusammenfallen, zusammenpassen oder vereinigen«; das entsprechende Substantiv »*symbolon*« heißt das »Zusammengefügte«.
Symbolisieren bedeutet etwas zusammenfügen, das zusammengehört, aber vorher getrennt war. Das wird an dem Ritual des Scherbenbrechens und -zusammenfügens anschaulich. War das Symbol ursprünglich ein hinweisendes Zeichen, dann könnte man im Blick auf die Etymologie *vorläufig* definieren: Ein Symbol ist ein »Zusammengeworfenes« aus einem sinnlichen Zeichen und dem Bezeichneten oder dem, was symbolisiert wird.[129]
Wir können an dieser Szene *zwei wichtige Kennzeichen* verdeutlichen. Symbole haben (1) einen *Hinweis-Charakter*. Die Tonscherbe weist über sich hinaus auf eine Wirklichkeit, nämlich die Freundschaft, die nicht unmittelbar zugänglich ist. Symbole enthalten ein sinnliches Zeichen, einen »symbolischen Stoff« (die Hälfte der Tonscherbe) und als zweites Element das »eigentlich Gemeinte«, das Symbolisierte (die Freundschaft), das nur indirekt durch den symbolischen Stoff ausgedrückt werden kann. Symbole haben dadurch die Möglichkeit, auf eine verborgene, tiefere Wirklichkeit zu *verweisen*.
Das Symbol verweist nicht nur auf eine andere Wirklichkeit, sondern läßt sie (2) gegenwärtig sein; *es repräsentiert sie*. Repräsentation meint in seiner

---

128   Vgl. *J. Amstutz*, Was ist ein Symbol?, in: Symbolforschung, hg. von der Gesellschaft für Symbolforschung, Bern u.a. 1984, 9-28, hier: 9, vgl. 10f.
129   Vgl. *D. Rohloff*, Der Ertrag der Symboltheorien für eine Bestimmung des Symbolbegriffs in der Religion. . ., Diss. Theol. Göttingen 1972, 37.

ursprünglichen Bedeutung nicht, daß etwas uneigentlich oder indirekt da ist, als ob es ein Ersatz wäre. »Das Repräsentierte ist vielmehr selber da und so, wie es überhaupt dasein kann.«[130] Wenn es sich um Symbole der Kunst oder der Religion handelt, geht es nicht nur um ein bloßes Erinnerungszeichen, wie unser Beispiel nahelegen könnte, sondern um *»Realpräsenz«*. Es wird also nicht nur auf etwas verwiesen; sondern das, worauf verwiesen wird, wird zugleich *verkörpert* und *verbürgt*. In der symbolischen Repräsentation geht es nicht um Nachahmung von etwas schon Vorbekanntem, sondern es wird im Kunstwerk Ungesagtes oder in der Religion Unsagbares zur Darstellung gebracht, so daß es auf diese Weise in gebrochener, aber sinnlicher Gestalt gegenwärtig ist. In dieser Szene vollzieht sich die Vergegenwärtigung im Modus der *Erinnerung;* die Tonscherbe mit den beiden Namen vergegenwärtigt zurückliegende Freundschaft. Das Symbol kann jedoch auch Kommendes, Neues im Modus der *Antizipation* vergegenwärtigen. Symbole können also nicht mehr und noch nicht Anwesendes repräsentieren.

2. Szene

Zeit der frühen – öffentlich noch verfolgten – Christenheit im Römischen Reich. Ein junger Christ kommt in eine römische Stadt. Er weiß, daß dort Christen leben. Er geht an einen Brunnen und trifft dort ein Wasser schöpfendes Mädchen. Er beginnt ein Gespräch und zeichnet spielend mit nassem Finger einen Fisch auf den Brunnenrand. Daran erkennt das Mädchen – selber Christin – daß auch der Fremde ein Christ sein könnte, und nimmt ihn mit nach Hause, wo er sich zu erkennen gibt (vgl. den Roman »Die letzten Tage von Pompeji« von Edward George Bulwer-Lytton, 1834).

An diesem Beispiel wird besonders gut deutlich, wozu man Symbole braucht; es lassen sich *zwei weitere Kennzeichen* aufzeigen. Symbole werden (3) erst zu Symbolen, wenn sie *von einer Gemeinschaft anerkannt* werden und damit *sozial eingebettet* sind. Dann können sie Kommunikation stiften, die Gemeinschaft integrieren und orientieren. Damit der »Fisch« in der frühen Christenheit zu einem grundlegenden Symbol werden konnte, bedurfte es der Gemeinschaft des Erlebens, des Feierns und der Deutung, durch die sich vielfältige Bedeutungen mit diesem Bild verbinden konnten. Symbole sind auf die Erfahrungen einer Gemeinschaft bezogen, verdichten und bündeln sie. So kann man sich – besonders in Situationen der Gefahr und Verfolgung – schnell über gemeinsame Erfahrungen verständigen.

130   *H.-G. Gadamer*, Die Aktualität des Schönen, Stuttgart 1977, 46. Gadamer verweist auf den kirchen- und staatsrechtlichen Begriff der Repräsentation (vgl. auch 47-50). *Rohloff*, a.a.O., 341ff wendet sich aus theologischen Gründen gegen Tillichs Begriff der »Partizipation« der Symbole und spricht statt dessen von »Repräsentation«, weil dieser Begriff die Differenz von Repräsentierendem und Repräsentiertem einschließt. Zur Kritik der Repräsentationshermeneutik seitens des Neostrukturalismus vgl. *Frank*, a.a.O. (s.o. Anm. 113), 156ff.

Das Symbol des Fisches ist mehrdeutig, aber nicht beliebig. Es verweist auf
den erhöhten Herrn, auf Berufung (Lk 5), auf Speisung (Mk 6), auf Wasser
und auf Taufe. Diese Assoziationen stellen sich heute nicht mehr von selbst
ein. Das Symbol Fisch müßte durch Erzählungen erst eingeführt werden,
während die Taube als Friedenssymbol heute unmittelbar verstanden wird.
*Symbole haben also (4) ihre Zeit, sind geschichtlich und gesellschaftlich be-
dingt.* Schwindet die soziale Anerkennung, sterben sie ab. Vielleicht können sie später einmal aus dem Erinnerungsschatz der Gemeinschaft wieder
aufsteigen. Jede Gesellschaft aber ist darauf angewiesen, grundlegende
Symbole auszubilden, um ihre Identität zu rechtfertigen; weil jede Gesellschaft eine solche symbolische Struktur besitzt, können die Symbole auch
verloren oder krankhaft werden.[131] Prinzipiell kann jedes Ding, Ereignis
oder jede Person zum Symbol werden; ob ein Phänomen faktisch zum
Symbol wird, hängt davon ab, ob es affektiv bzw. religiös besetzt ist und ob
es die Kraft zur Integration in eine Gemeinschaft hat, ob es also subjektive
Erfahrungen zum Ausdruck bringt und diese zugleich mit den übergrei-
fenden Erfahrungen der Gruppe oder Gemeinschaft verbindet.

3. Szene

Die Studentin Anne erzählt in einem Brief: »Mein Lieber . . ., ich schreibe dir in einer seltsamen Lage, aber du bist der erste, dem ich schreibe. Ich sitze auf meinem
Bett im Spital . . . Es ist in meinem Leben seither ein großes Durcheinander gewesen, und das Ende war, daß ich als Notfall in das Spital eingeliefert wurde. Eine
akute Nephritis . . ., ich hatte Fieber wie verrückt, bin richtig weggetreten gewesen, aber ich habe mehr über und von mir erfahren, als sonst in vielen Jahren, es
war also sehr gut. Ich habe den Punkt gefunden, wo ich im Gleichgewicht ruhen
kann, ganz gleich, wie ich mich bewege und wohin der Weg führt. Ich werde nicht
mehr verlieren, was ich in dieser Krankheit gefunden habe, und es gehört dazu, daß
ich einmal wirklich allein war. Das Komische war, da war ich's eben nicht mehr, allein. Es ist gleichgültig, ob man das eine religiöse Erfahrung nennt, aber ich weiß
jetzt besser, was die Leute meinen, die eine gemacht haben. Die Sicherheit, die
FREUDE. Dabei habe ich überhaupt nichts Sicheres, es ist mir alles zwischen den
Händen zerronnen, aber diese Hände sind deswegen nicht leer. Ich kann sie fühlen, sie gehören zu mir. Als ich ein Kind war, fühlte ich mich gar nicht; ich habe damals Selbstmord versucht, aber nicht, weil ich sterben wollte, sondern weil ich
schon glaubte, tot zu sein. Wenn es dann sehr weh tat, mußte doch ein Gefühl
kommen, dachte ich, und wär's nur für einen Augenblick. Nun ist dieser Augenblick immer um mich herum. Ich bin in ihm drin, und solange ich dieses Leben spü-
re, habe ich keine Angst mehr vor dem Tod. Ich werde morgen hier rauskönnen
und mich noch eine Weile im Ferienhaus meiner Eltern erholen . . . Wenn es dich
freut, komm, oder komm nicht, ganz wie du möchtest. Anne.«[132]

Zunächst erkennen wir ein Kennzeichen der Symbole wieder, das wir in

---

131   Vgl. *E. Schillebeeckx*, Die Rolle der Geschichte in dem, was das neue Paradigma genannt wird, in: *H. Küng / D. Tracy* (Hg.), Das neue Paradigma von Theologie, Zürich/Gütersloh 1986, 75-86, hier: 82.
132   *A. Muschg*, Noch ein Wunsch, Frankfurt/M. 1981, 71f.

der ersten Szene schon kennengelernt haben: Symbole können noch nicht oder nicht mehr Anwesendes vergegenwärtigen. Anne hatte die Erfahrungen der Sicherheit, der Freude, des gegenseitigen Erkennens, der schützenden Hände ja im Umgang mit den Eltern schon gemacht. Die Symbole holen diese guten Erfahrungen zurück, nun aber nicht mehr in Gestalt von Personen. Die guten Erfahrungen haben jetzt – auch gegen aktuelle Bestreitung – in den Symbolen gegenwärtige Gestalt gefunden. Die Symbole schützen, stärken und trösten die Studentin Anne.[133] Die grundlegende Bedeutung der Symbole für unser Leben wird besonders in Lebenskrisen offenbar. Äußerlich handelt es sich bei Anne um eine Nierenentzündung. Von innen gesehen ist es eine Lebenskrise, die zur Belebung und Entdeckung lebensrettender Symbole führt. Die neue Erfahrung wird als »Ruhen im Gleichgewicht«, vor allem als Freude beschrieben. Es handelt sich um *Identitätsgewißheit trotz der leeren Hände.* Die neuen Erfahrungen bestehen vor allem aus Gefühlen. Anne läßt offen, ob dabei von einer religiösen Erfahrung zu sprechen ist; sie versteht aber, was eine solche Erfahrung bedeutet. Das »Sprachbild«, das der Erfahrung am besten entspricht, ist das der »vollen Hände, auch wenn man mit leeren Händen dasteht«. Die Erfahrung, mit leeren Händen dazustehen, hat ihr bisheriges Leben gekennzeichnet: Sie wurde nicht gebraucht, fühlte sich nicht anerkannt, wertlos; alles zerrann, es gab nichts Sicheres. Jetzt – in einem Augenblick – macht sie die Erfahrung, daß die leeren Hände nicht mehr leer, sondern gefüllt sind, auch wenn alles weggeflossen ist. *Die geschenkweise gefüllten Hände symbolisieren erfülltes Leben.*

An Annes Brief lassen sich *zwei weitere Kennzeichen der Symbole verdeutlichen,* die nicht in sprachwissenschaftlichen oder soziologischen Kategorien gefaßt sind, wie die vier zuerst genannten, sondern dem Gespräch mit der Psychoanalyse entstammen. *Symbole erschließen (5) tiefere Dimensionen der inneren Wirklichkeit* und eröffnen damit zugleich neue Möglichkeiten des Umgangs mit äußerer Wirklichkeit, wie der neue Umgang Annes mit ihren Händen zeigt. Sie gehören jetzt wieder zu ihr, sind nicht mehr gefühllos; es gelingt ihr eine neue Körper- und Selbstwahrnehmung. Symbole verbinden eine innere und äußere Wirklichkeit, Bewußtes und Unbewußtes (zu dem auch das Vorbewußte gehört). Sie leben davon, daß das Unbewußte immer wieder Inhalte freigibt, die vom erkennenden Ich aufgenommen und verarbeitet werden.[134] *Symbole haben schließlich (6) eine ambivalente Wirkung;* sie können lebendig machen, und sie können die Lebendigkeit blockieren; sie können ermutigen und Angst erzeugen. Gerade der Brief Annes zeigt, daß Klischees krank machen und daß Symbole heilen können. Y. Spiegel vermutet, daß ihr Selbstmordversuch ein Versuch

---

133 Vgl. *Y. Spiegel,* Glaube wie er leibt und lebt, Bd. 1, München 1984, 34, vgl. 11f.
134 Vgl. *A. Lorenzer,* Kritik des psychoanalytischen Symbolbegriffs, Frankfurt/ M. ²1972, 65.

war, »die Pulsadern aufzuschneiden, um die todbringenden Hände fortzu-
bringen. Nun aber hat eine Versöhnung stattgefunden zwischen Anne und
ihren Händen.«[135] An dieser Stelle ist es erforderlich, auf eine prinzipielle
Unterscheidung hinzuweisen, die A. Lorenzer eingeführt hat; er siedelt
nämlich die Symbole in der Mitte zwischen Klischee und Zeichen an.[136]

Symbole (im engeren Sinne) besitzen ein ausgeglichenes Verhältnis zwischen »Objekt« und szenisch-situativem Aspekt. *Verwandeln sich die Symbole in »Zeichen«,*
verlieren die Objektrepräsentanzen mehr und mehr ihren Beziehungscharakter;
sie vergegenständlichen sich bei Abschwächung von emotionaler Beziehung für
das Subjekt. Das Symbol verliert an Bedeutung, wird schließlich eindeutig. »Zeichen unterscheiden sich von den Symbolen durch eine One-to-one-Beziehung,
d.h. eine *Perfektion der Denotation* mit Verringerung der Konnotationsbreite.«[137]
Das Bezeichnete wird aus seinem Verweisungszusammenhang herausgelöst und
als Gegenstand abgegrenzt. Symbole verlieren ihren gestischen Charakter und ihren »Hof« an Bedeutungen; sie werden auf *einen* Sinn festgelegt. Dieser Prozeß
der Desymbolisierung in Richtung auf das, was Lorenzer »Zeichen« nennt, ist in
religiösen Lernprozessen deutlich wahrzunehmen. Emotional besetzte, bezie-
hungsweise religiöse Symbole, die in der primären Sozialisation angeeignet wurden, erleiden einen Resonanzverlust; sie werden zu »Gegenständen«, über die sich
in neutraler Distanziertheit diskutieren läßt. Dafür gewinnen andere Phänomene
aus der Jugendkultur den Charakter von Symbolen. Zu beachten ist, daß Lorenzers Begriff des »Zeichens« nicht übereinstimmt mit dem, was wir bisher unter
diesem Begriff gefaßt haben (vgl. z.B. 1.1.2); er deckt nämlich nur eine bestimmte
Sorte von Zeichen ab – das *arbiträre Zeichen* bzw. das *Signal* –, nicht aber die Fülle
dessen, was die Semiotik heute unter Zeichen versteht.[138]
Verwandeln sich die Symbole in Klischees, wird der umgekehrte Weg eingeschla-
gen; der szenisch-situative Aspekt dominiert und saugt das Objekt gleichsam auf
bis zum Ineinanderschmelzen von Selbst und Objekt. Die Verwandlung von Symbolen in Klischees erfolgt durch Verdrängung. Das Klischee ist unbewußt und bedarf eines *»szenischen Arrangements* zur Auslösung«; durch diese Abhängigkeit
sind klischeebesetzte Triebabläufe strikt determiniert, so daß von einem Wiederho-
lungszwang gesprochen wird. Klischeebestimmtes, neurotisches Verhalten bleibt
stets mit symbolvermitteltem Handeln vermischt; denn das Ich nimmt in Form
von Rationalisierungen oder sekundären Überarbeitungen (wie in der Traumar-
beit) Stellung.[139]
Ein geschulter Erzieher oder Lehrer könnte die Merkmale klischeebestimmten
Verhaltens bei Schülern beobachten; eine Zurückverwandlung der Klischees in
Symbole, aus denen sie verwandelt worden sind, ist jedoch nur in einem therapeu-
tischen Prozeß möglich.

Lorenzers Gegenüberstellung von Symbol und Klischee zeigt die große
Bedeutung, die das Symbol, das sich unabhängig von jedem szenischen

---

135 *Spiegel,* a.a.O., 12.
136 Vgl. *A. Lorenzer,* Sprachzerstörung und Rekonstruktion, Frankfurt/M.
1973, 121.
137 Ebd., 120. Hervorhebung von mir.
138 In früheren Veröffentlichungen zum Thema habe ich mit Tillich und Lorenzer ebenfalls »Symbol« und »Zeichen« entgegengesetzt. Das ist nach den Arbeiten
von *R. Volp* und *R. Fleischer* so uneingeschränkt nicht mehr möglich.
139 Vgl. *Lorenzer,* a.a.O., 111-119.

Zusammenhang vergegenwärtigen läßt, als Vermittlungsinstanz im Affekthaushalt hat. Der von Lorenzer bestimmte Begriff des Klischees sollte nur im Blick auf die von ihm beschriebenen *psychischen* Vorgänge verwendet werden. Im Blick auf die ambivalenten Wirkungen von Symbolen im gesellschaftlich-politischen Bereich ist vor allem von der *Verwandlung der Symbole in Idole* zu sprechen. Unter religionspädagogischem Aspekt ist es besonders aufschlußreich, genauere Einsichten in den Prozeß des »Absinkens« mehrdeutiger Symbole zu eindeutigen »Zeichen« und in den Prozeß der Verwandlung der Symbole in Idole zu gewinnen. In dieser Hinsicht führen die Untersuchungen Ricoeurs weiter.

1.3.2　Das Symbolverständnis Paul Ricoeurs

Die vorausgegangene phänomenologische Beschreibung der Symbole läßt sich weiter präzisieren. Ricoeur faßt den Symbolbegriff nicht so weit wie Ernst Cassirer oder wie der symbolische Interaktionismus, aber auch nicht so eng, daß ein bestimmtes Analogieverständnis (wie z.B. in der platonischen Tradition) vorausgesetzt wird.[140] Er stellt fest, daß jedes echte Symbol drei Dimensionen hat, nämlich (1) den *kosmischen* Aspekt der Erscheinung des Heiligen an den Elementen oder Ansichten der Welt, (2) den *traumhaften* Aspekt, in dem sich zuweilen die private Archäologie des Schlafenden mit der kollektiven der Völker überschneidet (»doppelte Regression«), und (3) den *poetischen* Aspekt der Bilder in ihrer ursprünglichen Ausdruckskraft. Kosmos und Psyche sind die beiden Pole derselben Expressivität (»doppelte Expressivität«); indem ich die Welt im Symbol ausdrücke, drücke ich zugleich mich aus. Das poetische Bild zeigt die Expressivität im Zustand des Entstehens.[141] Ricoeur faßt die gemeinsame *semantische Struktur* dieser drei Dimensionen in der des *»Doppelsinns«* zusammen: »Symbol ist dort vorhanden, wo die Sprache Zeichen verschiedenen Grades produziert, in denen der Sinn sich nicht damit begnügt, etwas zu bezeichnen, sondern einen anderen Sinn bezeichnet, der nur in und mittels seiner Ausrichtung zu erreichen ist.«[142]

Mit dem Aufweis einer einheitlichen Struktur der dreistufigen Symbolsprache verbindet Ricoeur das Symbolverständnis der Religionsphänomenologie, der Psychoanalyse und der Literaturwissenschaft (vgl. 1.2). Es muß sich herausstellen, ob sich das Symbol in diesen Bereichen als ein dop-

140　Vgl. *P. Ricoeur*, Die Interpretation, Frankfurt/M. 1974, 29. Wir müssen allerdings mit fließenden Übergängen zwischen dem weiten Symbolbegriff Cassirers und dem ›mittleren‹ Symbolbegriff Ricoeurs rechnen; damit rechnet auch Ricoeur selbst, wenn er davon spricht, daß die Handlung immer schon *symbolisch vermittelt* ist. Vgl. jetzt *P. Ricoeur*, Zeit und Erzählung, Bd. 1, München 1988, 90.94–98.
141　Vgl. *P. Ricoeur*, Symbolik des Bösen, Freiburg/München 1971, 17-21.
142　*Ders.*, Die Interpretation, a.a.O., 29.

peldeutiges Zeichen verstehen läßt, bei dem der übertragene Sinn nur mit Hilfe des wörtlichen Sinns faßbar ist.

In seinem neuesten Beitrag hält Ricoeur an dem Verständnis der Symbole als »*Ausdrücke mit doppeltem Sinn*« fest; er unterteilt sie in die »allgemeinsten Symbole, diejenigen, die nicht nur zu *einer* Kultur gehören, schließlich diejenigen, die die Schöpfung eines einzelnen Denkers sind, d.h. eines einzelnen Werkes. In diesem letzten Fall vermischt sich das Symbol mit der lebendigen Metapher.«[143]

Der erste Sinn kann nun den zweiten oder mehrfachen Sinn *enthüllen oder verschleiern*. Diese Struktur läßt sich in unterschiedlicher Ausprägung in den genannten wissenschaftlichen Disziplinen wiederfinden.

Nach *religionsphänomenologischem* Verständnis offenbart und verhüllt sich das Heilige im Symbol. In der *Psychoanalyse* stellt sich das Zeigen und Verbergen des Doppelsinns als eine Verschiebung dessen dar, was der Wunsch sagen will. In der *Kunst* beruht das Symbolische auf einem »unauflöslichen Widerspiel von Verweisung und Verbergung« des Doppelsinns.[144] Lorenzer überträgt das psychoanalytische Symbolverständnis auf *tiefenhermeneutische Kulturanalysen* und versteht das Symbol in diesem Zusammenhang ebenfalls als Doppelsinn.[145]

Die von Ricoeur herausgearbeitete semantische Struktur der Symbole ermöglicht also einen breiten Konsens für einen interdisziplinären Dialog. Ricoeur hatte ursprünglich die Hermeneutik insgesamt auf die Interpretation der Symbole, d.h. auf die Verdeutlichung des zweiten, oft verborgenen Sinns der doppelsinnigen Ausdrücke zurückgeführt. Heute sieht er, daß die Hermeneutik nicht nur durch die Interpretation von Symbolen definiert werden kann, sondern sich auch auf die Ebene der Texte beziehen muß. Die Selbsterkenntnis des Menschen – darin möchte er die ursprüngliche Definition der Hermeneutik festhalten – bleibt aber angewiesen auf den Umweg über den Schatz der Symbole, »die von den Kulturen weitergegeben werden, innerhalb deren wir zur Existenz und zugleich zur Sprache gekommen sind«.[146] Um die Bedeutung der Symbole für die Selbsterkenntnis des Menschen zu beschreiben, hat Ricoeur immer wieder die *dialektische Formel* »*das Symbol gibt zu denken*« benutzt. Um diese Formel zu verstehen, muß jedoch erst deutlich werden, wie er das Symbolverständnis über die beschriebene semantische Struktur hinaus erweitert.

In der *Phänomenologie der Religion* wird nämlich vorausgesetzt, daß das Symbol gibt, was es sagt. Es läßt mich dessen teilhaftig werden, was es verkündigt. Woran liegt das? Im religiösen Symbol besteht eine »uranfängliche unzerstörbare Verbindung« zwischen dem ersten und dem zweiten Sinn. So liegt nach M. Eliade die

---

143   *Ders.*, Erzählung, a.a.O. (s.o. Anm. 127), 249.
144   *Gadamer*, Aktualität, a.a.O. (s.o. Anm. 130), 44.
145   Vgl. *A. Lorenzer*, Tiefenhermeneutische Kulturanalyse, in: *Ders.* (Hg.), Kultur-Analysen, Frankfurt/M. 1986, 58.
146   *Ricoeur*, Erzählung, a.a.O., 249.

Kraft der kosmischen Symbolik in dem nicht-willkürlichen Band zwischen dem sichtbaren Himmel und der Ordnung, die er offenbart: »Er *spricht* vom Weisen und Gerechten, vom Unermeßlichen und Geordneten, dank der analogischen Macht, die den Sinn mit dem Sinn verbindet.«[147] Das Heilige ist einerseits an seine primären, wörtlichen Bedeutungen gebunden – das bewirkt seine Undurchsichtigkeit; andererseits ist die wörtliche Bedeutung durch den symbolischen Sinn gebunden – darin liegt trotz seiner Undurchsichtigkeit seine enthüllende Macht. Durch diese Kraft vermag das Symbol zu geben, was es sagt; und darin liegt die *Fülle der Sprache.* Die Ähnlichkeit, die in der Kraft der Symbole liegt, ist nicht als objektive Übereinstimmung festzustellen, sondern sie wird durch die Bewegung vom ersten zum zweiten Sinn, durch das Symbol selbst hervorgebracht. Die Fülle der Sprache der Symbole besteht also darin, daß der zweite Sinn dem ersten gewissermaßen innewohnt, also in ihm real präsent ist.[148] Demgegenüber bezeichnet das »technische« Zeichen nichts weiter, als was in ihm gesetzt ist; es kann daher entleert und formalisiert werden. Die moderne Sorge um die Symbole bringt einen neuen Wunsch zum Ausdruck, angerufen und wieder mit der Fülle der Sprache konfrontiert zu werden. – Bevor wir untersuchen, wie sich Ricoeur als Philosoph mit diesem Wunsch auseinandersetzt, ist eine *Zwischenbemerkung* erforderlich.

Ricoeur sprach zunächst von der *semantischen Struktur des Symbols:* Das Symbol ist ein Zeichen, aber ein Zeichen mit einem zweiten oder mehrfachen Sinn. Im Blick auf diese Struktur des Doppelsinns zeichnet sich ein *Konsens* im Symbolverständnis ab. Ricoeur hat sodann auf der *mythisch-poetischen Ebene* diese Struktur im Blick auf bestimmte Inhalte im Rahmen der Religionsgeschichte untersucht. Dabei stellt er fest, daß die linguistischen Ausdrücke des Doppelsinns affektiv besetzt sind, im Zusammenhang mit Riten und Mythen vorkommen und daß hier der Doppelsinn nicht zufällig, sondern konstitutiv ist. Auf dieser Ebene entsteht ein *Streit* um das Symbolverständnis, und zwar nicht nur mit einem bestimmten semiotischen Symbolverständnis, sondern auch in theologischer Hinsicht. Das religionsphänomenologische Verständnis der Symbole, nach dem sich in ihnen das Heilige zugleich verhüllt und offenbart, um das Unsagbare sagbar zu machen, hängt mit der Fundamentalunterscheidung zwischen heilig und profan zusammen; sie ist für Religion und für das Symbol als Sprache der Religion konstitutiv. Im Neuen Testament stellt Jesus die alles bestimmende Manifestation des Heiligen dar, durch die das geläufige Verständnis von heilig und profan gesprengt ist. Ein radikales Heiligkeitsverständnis vermag alles profan zu machen und alles zu heiligen. Damit kann auch *alles* als Symbol und Gleichnis für das in Jesus gegenwärtige Reich Gottes in Anspruch genommen werden. Werden religiöse Symbole auf Jesus Christus bezogen, werden sie relativiert und haben in eigentümlicher *Gebrochenheit* an seiner Wahrheit teil.[149]

---

147 *Ders.*, Die Interpretation, a.a.O., 44.
148 Vgl. ebd., 44f.
149 Vgl. dazu genauer: *Biehl*, Evangelium und Religion, a.a.O. (s.o. Anm. 85), 97ff. Da das Evangelium nur im Kontext christlicher *Religion* sagbar und lebbar ist, kann das Evangelium nur in der *Spannung* zur Religion und zu religiösen Symbolen laut werden (G. Ebeling).

Die religiösen Symbole sind also nicht erst in ihrer fraglos gültigen Wahrheit im 19. Jahrhundert durch Marx, Nietzsche und Freud »entmythifiziert« worden[150], sondern bereits am Kreuz Jesu (vgl. 1.1.3). Wird im Einflußbereich biblischer Überlieferung von der *Vorgabe* der Symbole her gedacht, dann läßt sich nicht mehr davon absehen, daß in dieser Überlieferung religiöse Symbole angeeignet, aber auch christologisch gebrochen worden sind. Das macht einen kritischen Umgang nicht überflüssig, weil auch christliche Symbole eine Tendenz zur Idolisierung haben. *Christliche Symbole haben hinweisenden Charakter und repräsentieren, worauf sie verweisen; sie sind aber nicht mehr mit sakramentaler Kraft geladene Manifestationen des Heiligen.*

Ricoeur versucht die *desillusionierende* Hermeneutik als »Übung des Zweifels« – und die *wiederherstellende* Hermeneutik – Interpretation als Sammlung des Sinns – durch seine Formel »das Symbol gibt zu denken« zu *vermitteln.* Es ist die Fülle der Sprache, die das Symbol gibt; aber diese Gabe fordert zum Denken heraus. So sucht das Symbol Zuflucht bei der Reflexion, und die Reflexion lebt aus der Fülle der Sprache. Die Interpretation bewegt sich in dem Zirkel von Glauben und Verstehen, wie ihn schon Bultmann beschrieben hat. Die Interpretation, die für eine hermeneutische Philosophie kennzeichnend ist, denkt nicht mehr in Symbolen von Symbolen her; ihre Aufgabe ist es, von den Symbolen ausgehend, existentiale Begriffe auszuarbeiten.[151] Daß die religiösen Symbole zur Interpretation herausfordern, liegt an ihrer semantischen *und* an ihrer mythisch-poetischen Struktur; denn ihr Überschuß an Sinn zielt auf Interpretation, und die mythischen Elemente sind von Anfang an auf Logos angelegt.

Mit Ricoeurs Formel »Symbole geben zu denken« läßt sich das hermeneutisch-didaktische Problem der Interpretation von Symbolen in religiösen Lernprozessen sachgemäß beschreiben. Haben die Symbole ihre Selbstverständlichkeit verloren, ist die Wiederaneignung ihres Sinns nur möglich, indem die unerschöpfliche Fülle ihres Sinns in die kritische Reflexion eingeholt wird; sie ist dabei allerdings nie auszuschöpfen, also nicht völlig in existentiale Begrifflichkeit zu überführen.

Am Ende seines Buches über Freud taucht das Problem einer Interpretation religiöser Symbole wieder auf, jetzt um die *hermeneutischen Probleme der biblischen Überlieferung* erweitert. Die biblische Hermeneutik selbst fordert eine ideologiekritische Hermeneutik als Pendant, weil die Symbole des Heiligen dazu neigen, sich in Idolen, d.h. in sakralen Objekten, zu verdinglichen und den Glauben zur Religion werden zu lassen.[152] Ricoeur gibt Kriterien dafür an die Hand, den Prozeß des Symbolzerfalls

150   Vgl. *Ricoeur*, Die Interpretation, a.a.O., 51. Ricoeur nennt sie als Vertreter der »destruktiven« Hermeneutik, während er die Religionsphänomenologen als Vertreter einer den Sinn der Symbole sammelnden Hermeneutik ansieht.
151   Vgl. dazu genauer: *Waldenfels*, a.a.O. (s.o. Anm. 127), 298f.313f.
152   Vgl. *Ricoeur*, Die Interpretation, a.a.O., 505ff, bes. 536ff.

und der kritischen Symbolinterpretation noch genauer zu bestimmen. *Jedes echte Symbol ist aufgrund seiner Überdeterminierung zugleich regressiv und progressiv, archaisch und prophetisch, erinnernd und antizipierend,* indem es Verkleidung und Enthüllung dialektisch in sich vereint. *Die wahren Symbole liegen am Schnittpunkt von Regression und Progression.* Auf der einen Seite wiederholen sie unsere Kindheit, erinnern die zur Kindheit der Menschheit und des Individuums gehörenden Bedeutungen, tauchen in diese Kindheit ein und beleben sie auf traumhafte Weise. Auf der anderen Seite stellen sie die Projektion unserer Möglichkeiten im Bereich des Imaginären dar (z.B. in der Kunst) oder die Antizipation künftiger Möglichkeiten (z.B. in der Hoffnung auf das Reich Gottes). *Archäologie und Teleologie der Symbole* betreffen zunächst den Menschen in seiner eigenen Vorgängigkeit und Zukünftigkeit und verweisen in der Traumproduktion und in der Kunstschöpfung auf die äußersten Möglichkeiten, Ursprung und Ende zu erreichen.[153] Diese Horizonte der Immanenz werden erst durchbrochen durch die Horizonte des »Ganz-Anderen«: durch den radikalen Ursprung in der Schöpfung und durch das letzte Ziel in der Eschatologie. Die religiösen Symbole sprechen vom »Absolut-Anderen jener Geschichte«.[154]

Die konkrete Reflexion bleibt also durch authentische Symbole *einerseits* auf die *Geburt,* die *Natur* und den *Wunsch* bezogen und wird *andererseits* durch die Verkündigung eines Letzten auf das *Eschaton* ausgerichtet; diesen Horizont schließt allerdings unsere Reflexion nicht mehr ein, sie bleibt aber für das Kommende offen.

Aufgrund ihrer Überdeterminiertheit fordern die authentischen Symbole zu unterschiedlicher, also auch entgegengesetzter Interpretation heraus. Vor allem ist jeweils ihrem doppelten Verweisungszusammenhang, der durch die Achse »Regression/Progression« bezeichnet ist, nachzugehen.

So erschließt beispielsweise das Symbol »Kind« jene Kindheit, die hinter mir liegt, aber auch jene andere Kindheit, die »zweite Naivität«, die vor mir liegt. »Bewußtwerden heißt letztlich, seine Kindheit vor sich und seinen Tod hinter sich zu sehen: ›einst wart ihr tot . . .‹; ›so ihr nicht werdet wie die Kinder . . .‹. In dieser Vertauschung von Geburt und Tod hat die Symbolik des nahenden Gottes die Gestalt des frühen Vaters wieder aufgenommen und gerechtfertigt.«[155]

Gerade angesichts des Horizonts des »Ganz-Anderen«, der zu einer Radikalisierung der Archäologie und Teleologie zu Schöpfung und Eschatologie führt, ist einsichtig zu machen, daß die Problematik des Glaubens eine *Hermeneutik der Entmystifizierung* aus sich heraussetzen muß. Die Tendenz, daß sich der Mensch des Absolut-Anderen bemächtigt, um es zu objektivieren und darüber zu verfügen, ist offensichtlich. Die Zeichen des

153 Vgl. ebd., 531.
154 Ebd., 540.
155 Ebd., 555.

Heiligen werden dann zu heiligen Objekten neben der Welt und der Kultur. Diese Verkehrung entfremdet und verdinglicht Religion, läßt sie zur *Illusion* werden. *In dieser Sphäre der Illusion werden die Symbole zu Idolen.* »Das Idol ist die Verdinglichung des Horizontes zur Sache, das Herabfallen des Zeichens zu einem übernatürlichen und suprakulturellen Objekt.«[156] Damit das Symbol leben kann, muß in einer ideologiekritischen Hermeneutik das Idol destruiert werden. Die Tendenz zur Idolisierung hat das Symbol im Horizont des »Ganz-Anderen« sowohl in seiner mythisch rückwärtsgewandten als auch in seiner messianisch vorwärts gerichteten Bewegung. *Der Mythos schwenkt zum Idol über,* wo seine Weise, das »Ganz-Andere« zur Sprache zu bringen, verobjektiviert wird, wo mythische Erzählungen zu Berichten über faktisch Vergangenes herabsinken. *Messianische Bilder und eschatologische Symbole werden zu Idolen,* wo der Mensch so über sie verfügt, daß sie zur Bestätigung des status quo dienen und das »Um wieviel mehr« der Verheißung verblaßt ist. Zerfallen authentische religiöse Symbole, lassen sie nicht »Leerstellen« zurück, sondern Idole als Ausdruck »götzendienerischer Wirklichkeit, die wir in unserer Kultur absondern, dadurch die religiöse Entfremdung erzeugend«.[157]
Angesichts dieses religionspädagogisch bedeutsamen Sachverhalts ist einerseits *Ideologiekritik* in Anwendung des Bilderverbots eine bleibende Aufgabe; andererseits ist Ricoeurs Einsicht weiterzuverfolgen, daß jedes Symbol »der Ikonoklast« eines anderen ist, daß die Symbole in ihrer Dynamik sich wechselseitig kritisieren, während jedes sich selbst überlassene Symbol sich in einer Idolatrie zu verfestigen droht.[158] Der Tendenz zur Idolisierung können am besten andere, lebendige Symbole entgegenwirken. *Soll das Idol sterben, dann müssen dem Jugendlichen authentische Symbole angeboten werden.*
Um den Zerfall authentischer Symbole im Horizont von Archäologie und Teleologie zu kennzeichnen, bietet sich der Begriff *»Fetisch«* an. In der erinnernd-rückwärtsgewandten Bewegung wird ein Symbol zum Fetisch, wenn Kindheit nicht als »verlorenes Paradies« gesehen wird, das wir höchstens vor uns haben, sondern wenn der Wunsch nach Rückkehr übermächtig wird.[159] In der vorwärtsgewandten Bewegung werden Symbole der Kunst zum Fetisch, wenn sie nicht mehr über sich hinaus ins Offene verweisen, sondern ihre Bedeutungsfülle auf *eine* Bedeutung reduziert wird und wenn das Kunstwerk »Warencharakter« erhält (vgl. 1.1).
Folgende Skizze soll unsere Überlegungen noch einmal veranschaulichen:

156   Ebd., 542.
157   Ebd., 543.
158   Vgl. *ders.*, Symbolik des Bösen, a.a.O. (s.o. Anm. 141), 402f.
159   An den sog. Übergangsobjekten (Teddy, Stofftier usf.) ließe sich gut zeigen, wie Symbole fetischisiert werden.

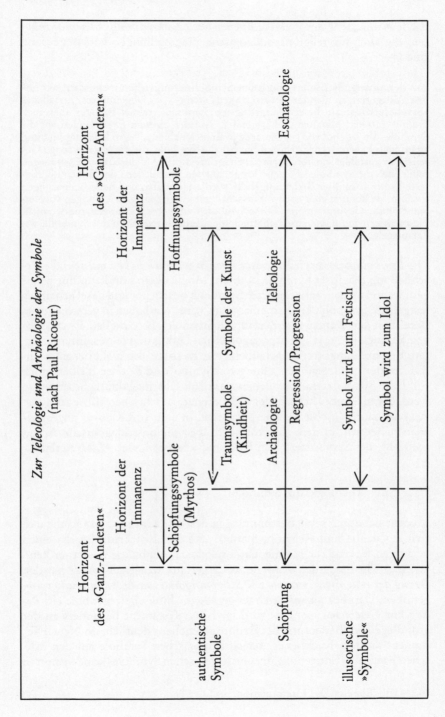

Zur Teleologie und Archäologie der Symbole
(nach Paul Ricoeur)

Ricoeur unterscheidet *mehrere Ebenen der Leistungsfähigkeit von Symbolen,* die auch für religionspädagogische Fragestellungen von Bedeutung sind.[160]

Auf der *niedrigsten Ebene* findet keine Symbolisierungsarbeit mehr statt; wir finden Ablagerungen aus der Vergangenheit: stereotypes, abgenutztes, zerfallenes »Symbolgeröll«; zu dieser sedimentierten Symbolik rechnet Ricoeur aber auch Traumsymbolik, Märchen und Legenden. Auf der *zweiten Ebene* finden wir die Symbole, die Jugendliche gegenwärtig in Brauch haben, die also lebendig sind und einen Sinn haben; ferner gehören hierher die Symbole, die die gegenwärtige Gesellschaft ausbildet, um ihre Identität zu rechtfertigen. Auf der *dritten Ebene* liegen schließlich die Symbole, die neue Möglichkeiten erschließen; sie können überlieferte Symbole in ihrer Bedeutungsfülle wieder aufgreifen und neue Bedeutungen fördern, sie können aber auch vorausschauend künftigen Entwicklungen vorgreifen, Kommendes antizipieren. Diese Symbole sind Sinnschöpfungen, die den nicht sedimentierten und den gesellschaftlich nicht festgelegten Kern der Symbolik widerspiegeln.

Die Symboldidaktik wird alle drei Ebenen im Blick haben müssen; die Erschließung religiöser Symbole in ihrem Möglichkeitssinn kann nur gelingen, wenn zugleich »abgelagerte« Symbolik bearbeitet und gesellschaftlich festgelegte Symbolik kritisch hinterfragt wird. Wir haben in verschiedenen Bereichen den Wandel und Zerfall von Symbolen beschrieben. Es ist sachgemäß, auch in der religionspädagogischen Diskussion dieses differenziertere Beschreibungsmodell beizubehalten. Es sollte also nicht bei einer undifferenzierten Gegenüberstellung von Symbol und Zeichen bleiben, noch sollte der Symbolzerfall verallgemeinernd als Klischeebildung beschrieben werden. Ein Symbol kann in der von Lorenzer beschrieben Weise zum *Signal* oder zum *Klischee* zerfallen, während in dem von Ricoeur angesprochenen Bereich, in dem sich vor allem die religionspädagogische Arbeit vollzieht, der Symbolzerfall in Richtung *»Fetisch«* oder *»Idol«* verläuft.

1.3.3   Zur Theologie der Symbole

Ricoeur hat durch seine Bestimmungen des Verhältnisses von Glaube und Kritik, Glaube und Religion, Symbol und Ideologiekritik bereits einen wichtigen Beitrag zur Hermeneutik religiöser Symbole geleistet; er kann zu einer Theologie der Symbole weitergeführt werden. Ricoeur hat den *Bezug der religiösen Symbole zur Schöpfung und zur Eschatologie* hervorgehoben. Darüber hinaus zeichnet gerade die biblischen Symbole ein *Bezug zur Geschichte* aus. Das wird im Alten Testament besonders an der grundlegenden Bedeutung des Exodusgeschehens deutlich, im Neuen Testament an dem Rückbezug der christologischen Symbole auf den irdischen Jesus. Die Entstehung der christologischen Symbole (konzentriert in

160   Vgl. *Ricoeur,* Die Interpretation, a.a.O., 516.

den Würdetiteln wie Menschensohn, Sohn Gottes, Kyrios) ist ohne Bezug auf geschichtliche Vorgänge, die in ihnen wirksam bleiben, aber überboten werden, gar nicht verständlich zu machen. Durch diese Verankerung in der Geschichte wird die Wahrheit der Symbole konkreter; sie bleiben der historischen Interpretation und damit der Widerständigkeit des Historischen ausgesetzt. Durch diesen Bezug auf das Resonanzfeld der Geschichte bleiben die biblischen Symbole vor dem Vorwurf »reiner Fiktionalität« geschützt. Der Zusammenhang von Geschichte und religiöser Symbolik wird im *Inkarnationsgedanken* treffend zur Geltung gebracht. Symbol und Geschichte gehen in der Vorstellung von der Menschwerdung Gottes in Jesus nämlich eine eigentümliche Verbindung ein. Das Symbol wird in seinem eigenen Wesen, sofern es auf das Archetypische, jederzeit Gültige zielt, »gebrochen«, indem es an etwas historisch Einmaliges gebunden wird. Andererseits bezeugt das Symbol gerade in seiner Gebrochenheit die eschatologische Bedeutsamkeit der Geschichte Jesu, nämlich das Zur-Welt-Kommen Gottes in Jesu Verkündigung und Geschick. Dementsprechend sind die christologischen Symbole eschatologische Hoffnungssymbole. Die Urchristenheit hat aber auch religiöse Symbole der Antike herangezogen, um die eschatologische Bedeutung der Geschichte Jesu gehaltvoll zu entfalten. So hat das Symbol der Sonne bei der Entwicklung des christlichen Sonntags und des Kirchenjahrs eine wichtige Rolle gespielt (besonders beim Oster- und Weihnachtsfest).[161] Die Symbole des Lebensbaums bzw. Weltenbaums und des Mastbaums sollten die kosmische Bedeutung des Kreuzes Jesu hervorheben.[162]

Bei einer solchen Inanspruchnahme religiöser Symbole ist jeweils zu prüfen, ob diese sich mit dem Kreuz Jesu, dem christlichen Symbol schlechthin, vertragen. Da sich die biblisch-christlichen Symbole auf konkrete geschichtliche Erfahrungen beziehen, erfordern sie eine konsequent *(sozial-) geschichtliche Interpretation innerhalb ihres Überlieferungszusammenhangs.*

So erscheint das *Reich Gottes* als Zentralsymbol der Verkündigung Jesu in *sozialgeschichtlicher* Interpretation als Hoffnungssymbol der Armen, die disqualifiziert, diskriminiert und marginalisiert wurden. Denen, die keine Zukunft haben, wird Reich Gottes als Herrschaft der Liebe zugesprochen. Nach *tiefenpsychologischer* Interpretation wird Reich Gottes zum Ausdruck der überzeugten Hoffnung, trotz endgültiger Trennung vom primären Objekt von der Quelle narzißtischer Zufuhr nicht abgeschnitten zu sein.[163] Reich-Gottes-Hoffnung ist *theologisch* gesprochen nicht Ausdruck eines solchen Gefühls von Gelassenheit, sondern Hoffnung auf Durchsetzung des gnädigen Willens Gottes, der auf eine unendliche Bejahung des

161 Vgl. *H. Rahner*, Griechische Mythen in christlicher Deutung, Darmstadt ³1957, 89-158.
162 Vgl. *W. Pannenberg*, Grundfragen systematischer Theologie, Bd. 2, Göttingen 1980, 65, vgl. 63f.
163 Vgl. *H. Müller-Pozzi*, Wunder, in: *Y. Spiegel* (Hg.), Doppeldeutlich, München 1978, 12-23, hier: 22.

Menschen und der Menschheit zielt, und zwar gegen alle Widerstände.[164] Gleichwohl hat der Glaube an das Reich Gottes eine *anthropologische* Komponente, die tiefenpsychologisch als Gelassenheit und Fähigkeit zur Integration des Selbst beschrieben werden kann. Eine solche Beschreibung ist religionspädagogisch von Bedeutung, weil durch den Aufweis von anthropologischen Entsprechungen der Erfahrungsbezug christlicher Symbole deutlich werden kann.

Die christlichen Symbole fordern also zugleich zu einer (sozial-)geschichtlichen, anthropologischen und theologischen Interpretation heraus. Sie bleiben in ihrer unausschöpflichen Bedeutung dieser Interpretation ständig voraus; sie sind nicht »ohne Rest« in rationale Begriffe zu überführen, sondern verlangen immer neue umschreibende Interpretation. In dieser Interpretationsbewegung kann sich ihr Wahrheitsanspruch erweisen. Christliche Symbole *werden* wahr, wenn sie (1) auf das Zur-Welt-Kommen Gottes in Jesus zurückverweisen und wenn sie (2) über sich hinaus auf die verheißene Zukunft weisen. – Will man die christlichen Symbole »inventarisieren«, so kann man mit P. Tillich[165] von folgenden *Grundarten religiöser Symbole* ausgehen:

Auf einer *ersten Ebene* geht es um Gott als das »Höchste Wesen« aller Religionen. Die Symbole versuchen das Wesen Gottes zu erfassen, indem sie menschliche Erfahrungen und kosmische Erscheinungen auf Gott beziehen, diese aber unendlich transzendieren. So wird von der Macht und der Liebe Gottes gesprochen oder davon, daß er Licht ist. Im Laufe der Zeit wurden auf diesem Wege eine unendliche Fülle von Attributen auf Gott übertragen, um den Reichtum seines Wesens auszusagen. So ist Gott in der Bibel Fels, Bergfeste, Burg, Quelle, Himmel, Gesicht, Arm, Hand, Auge, Ohr, Mund, Herr, König, Hirte, Vater, Güte, Gnade, Barmherzigkeit, Treue, Gerechtigkeit usw.[166] Wenn christliche Symbole ganz menschlich von Gott reden, dann hat das seinen Grund darin, daß er in Jesus im wahrsten Sinne des Wortes menschlich geworden ist.
Auf einer *zweiten Ebene* geht es darum, daß die Symbole Gott als den Handelnden und gegenwärtig Wirksamen erfassen. Es wird davon gesprochen, was Gott an uns und an seiner Welt tut. Die Symbole sprechen von Gott als Schöpfer, Erlöser und Richter, von Rechtfertigung und Erfüllung. Es handelt sich um die *fundamentale Schicht der christlichen Glaubenssymbole,* die in ihrem theologischen und anthropologischen Sinn immer wieder neu zu erschließen sind. So interpretieren P. Tillich und W. Lohff[167] die fundamentalen Symbole: Schöpfung und Gottebenbildlichkeit als Bestimmung des Menschen; Fall und Sünde als Deutung der menschlichen Entfremdung; Versöhnung und Gnade als Verheißung der Überwindung der Entfremdung; Auferstehung als Erfüllung der menschlichen Bestimmung angesichts der Erfahrung des Scheiterns in Grenzsituationen.

164 Vgl. *H. Gollwitzer,* Befreiung zur Solidarität, München 1978, 145.
165 Vgl. *P. Tillich,* Gesammelte Werke, Bd. V, Stuttgart ²1978, 241f; vgl. 206ff. Das Symbolverständnis Tillichs habe ich an anderer Stelle ausführlich dargestellt: Erfahrungsbezug und Symbolverständnis, in: *P. Biehl / G. Baudler,* Erfahrung – Symbol – Glaube (Rph 2), Frankfurt/M. 1980, 56ff. Nur aus diesen Gründen wird hier darauf verzichtet.
166 Vgl. *G. Aulén,* Das Drama und die Symbole, Göttingen 1965, 165ff.
167 Vgl. *W. Lohff,* Glaubenslehre und Erziehung, Göttingen 1974, 32ff.

Auf der *dritten Ebene* versuchen die Symbole das Göttliche in seiner Inkarnation in der endlichen Welt zu begreifen. Es ist die älteste Schicht religiöser Symbole; denn hier geht es um die Erfassung des Heiligen in konkreten Dingen (z.B. Baum, Wasser, Brot, Wein), Personen (z.B. Christus, Buddha), Handlungen (kultischen Festen, Gebeten und Träumen). Es lassen sich hier viele elementare Phänomene der Religionsgeschichte nennen. Für den christlichen Glauben ist Jesus von Nazareth das Symbol bzw. Gleichnis Gottes; dadurch werden alle anderen Symbole, die diese Funktion hatten, das Unbedingt-Transzendente anschaubar zu machen, zu *sekundären* Symbolen, die christologischen Hinweischarakter haben. Das einigende Symbol, in dem die Bedeutung des Ereignisses, daß Gott sich mit dem Menschen Jesus identifiziert hat, zum Ausdruck kommt, ist das *Kreuz.* Darüber hinaus gehören die schon genannten christologischen Symbole in diesen Zusammenhang.

Die drei Ebenen primärer Symbole werden durch das Symbol der Dreieinigkeit Gottes verbunden. Kreuz und Trinität sind die Symbole, in denen das *Ganze* des christlichen Glaubens in spezifischer Weise zur Darstellung kommt. Es kann in *Bekenntnissymbolen* zusammengefaßt und darin für die jeweilige Gegenwart neu ausgelegt werden.[168] Die Glaubenssymbole können jedoch auch zu theologischen Leerformeln erstarren oder zu Idolen werden. Brachte das christliche Symbolgefüge ursprünglich die grundlegenden Erfahrungen der christlichen Gemeinde als Symbolgemeinschaft verbindlich und öffentlich zur Geltung, so kann es sich von den Erfahrungen und der öffentlichen Kommunikation lösen. Die hermeneutisch-didaktische Aufgabe besteht darin, den Weg von den Formeln, Idolen und Klischees zu den authentischen Symbolen zurückzufinden. Dieses *Problem der Re-symbolisierung* des christlichen Symbolgefüges muß im dritten Teil unter didaktischen Gesichtspunkten bedacht werden. An dem Überblick lassen sich aber schon unterschiedliche *didaktische Zugangsarten zu den Symbolen* erläutern. Von besonderer didaktischer Bedeutung sind gerade die elementaren Symbole, die Tillich zu den sekundären Symbolen rechnet, nämlich die »depotenzierten« Symbole der dritten Gruppe, die ursprünglich mit magisch-sakramentaler Kraft geladene Gegenstände und Handlungen zur Darstellung des Heiligen waren. Zu diesen Symbolen gehören wichtige menschliche Organe, Bezugspersonen und Grundgegebenheiten des Lebens. Sie spielen schon in der frühkindlichen Erziehung eine Rolle, weil sie vom Kinde als elementare Gegenstände seines Alltags erlebt werden und in der täglichen Interaktion vorkommen. Sie ermöglichen in höheren Altersstufen einen neuen Umgang mit der Lebensgeschichte und mit zentralen Texten der Bibel. Die religionspädagogische Aufgabe kann nicht darin bestehen, diese Phänomene wieder zu Gegenständen religiöser Verehrung zu machen; sie haben aber eine wichtige Hinweisfunktion. Darüber hinaus ist aber *theologisch* zu diskutieren, in welchem Verhältnis die elementaren Symbole, die sich auch als *Schöpfungssymbole* verstehen lassen und zum Teil von ökologischer Bedeutung sind

---

168 Vgl. *E. Feifel,* Symbol und Glauben, Lebendige Seelsorge 37 (1986) 73-81, hier: 77.

(z.B. Baum, Wasser, Regenbogen, Haus), zu den christologischen Symbolen stehen. Kommt den universalen Schöpfungssymbolen eine gewisse Selbständigkeit zu? Ist es erforderlich, sie mit dem Symbol Reich Gottes in einem spannungsvollen Zusammenhang wahrzunehmen?[169] Für ein theologisch angemessenes Symbolverständnis ist auf jeden Fall der Gedanke der Schöpfung von grundlegender Bedeutung, weil christliche Symbole vielfältige Entsprechungen zwischen Schöpfung und Geschöpf zum Ausdruck bringen. Im Blick auf die dritte Ebene ist die Spannung zwischen der Geschichte Jesu und dem Bekenntnis zu ihm als »Gleichnis Gottes« fruchtbar zu machen. Im Blick auf die ersten beiden Ebenen erweist sich die *Spannung zwischen Anthropologie und Theologie* als didaktisch fruchtbar. Biblische Symbole – wie Paradies, Rechtfertigung und Hoffnung – können nämlich in ihrem anthropologischen Sinn verstanden werden, auch wenn ihr theologischer Sinn (noch nicht oder nicht mehr) erfaßt werden kann. Die Bedeutungsfülle und Überdeterminiertheit der Symbole ermöglicht es, daß der Umgang mit ihnen sinnvoll und gewinnbringend ist, auch wenn ein bestimmter Sinn, der sich mit ihnen verbunden hat, nicht vernommen wird. Darin liegt ihre Bedeutung für die Vermittlung zentraler biblischer Inhalte und zugleich ihre didaktische Bedeutung. In einem offenen, kreativen Umgang mit den fundamentalen christlichen Symbolen – im Kontext biblischer Erzählungen – kann nämlich unter Umständen der bestimmte Sinn der Verheißung wieder wahrgenommen werden. Das gilt entsprechend auch für die erste Ebene: Wird im eigentlichen Sinn menschlich von Gott geredet, dann besagt das auch etwas für menschliche Liebe, Gerechtigkeit, Barmherzigkeit, Geduld, wenn Gott als gerecht, barmherzig, geduldig angeredet werden kann.

Da die Symbole Träger der Wirkungsgeschichte biblischer Texte, ja der kulturellen und religiösen Überlieferung sind und sich als *schöpferisches Element*[170] des Überlieferungsprozesses erweisen, können sie eine *Brücke* zwischen der Überlieferung und der gegenwärtigen Situation darstellen, wenn sie ganzheitlich angeeignet werden. Durch theologische Urteilsbildung mit Hilfe strenger Begrifflichkeit ist jeweils zu prüfen, ob die Beziehung, die die Symbole stiften, eine *analoge* Beziehung ist. Diese Prüfung schließt das Wissen um kulturelle und gesellschaftliche Diskontinuitäten ein. Daher hat F. Schupp recht, wenn er mit einem dialektischen Begriff von Kontinuität das Element der *Symbolschöpfung* verbindet.[171] Er fordert

---

169   *Moltmann* (Gott in der Schöpfung, a.a.O. [s.o. Anm. 1], 299ff) bringt diesen Sachverhalt z.B. dadurch zum Ausdruck, daß er zum Symbolvergleich in messianischer Hinsicht anleitet.

170   *G. Scholem* (Zur Kabbala und ihrer Symbolik, Frankfurt/M. 1973, 8.10.36) stellt im Blick auf das Symbolverständnis der jüdischen Kabbala fest, daß es eine der zentralen Funktionen religiöser Symbole sei, der Tradition immer neue schöpferische Lebendigkeit zu verleihen; sie fordern zu einem *symbolischen Gebrauch* der Texte heraus, der wieder neue Traditionen schafft.

171   Vgl. *F. Schupp*, Glaube – Kultur – Symbol, Düsseldorf 1974, 24.

den Entwurf einer kritischen Kulturtheorie, um den Transformationsprozeß der Symbole als Träger der Kultur angemessen beschreiben zu können. Christliche Symbole haben sich nämlich »in, mit und unter« einem kulturellen Transformationsprozeß vermittelt, auch wenn sie diesen immer wieder in Frage gestellt und überboten haben. Bei einem kreativen Umgang mit christlichen Symbolen geht es nicht nur darum, bestimmte geschichtliche Erfahrungen wieder zu entbinden, sondern vor allem darum, daß die *Zukunftsdimension* der Symbole erschlossen wird. Die zentralen christlichen Symbole sind Antizipationen des verheißenen heilen, gemeinschaftlichen Lebens. Ein schöpferischer Umgang mit ihnen zielt nicht nur auf immer neue Interpretation, sondern vor allem auf eine *experimentelle Praxis.*[172] Wo sie beispielsweise in Basisgemeinden so in Brauch genommen werden, daß sie Befreiungspraxis zu initiieren helfen, haben sie wieder einen angemessenen Sitz im Leben gefunden; denn sie enthalten – wie besonders am Symbol Reich Gottes deutlich wird – Bilder gelingenden Lebens und zielen auf die Vorwegrealisation einer bestimmten Lebensform in der Gegenwart. Sie haben zugleich eine *kritische* Funktion, der Unwahrheit und dem Leiden an der gesellschaftlichen Situation zu widersprechen; denn die Hoffnung, die sie ermöglichen, ist zugleich *Widerspruchshoffnung.*

1.3.4 Symbol und Metapher

Der *biblische Entdeckungszusammenhang* für eine theologisch sachgemäße Verhältnisbestimmung von Symbol und Metapher sind die johanneischen Ich-bin-Worte. Wir gehen wieder von einem *Beispiel* aus. Jesus bezeichnet sich *Joh 8,12* selbst als Licht der Welt: »Ich bin das Licht der Welt. Wer mir nachfolgt, der wird nicht wandeln in der Finsternis, sondern wird das Licht des Lebens haben.« Dieses Selbstzeugnis wird im Rahmen der Blindenheilungsgeschichte (9,1ff) wieder aufgenommen (9,5). Licht bzw. Finsternis gehören zu den Ursymbolen der Religionen.[173] Das Symbol Licht ist jedem Menschen unmittelbar verständlich und hat wie die übrigen Symbole der Ich-bin-Worte Brot, Hirte, Weinstock, Weg, Tür in der alttestamentlichen Überlieferung eine wichtige Rolle gespielt. Man muß also damit rechnen, daß sich für den damaligen Hörer mit dem Symbol des Lichts verschiedene Assoziationen verbinden konnten, durch die sich seine Bedeutungsfülle jeweils erschließt. Das Symbol wird jedoch in eine eigentümliche Beziehung zu dem Leben gesetzt, das Jesus selbst ist und schenkt. Wenn gesagt wird, Jesus sei das Licht (vgl. 8,12; 9,5), dann ist das *eigentli-*

---

172 Vgl. *L. Boff,* Kleine Sakramentenlehre, Düsseldorf ⁸1986, 17f: Religiöse Sprache ist performativ: ». . . sie führt zur Veränderung menschlicher Praxis und mobilisiert in Richtung auf Umkehr.« Vgl. *Schupp,* a.a.O., 245ff.
173 Vgl. *G. Becker,* Die Ursymbole in den Religionen, Graz u.a. 1987, 109ff.

che Rede. Diese Einsicht hatte schon E. Schweizer in seiner Analyse der Ich-bin-Worte gewonnen.[174] Versteht man im Sinne der neueren Metaphernforschung die Metapher als *eigentliche, präzisierende* Rede, dann ist die Aussage »Jesus ist das Licht der Welt« als Metapher zu verstehen. *In den Ich-bin-Worten treffen also Symbol und Metapher zusammen.* Der Symbolsinn wird durch die Metapher in bestimmter Weise präzisiert. Um diese These zu begründen, muß das Beispiel zunächst weiter ausgeführt werden.

1.3.4.1 Zur Interpretation von Joh 8,12

Die Ich-bin-Worte stehen jeweils an den Höhepunkten des Evangeliums (6,35; 8,12; 10,9.14; 11,25f; 14,6; 15,5). In diesen Selbstaussagen konzentriert sich die Offenbarung, die Jesus bringt. Sie treten an die Stelle der synoptischen Gleichnisse. In ihnen kommt die Theologie des johanneischen Gemeindeverbandes in spezifischer Weise zur Sprache. Die einzelnen Worte lassen sich leicht aus ihrem Zusammenhang lösen und zeigen einen sachlich wie formal geschlossenen Aufbau. Sie gliedern sich – bei geringen Abweichungen – in ein Offenbarungs- und ein Verheißungswort; beide Worte sind wiederum zweigliedrig, so daß folgende Struktur erkennbar wird, die auch 8,12 vorliegt:

Offenbarungswort
- Selbstvorstellung (»ich bin«)
- Symbol mit bestimmtem Artikel (»das Licht der Welt«)
Verheißungswort
- Einladung (»wer mir nachfolgt«)
- Verheißung (»wird nicht wandern in der Finsternis . . .«)

Die einfache, einprägsame Struktur macht die Ich-bin-Worte als Deuteworte geeignet; diese Funktion üben sie auch in ihren jetzigen Kontexten aus (vgl. 6,35; 11,25).[175] 8,12 wird erst später (9,1ff) wieder aufgenommen; dafür spielt es aber im Evangelium insgesamt eine wichtige Rolle (vgl. Joh 1,4–9; 3,19–21; 9,5; 12,35f.46). Auf den Obersatz folgt in 8,12 ein antithetischer Parallelismus; in ihm steht das Verbum »nachfolgen«, nicht »glauben« (wie in 6,35 und 11,25). Außerdem ist vom »Licht des Lebens« erst in 8,12b die Rede, während es in 8,12a (wie Mt 5,14) »Licht der Welt« heißt. Das alles spricht für einen vorjohanneischen Ursprung des Offenbarungswortes.[176] Aus welcher religionsgeschichtlichen Vorstellung stammt es?

174 Vgl. *E. Schweizer,* EGO EIMI, Göttingen ²1965, 167.
175 Sie lassen sich in einen anderen Zusammenhang übertragen und können »weitergeschrieben« werden; so läßt sich im Blick auf Joh 4,14 und 7,37f folgendes Wort bilden: »Ich bin das Wasser des Lebens. Wer aus mir trinkt, aus dem werden Ströme von lebendigem Wasser fließen.«
176 Vgl. *H. Klein,* Vorgeschichte und Verständnis der johanneischen Ich-bin-Worte, KuD 33 (1987) 120-136, bes. 127-130; vgl. *S. Schulz,* Das Evangelium nach Johannes (NTD 4), Göttingen ¹²1972, 126.

»Licht für die Welt« ist terminologisch wie sachlich ungnostisch, weil die Gnosis den Heilsgedanken nicht universal faßt.[177] In der Gnosis handelt es sich um einen »metaphysischen« Dualismus. Der »Gesandte des Lichts« soll die Erwählten in die obere Lichtwelt emporführen, aber nicht Licht für die untere, finstere Welt sein. Welt=Finsternis ist eine »symbolische Grundgleichung der Gnosis«.[178] Das johanneische Wort mit dem Ruf in die Nachfolge steht dem »Entscheidungsdualismus« der Qumransekte nahe. Diese kennt allerdings nicht den universalen Heilsgedanken, wie er bei Deuterojesaja angebahnt ist (vgl. Jes 42,6; 49,6; 51,4). Hier wird der »Knecht Jahwes« bereits »Licht der Heiden« bzw. »Licht der Völker« genannt. Im Judentum wird der Ausdruck »Licht der Welt« vielfältig verwendet: für die Tora, den Tempel, Jerusalem, Israel, für Personen, für Adam vor allem, aber auch für Gott selbst. Der alttestamentlich-jüdische Hintergrund bietet die beste Voraussetzung für die Entstehung der Lichtsymbolik in Joh 8,12.[179]

»Licht« symbolisiert bei Johannes wie überall in der religiösen Sprache Glück, Heil, Rettung, Leben. Joh 8,12 und andere Sätze, die vom Wandern im Licht oder in der Finsternis sprechen, bestimmen den Sinn des Symbols genauer. In der Finsternis ist der Mensch blind und findet seinen Weg nicht (9,4; 11,9f; 12,35; 1Joh 2,11). Im Licht dagegen kann er sicher wandern und wirken. »Licht« meint also die *Helligkeit,* in der ich mich befinde und zurechtfinden kann, in der ich nicht nur die Gegenstände, sondern auch mich selbst erkennen kann. Es meint die *Erhelltheit* des Daseins, in der der Mensch »aus und ein weiß«, sich seines Weges gewiß ist. Das Leben wird bei Johannes als ein Weg verstanden, der entweder im Licht oder im Dunkel verlaufen kann.[180] Das Leben im Licht wird in Übereinstimmung mit seinem Ursprung als Geschöpf gelebt; das Sich-Verschließen gegen das Licht bedeutet die Abwendung von diesem Ursprung. Bezeichnet sich Jesus selbst in Person als »Licht für die Welt«, welches das »Licht des Lebens« schenkt, dann eröffnet er wieder den Weg zum Ursprung, der Erhelltheit und Heil des Lebens ermöglicht. Was im Mythos durch die Symbole vom Lebenswasser, Lebensbrot und Lebenslicht als Sehnsucht des Menschen nach dem Ursprung, nach dem Paradies, artikuliert wird, das ist jetzt hier Wirklichkeit: »Ich bin«, und zwar wie das aufgehende Licht jedes neuen Tages im *eschatologischen* Sinne Ursprung des Lebens für *alle* Menschen. Der Offenbarer eröffnet wieder das ursprüngliche Schöpfungsverhältnis; er weist den Menschen an den Schöpfer selbst. Darin ist die *Universalität* und zugleich die *Exklusivität* des Heils begründet. Der Nachsatz ruft in die Nachfolge dem Licht gegenüber; das »Nachfolgen« meint in bildlicher Redeweise wie das Essen des Lebensbrotes das Glauben, die Annahme der Offenbarung.[181] Jesus ist das Licht, und er gibt zugleich Licht

177 Vgl. *J. Becker*, Das Evangelium des Johannes. Kapitel 1-10 (GTB 505), Gütersloh/Würzburg 1979, 288 (gegen H. Braun und L. Schottroff).
178 *H. Jonas*, Gnosis und spätantiker Geist, Teil 1, Göttingen ²1954, 103.
179 Vgl. *R. Schnackenburg*, Das Johannesevangelium, Bd. 2 (HThK), Freiburg u.a. ²1977, 240f.
180 Vgl. *R. Bultmann*, Das Evangelium des Johannes (MeyerK), Göttingen ¹²1952, 260f.
181 Vgl. ebd., 261.

und Leben. Diese Gabe ist nicht etwas dem Menschen Unverständliches.[182]
Wie in allen Ich-bin-Worten spricht die Verheißung unmittelbar die Sehnsucht des Menschen nach authentischem Leben und nach Lebenskraft an.
Aber erst angesichts der Lichtoffenbarung in Jesus wird die Finsternis, die
Entfremdung der Welt, aufgedeckt; es kommt heraus, daß menschliche
Orientierung und Erhellung des Lebens keine bleibende Erfüllung geben
kann. Jesus ist das »eigentliche«, das eschatologische Licht (vgl. 1,9; 1Joh
2,8), das das Leben zur Wahrheit bringen kann. Die ursprünglich messianische Gabe der endzeitlichen Erleuchtung und Erfüllung des Lebens wird
schon jetzt zuteil.[183]
So wie der Offenbarer verheißt, daß der Mensch im Glauben das Licht hat,
so wird an ihm als »Gleichnis Gottes« zugleich erkennbar, daß Gott Licht
ist und nicht Finsternis (1Joh 1,5). Unbeschadet seiner Verborgenheit ist
Gott Licht. Die überwältigende Lichtfülle macht es unmöglich, ihn mit den
Augen zu schauen. »Daß Gott Licht ist, bedeutet nun aber eine unaufhaltsame Bewegung von der Finsternis zum Licht, von der Blindheit für Gott
zum Schauen Gottes, von der Verborgenheit zum Offenbarwerden.«[184]
Die Sätze »Jesus ist das Licht der Welt«, »Gott ist Licht« sind *Metaphern*.
Das Verständnis der Metapher als einer Form der religiösen Sprache ist
jetzt zu klären.

1.3.4.2   Die Metapher

Erst in der neueren Sprachphilosophie und Linguistik hat sich die Einsicht
durchgesetzt, daß die Metaphern nicht, wie im herkömmlichen Sprachgebrauch, ausschmückende Wörter, sondern *Textphänomene* sind.[185] Der
Ort der Analyse der Metaphern hat sich von der Sphäre des Wortes auf den
Satz verlagert.[186] Der Konsens, der sich herausgebildet hat, liegt darin, daß
man Metaphorizität als eine Funktion der Verwendung eines einfachen
oder komplexen Ausdrucks in einem Text versteht. Präziser kann man Metaphern als *Kontextphänomene* beschreiben. Der Kontext konstituiert und
determiniert die Metapher, allerdings anders als der Hörer erwartet. Der
tatsächlich gesetzte Kontext sprengt nämlich überraschend seine Erwartungshaltung. Die Metapher setzt zwei Sinnhorizonte zueinander in Beziehung, die innerhalb einer Aussage durch zwei Wörter vertreten sind

182   Er muß ja seinen Lebensweg gehen und bedarf eines Vorverständnisses seiner selbst, aber er kann sich verirren und Illusionen folgen (vgl. *Bultmann*, Theologie, a.a.O. [s.o. Anm. 73], 373).
183   Das Futur »er wird das Licht des Lebens haben« meint die Zukunft des
Glaubens und ist nicht apokalyptisch zu verstehen (vgl. *Schulz*, a.a.O. [s.o. Anm.
176], 126).
184   G. *Ebeling*, Dogmatik des christlichen Glaubens, Bd. 2, Tübingen 1979, 249.
185   Vgl. bes. *P. Ricoeur*, Die lebendige Metapher, [Paris 1975] München 1986.
186   Vgl. *Ricoeur*, Erzählung, a.a.O. (s.o. Anm. 127), 240.

(z.B. »Die Natur ist ein Tempel«, »Gott ist Licht«). Durch diese Beziehung wird das, was ist, neu beschrieben.

Die Natur ist wörtlich genommen kein Tempel; die Metapher lehrt uns aber – und darin sprengt sie die Erwartungshaltung –, die Natur wie einen Tempel zu sehen. Dabei geht die Metapher nicht von Ähnlichkeiten aus, die in einer Seinsordnung vorgegeben sind, sondern sie schafft sie – auf der Grundlage eines reichen kulturellen Rahmens, eines »Inhaltsuniversums«[187] – durch die semantische Integration verschiedener Sinnbereiche. Die dichterische Sprache sagt auf diesem Wege metaphorisch, als was die Dinge sind.[188]

Zur Schaffung einer neuen Metapher ist also als kleinste Einheit ein Satz mit Subjekt und Prädikat erforderlich, die aus bisher fremden semantischen Feldern stammen, so daß beim Zusammenstoß eine semantische Spannung entsteht. Genauer: Der metaphorische Prozeß ist in dem Hauptvorgang zu suchen, dessen Rahmen der Satz ist, nämlich in der *Prädikation*. Es handelt sich um eine »bizarre Prädikation«.[189] Das Mehr an Sein, das die lebendige Metapher schafft, beruht auf einem sonderbaren, ungewöhnlichen Gebrauch der Prädikation. Das Prädikat der Metapher kann auch ein längerer Text (z.B. ein Gedicht) sein, in den die Metapher eingewebt ist. In diesem Sinne lassen sich die Gleichnisse Jesu als Metaphern verstehen; ihr Prädikat besteht aus einer Erzählung.
Die gelungene Metapher schafft nicht nur einen Zuwachs an »Sinn«, sondern auch an Bedeutung (»Referenz«). Der andere Sinn, der durch den unerhörten prädikativen Akt entsteht, deckt nämlich auch eine andere Dimension der Wirklichkeit auf und setzt damit eine neue Deutung der Welt und unserer selbst frei.[190] Dadurch, daß aufgrund der Unangemessenheit die wörtliche Bedeutung zerbricht, wird eine metaphorische Bedeutung entbunden, die der Wirklichkeit *mehr* zuspricht, als ihr von sich aus zukommt. Metaphern gewinnen dadurch eine *heuristische Funktion*. Sie beschreiben die Welt und die Sachverhalte in ihr versuchsweise neu und lassen sie in einem neuen Licht sehen. Sie helfen so, unsere Erfahrungen präziser zu benennen und das Unsagbare schöpferisch zur Sprache zu bringen. Metaphern ermöglichen einerseits *Innovation* und andererseits *Präzision*. Diese Elemente machen ihre besondere Bedeutung für Dichtung und Religion aus. Die dichterische und die religiöse Sprache sagen, wie die betrachteten Dinge sind und womit sie im besonderen Sinne vergleichbar sind. Die Metapher »Gott ist Licht« sagt also nicht aus, was ist, sondern womit Gott vergleichbar ist. Wir sehen Gott als Licht, als eine unaufhaltsame Bewegung von der Finsternis zum Licht.
Die semantische Neuerung, die die Metapher ermöglicht, ist ohne Metapher nicht sagbar. Sie ist selbst eigentliche Rede. Wahre Metaphern sind unübersetzbar und können (wie Symbole) nur umschrieben werden.

187 *U. Eco*, Semiotik und Philosophie der Sprache, München 1985, 189.
188 Vgl. *Ricoeur*, Metapher, a.a.O., 203ff.
189 *Ders.*, Erzählung, a.a.O., 240.
190 Vgl. *ders.*, Metapher, a.a.O., VII.

»In der metaphorischen Redeweise stimmen die schöpferische Möglichkeit der Sprache und die strenge Notwendigkeit des Begriffs, die sprachliche Überraschung durch das Neue und die Verläßlichkeit der Sprache aufgrund der Vertrautheit mit immer schon Bekanntem auf das genaueste zusammen. Insofern ereignet sich durch die Metapher auf jeden Fall ein *Gewinn*. Der Sinnhorizont wird sprachlich erweitert.«[191]

Durch diesen Grundzug, daß sie schöpferisch und entdeckend ist sowie in besonderer Weise präzisierende Sprache darstellt, gewinnt die Metapher für die theologische Sprachlehre paradigmatische Bedeutung. Stellt doch das Zur-Welt-Kommen Gottes in Jesus einen eschatologisch neuen Zusammenhang dar, in dem alle gebrauchten Wörter eine neue Bedeutung gewinnen.[192]

Eberhard Jüngel verdeutlicht diesen Sachverhalt an *Luthers Äußerungen zur metaphorischen Sprache der Bibel.* Auch Luther will Sätze wie »Christus ist das Licht der Welt«, »Christus ist ein Weinstock« (eine Blume, ein Fels) als *eigentliche* Rede verstanden wissen. Allerdings nehmen die Prädikate in solchen Sätzen eine neue Bedeutung (»Referenz«) an; durch die metaphorische Verwendung wird »Licht«, »Weinstock« oder »Weg« zu einem »verneweten« Wort.[193] Luther orientiert sich an der schöpferischen Kraft metaphorischer Sprache. Er setzt dabei allerdings voraus, daß die Dinge selber gleichnishaft sind.[194]

Weil ein Gleichnis in den Dingen ist, kann Gott selbst bzw. Christus in ihnen angetroffen werden, allerdings so, daß dabei die Grenze des göttlichen Geheimnisses gewahrt bleibt. Zum Erweis der leibhaftigen Allgegenwart Christi kommt Luther im Rahmen seiner Abendmahlslehre immer wieder auf diesen Sachverhalt zu sprechen. Gott ist an allen Orten wesentlich und gegenwärtig; denn Gott ist »ein ubernatürlich unerforschlich wesen, das zu gleich ynn eym iglichen körnlein gantz und gar und dennoch ynn allen und uber allen und ausser allen Creaturen sey, drumb darffs keines umbzeunens hie, wie der geist trewmet, denn ein leib ist der Gottheit viel, viel zu weit, und kondten viel tausent Gottheit drynnen sein, Widderumb auch viel, viel zu enge, das nicht eine Gottheit drynnen sein kan« (WA 26, 339). Hier wird alle Räumlichkeit gesprengt und zugleich erfüllt. Denn das »göttlich wesen« ist nicht nur »gantz und gar ynn allen creaturen«, sondern es ist in ihr »tieffer, ynnerlicher, gegenwertiger denn die creatur yhr selbs ist, und doch widderumb nirgent und ynn keiner mag und kan umbfangen sein, das er (sc. gott) wol alle ding umbfehet und drynnen ist. Aber keines yhn umbfehet und ynn yhm ist . . .« (WA 23, 137). Alle gegenständlichen Kategorien sind hier aufgehoben, aber gerade in dieser Aufhebung wird Gottes reale Gegenwärtigkeit zum Ausdruck gebracht.[195] Gott ist »unbegreifflich und unmeslich, ausser und uber alles, das da ist und sein

191   *E. Jüngel,* Metaphorische Wahrheit, in: *P. Ricoeur / E. Jüngel,* Metapher, Sonderheft EvTh (1974), 93. Hervorhebung von mir.
192   Vgl. ebd., 77.
193   Vgl. ebd., 102f, Anm. 85. Vgl. jetzt auch: *R. Saarinen,* Metapher und biblische Redefiguren als Elemente der Sprachphilosophie Luthers, NZSTh 30 (1988) 18–39, bes. 37.
194   Vgl. ebd., 104. Vgl. *Jüngel,* Freiheit, a.a.O. (s.o. Anm. 57), 43ff.
195   Vgl. *E. Metzke,* Coincidentia oppositorum, Witten 1961, 196.

kan«, zugleich wiedrum »an allen orten wesentlich und gegenwertig«, »auch ynn dem geringesten bawmblat« (WA 23, 133); denn Gott ist es, der alle Dinge schafft, wirkt und erhält. So ist auch Christus allenthalben in allen Dingen. Christi Leib ist in jedem Stein, in Feuer und Wasser. Wir können ihn dort aber nur wirklich finden, wo er uns durch sein Wort dazu anweist: »Uberal ist er, er will aber nicht, das du uberal nach yhm tappest, sondern wo das wort ist, da tappe nach, so ergreiffestu yhn recht« (WA 19, 492). Christus ist überall in allen Kreaturen (vgl. ebd.), aber er ist in seinem göttlichen Wesen zugleich ungreifbar (vgl. WA 23, 133), so daß wir ihn nur da finden, wo er sich uns durch sein Wort angebunden hat (vgl. WA 23, 151). Es handelt sich nicht um eine Einschränkung der Offenbarung selbst, sondern nur um eine Einschränkung *für den Menschen.* Gott selbst ist überall gleich nahe, aber die Menschen können ihn nicht überall gleich fassen. *In seiner Offenbarung geht es um das Ans-Licht-Treten seiner schon allenthalben präsenten Wirklichkeit*[196]; aber erst aufgrund dieser Offenbarung sprechen die Dinge von Gott und können mit Hilfe eines neuen (metaphorischen) Gebrauchs von Worten in einen Zusammenhang mit Gott gebracht werden.

Erhält ein Wort durch seinen metaphorischen Gebrauch eine neue Bedeutung, so wird seine bisherige natürliche und symbolische Bedeutung vorausgesetzt. Bei dem Satz »Jesus ist das Licht der Welt« meint man nicht das natürliche Licht, das die Dinge erkennbar macht, auch nicht Licht als Symbol für Glück, Rettung, Heil, und doch stellen sich diese Assoziationen ein. Die natürliche Bedeutung des Lichts und der Symbolsinn des Wortes werden also durch die Metapher »Ich bin das Licht der Welt« überboten. »Licht« erhält hier einen alle herkömmlichen Bedeutungen sprengenden, neuen Sinn. Indem die wörtliche Bedeutung von »Licht« aufgrund der Unangemessenheit bei dem überraschenden Vergleichsvorgang mit Jesus zerbricht, entsteht die metaphorische Bedeutung. Die natürlichen und symbolischen Bedeutungen bleiben aber die *Verstehensvoraussetzung* für die neue Bedeutung und schwingen in ihr mit. Erweitern wir diese Einsicht auf die in den Ich-bin-Worten verwendeten elementaren Symbole: Die religiösen Symbole Licht, Brot, Weg, Weinstock usf., in denen ursprünglich das Heilige in konkreten Phänomenen erfaßt wurde (vgl. 1.3.3), erhalten durch die metaphorische Aussage (»Ich bin das Brot des Lebens« usf.) eine neue, bestimmte Bedeutung. Sie werden auf die Geschichte Jesu, auf seinen Weg an das Kreuz bezogen. Damit geht aber ihre Bedeutungsfülle nicht verloren, sondern wird auf eine bestimmte Bedeutung konzentriert. Dadurch, daß die elementaren Symbole neu in Brauch genommen werden, wird ihre vertraute Bedeutung verfremdet, erweitert und christologisch präzisiert. Aber abgesehen von der Anschaulichkeit dieser Symbole läßt sich die neue Bedeutung, das »Mehr noch«, gar nicht zur Sprache bringen. Der palästinische Alltag mit seinen gar nicht so alltäglichen Geschichten ist in den Gleichnissen Jesu die Verstehensbedingung für das Reich Gottes; dementsprechend sind in den johanneischen Ich-bin-Worten die elementaren Symbole Voraussetzung für das Verständnis des Lebens, das Jesus ist und gibt. So wie die christologische Aussage »Ich bin das Licht der Welt« den

196 Vgl. ebd., 199.

Symbolsinn präzisiert, so trägt es umgekehrt etwas für das Verständnis Jesu aus, daß er eben als Licht, Brot, Weinstock bekannt werden kann. Es handelt sich nicht um zufällige Ausschmückungen, sondern um eine notwendige Explikation der Inkarnationslehre.

Obwohl durch die Ich-bin-Worte nur eine bestimmte Gruppe von Symbolen ausgelegt wird, versuchen wir nun die Einsichten zu verallgemeinern. Bei den Synoptikern wird das Symbol »Reich Gottes«, in dem sich Erfahrung und Verheißung verdichten, vor allem mit Hilfe von Gleichnissen bei der metaphorischen Neubeschreibung der Welt wirksam. Das Reich Gottes kommt *als* Gleichnis zu den Menschen und läßt alles mit neuen Augen sehen. Im Johannesevangelium wird das Symbol »Leben« durch elementare Symbole, die das Grundlegende, zum Leben schlechthin Notwendige zur Sprache bringen, entfaltet. Durch die als Metaphern zu verstehenden Ich-bin-Worte werden diese Symbole in ihrer Bedeutung christologisch präzisiert. Durch diese überraschende, bizarre Prädikation erscheint die Welt in einem neuen Licht. Obwohl sich die grundlegenden Symbole (Reich Gottes, Leben) und die Strategien der Sprache im Johannesevangelium gegenüber den Synoptikern gewandelt haben, treffen wir auf eine vergleichbare Sprachbewegung, die Aufschlüsse über das Verhältnis von Symbolen und Metaphern und für eine Hermeneutik der Symbole geben kann.

Wir finden in dem neutestamentlichen Umgang mit Symbolen bestätigt, was zur »Theologie der Symbole« als Grundtendenz ermittelt wurde, nämlich den *Geschichtsbezug* und die *christologische Präzisierung des Symbolsinns.* Der christliche Glaube hat ein unverkennbares Interesse an der Geschichte und an der alltäglichen Wirklichkeit. In den Symbolen wird das Historische aufgenommen, gesteigert und überboten; aber der Bezug zur Geschichte bleibt für ihr Verständnis konstitutiv. Die Symbole haben eine den ganzen Menschen verwandelnde Kraft; um diese Kraft aber entfalten zu können, müssen sie immer wieder auf das *Resonanzfeld* der Wirklichkeit und der menschlichen Bedürfnisse bezogen werden, das durch sie gedeutet und verändert wird. So bündeln die Symbole in den Ich-bin-Worten die Bedürfnisse auf das unbedingt Lebensnotwendige, wie Brot, Wasser, Licht, Weg, und führen zu einer Unterscheidung zwischen wahren und falschen Bedürfnissen. Die wahren Bedürfnisse sind auf das Leben in seiner Fülle, Wahrheit und Intensität gerichtet. Die Ich-bin-Worte spielen dem Menschen seine verlorenen Möglichkeiten wieder zu und decken seine wahre Bedürftigkeit auf. Da die Bedürfnisse und Erfahrungen *entfremdet* sind, ist es erforderlich, daß sie *verfremdet* werden und das Alltagshandeln *unterbrochen* wird. Das geschieht in diesem Fall durch die überraschende Prädikation der Metapher (»Ich bin das Licht« usf.); das, was der Hörer erwartet, wenn er nach Licht, Brot, Lebenswasser fragt, wird durch das »Mehr noch« der erfüllten Verheißung überboten. *»Annäherung durch Unterbrechung« (Jüngel) und Überbietung ist also die Weise, in der das Evangelium anredet und die Wirklichkeit des Hörers verändert.*

In den für das Weltverhältnis des christlichen Glaubens paradigmatischen

Textkomplexen, wie den synoptischen Gleichnissen und den Ich-bin-Worten, sind *Metaphern und Symbole in eigentümlicher Weise verbunden.* Das Evangelium ist also nicht mit einer bestimmten Form religiöser Sprache gleichzusetzen; es kann vielmehr in allen Formen der Sprache mitgeteilt werden, wenn sich eine Verwandlung von der Instrumentalität in die Medialität vollzieht. Jede Sprachform hat ihren eigenen Charakter. Metaphern haben einen *entdeckend-präzisierenden* Charakter. Symbole können mit ihrem *erschließend-vermittelnden* Charakter dazu beitragen, »die Wirklichkeit zu bilden«.[197] Wird die Metapher nicht als eine bestimmte Weise der Prädikation und der Eröffnung eines neuen Sinnhorizonts, sondern »wörtlich« verstanden, wird sie sinnlos. Wird dagegen der zweite oder mehrfache Sinn, auf den das Symbol verweist, nicht wahrgenommen, so kann es auch »wörtlich« verstanden werden, ohne daß seine kommunikative Verbindung gefährdet würde.[198] Das *Beieinander* beider Sprachformen ist für die genannten Textkomplexe charakteristisch. Symbole haben eine offene Struktur, in die der Hörer seine Erwartungen, Wünsche, Sehnsüchte »eintragen« kann oder die seine Bedürfnisse so ansprechen, daß er sie zum Ausdruck bringen kann. Licht, Wasser, Weg sind zugleich »Ausdruckssymbole«, in die vielfältige Vor-Erfahrungen eingebracht werden können. Selbst die zentralen christlichen Symbole, wie das Kreuz, haben eine Bedeutungsfülle, die mitschwingt, auch wenn sie bei der Interpretation nicht ausgeschöpft wird – so beim Kreuz das Ausgespannt-Sein zwischen Horizontaler und Vertikaler, das Hängen am Weltenbaum usf.[199] Die Metapher ist demgegenüber eine Form präzisierender Sprache, wie besonders an der theologischen Grundmetapher »Jesus ist Christus« deutlich wird.

Dieses *Beieinander von Weite und heilsamer Begrenzung um des Menschen willen* kennzeichnet auch die *Aussagen Luthers in der Abendmahlslehre.* Gott ist überall gegenwärtig und aller gegebenen Wirklichkeit immer schon voraus; daher ist die Offenbarung nicht im Wort zu isolieren. Damit der Mensch Gott aber »gewißlich greifen und haben« kann (WA 23, 150), macht er seine Allgegenwart an einer konkreten Stelle sichtbar. Auch in Christus konnte er sich nur offenbaren, »weil er schon in allen Kreaturen persönlich und leibhaftig gegenwärtig war« (WA 23, 143).

197 *Ricoeur,* Erzählung, a.a.O., 238.
198 *Eco* (Semiotik, a.a.O. [s.o.Anm 187], 239f) verdeutlicht diesen Sachverhalt an einem Beispiel: »Befestigen wir ein Wagenrad an der Tür eines Hauses auf dem Lande, so kann das ein *Zeichen* für die Werkstatt eines Wagenmachers oder für ein Restaurant sein. Man kann es aber auch als ein *Symbol* wahrnehmen. Dann verweist es auf die Zeit in ihrem Fortschreiten, auf die perfekte Symmetrie Gottes oder auf die kreative Energie, die von einem einzigen Zentrum aus die kreisrunde Perfektion aller Wesen hervorbringt. Diese Fülle inhaltlicher Verweise können alle [sic!] mitschwingen, wenn das Rad als Symbol verstanden wird. Der symbolische Modus löscht weder das Rad als physische Präsenz aus. . ., noch löscht er das Vorkommen Rad als Vehikel einer ›wörtlichen‹, konventionellen Bedeutung aus.«
199 Vgl. *I. Riedel,* Formen, Stuttgart 1985, 37ff.

So ist die göttliche Gegenwart undinglich, ungegenständlich, aber dennoch leibhaft-konkret, elementenhaft-real, so daß sie den ganzen Menschen angeht.[200]

Religiöse Lernprozesse zielen nicht auf die Erfahrung des Letzten, sondern haben ihre eigene Würde und Bedeutung durch die Wegbereitung im Vorletzten (Bonhoeffer). Sie sind aber gleichnisfähig für jenes Ereignis der Annäherung durch Unterbrechung und Überbietung. Sie können strukturell analog gestaltet werden, so daß *Verstehen aus Teilhabe* möglich ist. Im Rahmen der Wirkungsgeschichte biblischer Texte lassen sich mit Hilfe der Symbole *neue Kontexte* bilden. Die Symbole schaffen nämlich Verbindungen zu entsprechenden Ausdrucksformen in Literatur, Kunst, Musik und fordern zu einem eigenen schöpferischen Umgang mit ihnen heraus. Symbole ziehen andere Symbole an, setzen sie fort, erneuern und kritisieren sich wechselseitig. Durch eine solche *Verkettung* verschiedener Geschichten und Gestaltungsformen wird ein Zusammenhang geschaffen, der ein bestimmtes *Erfahrungsmuster* zu erkennen gibt. Es ersetzt nicht eigene Erfahrungen, aber ermöglicht probeweise Identifikationen und kann so die eigene Erfahrung deuten, erweitern und vertiefen helfen. Nehmen wir didaktisch die Symbole der Bibel zum Ausgangspunkt von Lernprozessen und beziehen biblische und andere Texte mit ein, so ist Vergegenwärtigung und Anschauung nicht mehr das entscheidende religionspädagogische Problem, sondern umgekehrt die Frage, wie sich die Offenheit und Bedeutungsfülle der Symbole *begrenzen* läßt. Die Kontexte sollten daher so angelegt werden, daß eine *dialektische Spannung* entsteht zwischen der vertrauten alltäglichen Wirklichkeit und dem überraschend neuen Sinn, der im Zerbrechen der vertrauten Wirklichkeit durch die biblische Verheißung zugespielt wird. Die theologische Sachgemäßheit solcher Lernprozesse entscheidet sich nicht an dem Vorkommen bestimmter Sprachformen oder Textsorten, sondern daran, ob die Kontexte der Struktur nach der impliziten Didaktik der synoptischen Gleichnisse oder der johanneischen Bildreden entsprechen. Die Auswahl der Medien ergibt sich aus den *didaktischen* Entscheidungen angesichts der Lernsituation. *Didaktisch sachgemäß* sind Medien, wenn sie auf die Bedürfnisse der Betroffenen nicht in der Weise bezogen sind, daß immer neue Medien »verbraucht« werden, sondern wenn sie über sich hinausweisen und die Bedürfnisse nach vorn hin öffnen. *Theologisch sachgemäß* sind Medien, wenn sie sich auf diese offene Struktur so beziehen lassen, daß *wahre Bedürftigkeit* zum Ausdruck gebracht wird, die nach endgültiger Erfüllung verlangt; denn die elementare Bedürftigkeit ist die Grundsituation des Menschen vor Gott.[201]

200 Vgl. *Metzke*, a.a.O. (s.o. Anm. 195), 200.203. Gott *kommt* als der in seiner Schöpfung immer schon Gegenwärtige. Auch im Blick auf den Entwurf einer theologischen Ästhetik sind diese Aussagen Luthers weiterführender als diejenigen zur Bilderfrage.
201 Vgl. dazu genauer: *Biehl*, Alltagserfahrungen, a.a.O. (s.o. Anm. 41), 219ff. Zu den synoptischen Gleichnissen vgl. *ders.*, Natürliche Theologie als religionspädagogisches Problem (Rph 12), Aachen 1983, 12ff.

2 Konkretion: Symbole in religiösen Lernprozessen

2.1 Das Symbol »Haus«

2.1.1 Anthropologische und theologische Reflexionen zu »Haus« und »wohnen«

Der Mensch verwirklicht sein Leben in der Bindung an Raum und Zeit. Das Problem der *zeitlichen* Verfassung des Daseins hat die Philosophie in unserem Jahrhundert in außerordentlichem Maße beschäftigt. Das Problem seiner *räumlichen* Verfassung ist demgegenüber lange in den Hintergrund getreten.[1] Besonders die ökologische Krise hat aber die Frage, ob und wie wir auf der Erde *wohnen* können, dringlich werden lassen.

Antoine de Saint-Exupéry hat schon lange vorher in seinem Roman »Stadt in der Wüste« die Bedeutung des Wohnens hervorgehoben. Wie ein Leitmotiv klingt es immer wieder an: »Vor allem bin ich einer, der wohnt.«[2] Der fiktive Held seiner Betrachtungen hat »eine große Wahrheit« entdeckt, nämlich zu wissen, »daß die Menschen wohnen und daß sich der Sinn der Dinge für sie wandelt je nach dem Sinn ihres Hauses«.[3] Das Wohnen ist hier nicht eine beliebige Tätigkeit neben anderen, sondern die *Bestimmung des Menschen,* die über sein Weltverhältnis entscheidet. Nur im Wohnen kann der Mensch zur Erfüllung seines Lebens kommen. Zugleich hat das Wohnen an der jeweiligen Kultur und Gesellschaft teil, so daß man über die Art und Weise des Wohnens etwas über das Selbst- und Wirklichkeitsverständnis des Menschen erfahren kann.

Aus ganz anderen Denkzusammenhängen her formuliert Martin Heidegger in seinem Darmstädter Vortrag »Bauen, Wohnen, Denken« 1951 die Einsicht: »Mensch sein heißt: als Sterblicher auf der Erde sein, heißt: wohnen.«[4] Heidegger begründet sie aus der *Wortbedeutung von »wohnen« und »bauen«.*

Das althochdeutsche Wort für »bauen«, »buan«, bedeutet »wohnen«, »bleiben«, »sich aufhalten«. Das Wort »bauen« sagt zugleich, wie weit das Wesen des Woh-

---

1 Vgl. *O. F. Bollnow,* Mensch und Raum, Stuttgart 1963, 13ff. In der deutschsprachigen Literatur hat *Graf K. von Dürckheim,* Untersuchungen zum gelebten Raum, Neue psychologische Untersuchungen, Bd. 6, München 1932, 383ff die Fragestellung als erster aufgenommen. Vgl. zu diesem Abschnitt: *F. Ohly,* Art. Haus, III, in: RAC 13 (1986) 905–1063.
2 Die Stadt in der Wüste, (Citadelle, Paris 1948) Düsseldorf 1957, 25.436.439.
3 Ebd., 25.
4 *M. Heidegger,* Vorträge und Aufsätze, Pfullingen 1954, 147.

nens reicht: »buan«, »bhu«, »beo« ist nämlich unser Wort »bin« in den Wendungen »ich bin«, »du bist«, die Imperativform ist »bis«, »sei«. »Ich bin« besagt also »ich wohne«. Das alte Wort »bauen« bedeutet aber zugleich »hegen« und »pflegen«. Das Wohnen entfaltet sich also zum Bauen, das das Wachstum pflegt, und zum Bauen, das Bauten errichtet. Die ursprüngliche Wortbedeutung von »bauen« als »wohnen« verweist darauf, daß wir bauen, insofern wir als Menschen auf der Erde wohnen. Was heißt wohnen? Das gotische »wunian« bedeutet wie das alte Wort »bauen« das *Bleiben;* es sagt aber deutlicher, wie dieses erfahren wird: als »zufrieden sein«, »zum Frieden gebracht sein«, »im Frieden bleiben«. »Friede« meint das Freie, das Bewahrtsein vor Schaden und Bedrohung. »Wohnen« als »zum Frieden gebracht sein« bedeutet also: eingefriedet sein in das Freie, in dem einer den anderen und die Umwelt *schont.*[5] Das Wort »wohnen« hat sich erst nachträglich aus dieser Grundbedeutung zu der räumlichen Bestimmung als »verweilen«, »sich an einem bestimmten Ort befinden« entwickelt. Da der Friede, in dem man wohnt, mit der Umfriedung des Wohnbereichs zusammenhängt, bedarf es der schützenden Mauern und des Daches. Daher verdichtet sich das Problem des Wohnens zu dem des Hauses.[6]

Zur anthropologischen und religiösen Bedeutung des Hauses

Seine grundsätzliche Weltoffenheit legt den Menschen auf keinen bestimmten Ort dieser Welt und auf keine spezifische, umweltgebundene Lebensweise fest. Gleichwohl bedarf er einer Behausung, um sein Leben gegen Chaos und Vergänglichkeit verwirklichen zu können. Seine Weltoffenheit treibt ihn jedoch über »jede erreichte Stufe der Lebensverwirklichung« und damit über jede Form der Behausung hinaus; die Unruhe ist eine Wurzel des religiösen Lebens.[7]

Das Haus gewinnt früh religiöse Bedeutung. Es ist mit allen entscheidenden Stadien des Lebens eng verbunden, als Ort der Geburt, des Vollzugs der Ehe und Stätte des Todes. Seine religiöse Bedeutung wird durch übertragene Redewendungen besonders deutlich. Der Ausdruck »das Haus bestellen« verweist auf die Sichtung und Ordnung des Lebens im ganzen.[8] In der Unverletzlichkeit der Wohnung und des Gastrechts, die durch unverhältnismäßig hohe Bestrafung des Hausfriedensbruchs geschützt werden, klingt ein eigentümlich sakraler Charakter des Hauses nach. Die Gründe für diese religiös legitimierte rechtliche Stellung des Hauses werden in Mircea Eliades Untersuchung »Das Heilige und das Profane« erkennbar. »Für den religiösen Menschen ist der Raum *nicht homogen*«[9]; Räume sind ›kraftgeladene‹, bedeutungsvolle Lebens- und Herrschaftsräume konkre-

---

5 Vgl. ebd., 146-149. Vgl. *M. Heidegger*, Die Kunst und der Raum, St. Gallen ²1983.
6 Vgl. dazu genauer: *Bollnow*, a.a.O., 127ff.
7 *W. Pannenberg*, Was ist der Mensch?, Göttingen ³1968, 10 unter Bezug auf *A. Gehlen.*
8 Vgl. *G. Lanczkowski*, Art. Haus, I, in: TRE 14, 475.
9 *M. Eliade*, Das Heilige und das Profane, Hamburg 1957, 13. Für den profanen Menschen ist der Raum (z.B. als geometrischer Raum) homogen und neutral. Aber auch innerhalb des profanen Raumerlebens gibt es Orte besonderer Qualität (z.B. Orte der ersten Liebe).

ter Subjekte (Tiere, Menschen, Götter, Geister), die von ihnen bewohnt und darum auch zu respektieren sind. Diese Inhomogenität des Raums gründet in einer religiösen Erfahrung, die einer ›Weltbegründung‹ gleich-zusetzen ist. Durch die Erscheinung des Heiligen wird nämlich innerhalb des grenzenlosen Raums ein »heiliger Raum« ausgebildet, der der formlo-sen Weite gegenübersteht. Er schafft den ›festen Punkt‹, die ›Mittelachse‹, von der alle Orientierung ausgeht. Die Offenbarung des heiligen Raums ermöglicht es, die Welt zu gründen und in ihr zu leben; sie kommt einer Weltschöpfung gleich. Heilige Räume sind nach oben ›offen‹ für die An-kunft des Heiligen.[10] Schwelle und Tür sind Symbole des Übergangs von der irdischen in die himmlische Welt.

Für den mythisch bestimmten Menschen vollzieht sich in jeder Landnahme und Landkultivierung die urzeitliche Tat der Weltschöpfung; das Land wird in einer ri-tuellen Besitzergreifung »umfriedet«.[11] Weltschöpfung wiederholt sich ebenso in jedem Bau eines Hauses, eines Tempels oder einer Stadt. Jeder Hausbau ist Grün-dung eines Kosmos im Chaos. Das Haus ist Symbol der Welt; es verbindet mit Kel-ler, Erdgeschoß und Dach die kosmischen Ebenen: Unterwelt, Erde und Himmel. Mit der religiösen Erfahrung des heiligen Raums ist schließlich die Symbolik vom Mittelpunkt der Welt verbunden. Im Grunde stellt jedes Haus, jeder Tempel und jede Stadt das Weltzentrum dar; sie sind Abbild der himmlischen Wohnungen bzw. der himmlischen Stadt wie beispielsweise Jerusalem. Der religiöse Mensch wollte möglichst nah am Zentrum der Welt leben; ja sein eigenes Haus sollte im Zentrum liegen und imago mundi sein. Er konnte nur in einem Raum leben, der nach oben ›offen‹ und in dem diese Durchbrechung durch Symbole gesichert war.[12]

Der Hausbau ist also eine weltschaffende und welterhaltende Tätigkeit; er verbindet sich daher mit bestimmten Riten, die sich bis heute erhalten ha-ben: Grundsteinlegung, Richtfest, Brot und Salz beim Einzug usf. Jeder Bau und jede Einweihung einer neuen Wohnung kommen einem Neube-ginn, einem neuen Leben gleich; und jeder Beginn wiederholt den Urbe-ginn. Alle Symbole und Rituale, die sich an Tempel, Stadt und Haus knüp-fen, gehen letztlich auf das Urerlebnis des heiligen Raums zurück. Die christliche Basilika und Kathedrale greifen diese Symbolismen auf und füh-ren sie weiter. Die Kirche soll einerseits Abbild des himmlischen Jerusalem sein, andererseits das Paradies reproduzieren.[13] Nach Bollnow bleibt das Haus auch weiterhin »Mitte« der Welt. Was für den Aufbau der mythi-schen Welt in »objektiver« Weise galt, wird jetzt in die Struktur des »sub-jektiv« erlebten Raums verlegt.[14] Bollnow kann sich dafür auf Gaston Ba-

---

10   Vgl. ebd., 16 (als biblisches Beispiel vgl. Jakobs Traum von der Himmelsleiter Gen 28,12-19).
11   Vgl. ebd., 19.
12   Vgl. ebd., 26.
13   Vgl. ebd., 34f.37. Die vier Teile des Kircheninneren symbolisieren die vier Weltrichtungen. Das Innere ist das Weltall, der Altar ist das Paradies, das nach Osten verlegt wurde, der Westen ist das Gebiet der Finsternis, die Mitte ist die Er-de.
14   Vgl. *Bollnow*, a.a.O., 148.

chelard berufen. Das Haus ist heute noch Bild der Welt. Der bewohnte
Raum ist keine leblose Schachtel, sondern transzendiert den geometrischen Raum.[15] Bachelard versteht das Haus als unser »erstes All«. »Es ist
wirklich ein Kosmos . . . in der vollen Bedeutung des Wortes.«[16] Es ist für
das Kind die erste Welt des menschlichen Daseins. Der Mensch wird »in die
Wiege des Hauses« gelegt, bevor er »in die Welt geworfen« wird.[17] Es gibt
eine Stufenfolge von Wohnungen: Ei, Nest, Haus, Heimat, All.[18] Für das
kleine Kind ist das Haus noch die ganze Welt; weil es im Haus verwurzelt
ist, kann es in die nächsten »Stufen« hineinwachsen. Das Haus symbolisiert
jedoch nicht nur »eine feste Burg des Mutes«[19], die Verwurzelung an einen
bestimmten Ort, den man nach Saint-Exupéry braucht, um sich gegenüber
dem Ansturm der Wüste zu behaupten.[20] Das Haus ist zugleich verletzlich
und bedroht[21]; es kann in lebensbedrohlicher Weise einengen und zur Erstarrung führen, und zwar gerade dann, wenn die Geborgenheit des Hauses für etwas Letztes gehalten wird. Der Mensch muß sich die Freiheit bewahren, das Haus auch wieder verlassen und zu Neuem aufbrechen zu
können. Anthropologisch gesehen gehören das Wohnen und das Wandern,
das In-sich-Ruhen und das Transzendieren dialektisch zusammen.[22] In der
Lebensgeschichte werden aber jeweils einzelne Elemente dieser Dialektik
unterschiedlich akzentuiert: Das Kind hat ein naives Vertrauen zum Haus;
es ist noch unmittelbar mit seinem Raum verbunden, so wie der Mensch
mit seinem Körper verbunden ist. Der Jugendliche empfindet das Haus zunehmend als beengend; er muß sich aus dem vertrauten Raum loslösen und
auch Heimatlosigkeit und Unbehaustheit bestehen können. Der junge Erwachsene hat die Aufgabe, durch die Errichtung des Hauses Geborgenheit
wiederherzustellen; die Erfahrung der Bedrohlichkeit aber verschwindet
dadurch nicht, sondern bleibt im Hintergrund. Die weiterführende Aufgabe besteht darin, die Erstarrung in einem festen Gehäuse zu überwinden;
der Erwachsene muß einen letzten Grund finden, um wieder aufbrechen
und weiterreichende Erfahrungen machen zu können.[23]

»Haus« und »wohnen« in der biblischen Überlieferung
Kulturgeschichtlich ist das Haus nicht die erste Behausung, die sich der
Mensch geschaffen hat. Voraus liegen die Höhle und das Zelt und – wo das

15   Vgl. *G. Bachelard*, Poetik des Raumes, München 1960, 78; »jeder wirklich bewohnte Raum trägt in sich schon das Wesen des Hausbegriffes« (37).
16   Ebd., 36. Das Haus erfüllt seine höchste Möglichkeit darin, daß es uns erlaubt, »in Frieden zu träumen« (38).
17   Ebd., 39.
18   Vgl. ebd., 119.
19   Ebd., 77.
20   Vgl. *Saint-Exupéry*, a.a.O. (s.o. Anm. 2), 22f.
21   Vgl. ebd., 53: ». . .denn jedes Heim ist bedroht«.
22   Vgl. *Bollnow*, a.a.O., 300, unter Bezug auf *H. Hesse*, Das Glasperlenspiel,
Berlin und Frankfurt/M. 1957, 414 (»Stufen«).
23   Vgl. *Bollnow*, a.a.O., 306f.

entsprechende Material zur Verfügung steht – die aus Zweigen gefertigte »Laubhütte«.[24] Noch mitten im Kulturland, in dem es Häuser gibt, erscheint Abraham als Nomade im Zelt (Gen 12,8), also in einer »provisorischen Heimstatt« (Talmud). Im Zelt, das aus kunstvoll verzierten Teppichen geformt ist, wandert Jahwe mit seinem Volk vom Sinai in das verheißene Land (Ex 26,1ff). Nach der Landnahme setzt sich auch für die Israeliten das Haus als Wohnung durch. »Haus« bzw. »Vaterland« bedeutet die Sippe und ist die kleinste, grundlegende Einheit der Gesellschaft.[25] Die Familie kann als Haus X bezeichnet werden. Der Übergang vom Zelt zum Haus bedeutet eine Veränderung des gesamten Lebens, und zwar durch die *»Einwurzelung«* in einen bestimmten Boden und in bestimmte Rituale, die am Haus hängen, und durch die *»Eingrenzung«*, durch die ein Stück Boden »eingefriedet«, aber zugleich von dem Besitz anderer Sippen abgegrenzt wird.[26] Einwurzelung und Eingrenzung gehören als religiöse Phänomene zusammen (Landnahme als Wiederholung der Schöpfung). Mit dem Haus erwacht auch der Wille zum Festhalten des Besitzes. Jahwe hat jedoch als »Herr« des Bodens diesen nicht beliebig zur Besiedlung freigegeben, sondern dem Ahnherrn der Sippe zum *Lehen* überlassen; er hat dementsprechend hier Haus und Altar errichtet.

Obwohl das Haus Ort und Träger der Gottesverehrung sein kann, erhält Jahwe jetzt selbst auch ein Haus. Der Jerusalemer Tempel bedeutet einen entscheidenden Einschnitt in der israelischen Religion: *Aus der »Religion des Weges« der Zeit vor der Landnahme wird eine »Religion des Ortes«.* Einwurzelung und Eingrenzung gelten auch für Jahwe. Indem er auf palästinischem Boden ein Haus für den Kult erhält, wird er zum Landesgott. Da er selbst den Tempel schützt, stellt dieser einen Ort der Geborgenheit dar, auch für den Fremden, der Asyl sucht. Der Tempel ist zugleich Sitz einer bestimmten Tradition und Ordnung. Vermutlich wird hier ein Fest der Gründung des Heiligtums und der Bestätigung des Bundes mit David gefeiert[27]; es gelten bestimmte Regeln für die Pilger, die den Tempel besuchen, und es gehen von ihm Weisungen aus.

In der *Verkündigung und im Verhalten Jesu von Nazareth* wird die Institution des Hauses einerseits als selbstverständlich vorausgesetzt und in Anspruch genommen, andererseits grundsätzlich in Frage gestellt und relativiert.[28]

Vielleicht hatte Joseph in Nazareth ein Haus mit Werkstatt wie Petrus (Mt 8,14). Jesus läßt sich nicht als Hausbesitzer vorstellen, aber er nimmt die Gastfreund-

---

24   Vgl. *K.-H. Bieritz / Chr. Kähler*, Art. Haus, III, in: TRE 14, 478.
25   Vgl. ebd., 479.
26   Vgl. *J. Hempel*, Der Symbolismus von Reich, Haus und Stadt in der biblischen Sprache, WZ (G) 5 (1955/56) 123-130, hier: 130. Ich folge der Darstellung Hempels.
27   Vgl. dazu *G. von Rad*, Theologie des Alten Testaments, I, München 1957, 51f.55f.69f.93f.
28   Vgl. *Bieritz/Kähler*, a.a.O., 483.

schaft verschiedener Häuser in Anspruch und genießt die Unterstützung ortsansässiger Sympathisanten. Zur Nachfolge gehört aber die Aufgabe von Haus und Beruf; für sie ist Heimat- und Familienlosigkeit charakteristisch. Der Familienbegriff wird umgeprägt: »Wahre Verwandte« sind die Hörer des Wortes. Ersatz für die verlassenen Familien sind die Häuser der Sympathisanten. Dem entspricht die eigene unstete Lebensform Jesu, der ärmer ist als die Vögel unter dem Himmel und die Füchse mit ihren Bauen (Mt 8,20). Der Bruch mit den eigenen Angehörigen scheint zutreffend in Mt 10,34f zusammengefaßt zu sein, wo er die Aufhebung des Hausfriedens zum Ziel seines Wirkens erklärt. Der eigenen Besitzlosigkeit entspricht der nichtdiskriminierende Umgang Jesu mit den Schutz-, Recht- und Besitzlosen sowie der herrschaftsfreie Umgang der Jünger untereinander. Diese Relativierung und Veränderung der hierarchischen Struktur des Hauses leitet sich aus der Verkündigung der Gottesherrschaft her, die aus alten Bindungen befreit und wahres Zuhausesein verheißt.[29]

Für die *christlichen Gemeinden* ist nicht mehr der Tempel, sondern die *Gemeinde* Wohnstatt des Geistes (Röm 8,9ff), des lebendigen Gottes (1Kor 3,16), Haus Christi (Hebr 3,6). Die Gegenwart Gottes im Geist ist nicht mehr an einen sakralen Raum gebunden. In seiner Gemeinde, da, wo zwei oder drei in seinem Namen versammelt sind (Mt 18,20), hat er seine Behausung. Damit ist zugleich das geläufige Verständnis von heilig und profan gesprengt, ebenso das Kultische im üblichen Sinn. Für das Kommen und Wirken des Geistes gibt es keine Schranke mehr; er hat sich aber selbst an Wort und Sakrament als Mittel seines Wirkens gebunden. *Das Haus ist im Neuen Testament ein echtes Symbol, das das Gottesverhältnis der christlichen Gemeinde repräsentiert.* Der Grund dafür liegt darin, daß Jesus »Inkarnation«, Wohnstatt Gottes auf dieser Erde war. »Das Wort ward Fleisch und wohnte (zeltete) unter uns . . .« (Joh 1,14). Vermag das Haus die irdische Gemeinde zu symbolisieren, so ist es doch zu klein, um die eschatologische Hoffnung zum Ausdruck zu bringen.[30] So wird im Neuen Testament vor allem die *Stadt* zum Symbol, auf die sich die Hoffnung auf Erfüllung richtet (vgl. Hebr 11.10; 13,14). Die schönste Stadt, die Menschen bauen können, bleibt immer nur »vorletzte« Stadt; darum wartet die Gemeinde auf die »letzte« Stadt, die Gott selbst baut, das »neue« Jerusalem (vgl. Offb 21).

Das Haus als Symbol in der gegenwärtigen Theologie
Wegen der unvergleichlichen Bedeutung für unser Thema kann auf *ein* Buch verwiesen werden, auf Jürgen Moltmanns ökologische Schöpfungslehre »Gott in der Schöpfung« (1986). Moltmann geht davon aus, daß der

29 Vgl. G. *Theißen*, Soziologie der Jesusbewegung (TEH 194), München 1977, 16ff.
30 Vgl. aber Joh 14,2, wo von den »himmlischen Wohnungen« die Rede ist, und Offb 21,3: »Siehe, die Hütte (das Zelt) Gottes bei den Menschen«. Vgl. *W. Michaelis*, Zelt und Hütte im biblischen Denken, EvTh 14 (1954) 29-49; vgl. *Hempel*, a.a.O., 129f. Vgl. *C. Bäumler / P. Krusche*, Gottes Stadt und unsere Städte, München 1978.

trinitarische Gott nicht nur in seiner Gemeinde wohnt, sondern daß die *ganze* Welt sein Haus ist. An Stelle einer einseitigen Welttranszendenz Gottes lehrt Moltmann zugleich Weltimmanenz. »Gott schafft die Welt und geht zugleich in sie ein«, wohnt in ihr.[31] Die Einwohnung Gottes in der Welt ist ein zentraler Gedanke in Moltmanns Schöpfungslehre. Der Schöpfer ist »*in* jedem seiner Geschöpfe und in ihrer Schöpfungsgemeinschaft durch seinen *kosmischen Geist* präsent«.[32] Schöpfungstheologie ist die Lehre von der Erschaffung des Hauses *(oikos)*, dem Gott mittels seines Geistes »einwohnt«. Gott nimmt Wohnung in seiner Schöpfung und macht sie zu seiner Heimat. Der Einwohnung des göttlichen Geistes entspricht auf der Seite des Menschen die *Wohnlichkeit im Dasein*. Sie wird verstanden als Symbiose von Mensch und Natur; sie gipfelt in der Feier des Sabbat als dem Fest der Schöpfung.

Diese Leitidee Moltmanns läßt sich im Blick auf unsere Thematik in zweifacher Hinsicht konkretisieren.

Moltmann entwickelt (1) einen *ökologischen Begriff des Raums,* und zwar in Anknüpfung an die oben dargestellte Raumerfahrung des religiösen Menschen. Im Gegensatz zu dem leeren Raum des unendlichen Universums ist der Raum ursprünglich der begrenzte Lebensraum bestimmter Subjekte. Der eingefriedete Raum gehört zum menschlichen Leben wie die körperlichen Erstreckungen des Leibes. Die Umgrenzung des Raums schützt aber nicht nur, sondern ist zugleich Kommunikationsmöglichkeit mit benachbarten Lebewesen. Die Grenze des Lebensraums eines lebendigen Subjekts ist *offene* Grenze, an der die Gestalten des Lebens Konturen gewinnen. »Das Eigentum des jeweiligen Lebensraumes und die Gemeinschaft des Lebens im universalen Kommunikationszusammenhang« bedingen sich wechselseitig.[33] Das gilt für alle Räume bis hin zum Wohnraum: Er ist schützender und zugleich offener Raum. Jedes Ding hat nicht nur seine Zeit, sondern auch seinen Raum. Jedes Lebewesen erhält und prägt zugleich seine Umwelt, die zu ihm paßt. Weder Zeit noch Raum sind homogen, sondern jeweils inhaltlich qualifiziert. »Es gibt weder leere Zeit ohne Ereignisse noch leeren Raum ohne Gegenstände«.[34] Raum und Zeit werden vielmehr von dem her bestimmt, was in ihnen geschieht. Dadurch werden sie zu *erfüllter* Zeit und zu *bewohnbarem* Raum. Moltmann gelingt es, in Entsprechung zum kairologischen Begriff der Zeit (Zeit für etwas) einen ökologischen Begriff des Raums zu entwickeln. Im Gegenüber zu einem geometrischen Raumbegriff ist hier die Welt immer nur als jeweilige Umwelt, als Lebensraum verstanden. Die Reduktion natürlicher Umwelten auf geometrische Strukturen bedeutet zugleich Reduktion auf Nutzwerte. Ist der Raum dagegen als Umwelt von Lebewesen qualifiziert, dann ist er zu schonen und zu befrieden, aber zugleich für Kommunikation offen zu halten.[35]

Moltmann versteht (2) *die Natur* als *Umwelt und Heimat des Menschen*. Das Verhältnis des Menschen zu seiner natürlichen Umwelt ist vornehmlich durch zwei elementare Interessen bestimmt, durch das *Interesse an Arbeit* und durch das *Interesse des Wohnens*. Die Natur wird bearbeitet, um Lebensmittel zu bekommen und

31   *J. Moltmann*, Gott in der Schöpfung. Ökologische Schöpfungslehre, München 1985, 29.
32   Ebd., 28.
33   Ebd., 155.
34   Ebd.
35   Vgl. ebd., 158.160f.

um sich eine eigene Welt aufzubauen. Unter diesem Gesichtspunkt ist der Mensch immer der Aktive, die Natur die Passive, die »Sklavin« des Menschen.[36] Der Mensch muß in der Natur aber auch wohnen können. Moltmann faßt dieses Interesse des Wohnens unter dem Begriff »Heimat« zusammen; er versteht darunter jedoch nicht in erster Linie den regressiven Ursprungstraum, der Vaterland, Muttersprache und kindliche Geborgenheit umfaßt, sondern »ein Netz entspannter sozialer Beziehungen«.[37] »Heimat« gibt es nur in Freiheit, dort, wo man mich kennt und wo ich Anerkennung erfahre. Zu einem solchen Netz befriedeter sozialer Beziehungen gehört auch die natürliche Umwelt. Die Natur an sich ist allerdings noch nicht Heimat; sie wird es erst als *zur Umwelt gestaltete* Natur, in der der Mensch bleiben und wohnen kann. Die Natur ist *heimatfähig*, wenn der Mensch sie nutzt und gleichzeitig schont. Daher ist es erforderlich, daß die Interessen auf Arbeit und Wohnung ausgeglichen werden. Der Mensch hat ein Recht auf Arbeit *und* auf Wohnung. Die Wahrnehmung des Rechts auf Wohnung impliziert aber eine Umkehr des Menschen im Verhältnis zur Natur.[38] Die Frage, ob die Natur auch für kommende Generationen bewohnbare Heimat bleibt, ist zu einer entscheidenden Frage des Überlebens der Gattung geworden. Wir müssen erst wieder lernen, auf dieser Erde zu wohnen, bevor wir sie angemessen bebauen und bearbeiten können.

Bei Moltmann ist das Haus also Symbol der von Gott bewohnten und für uns bewohnbaren Welt.

Didaktische Überlegungen
Angesichts der vielfältigen Aspekte, die mit dem Symbol »Haus« verbunden sind, ist eine didaktische Entscheidung erforderlich, wo der Schwerpunkt der unterrichtlichen Arbeit liegen soll: (a) auf dem anthropologischen und religiösen Aspekt (»Haus« als Symbol für menschliches Leben), (b) auf dem biblischen Aspekt (die christliche Gemeinde als »Haus Gottes«) oder (c) in der ökologischen Problematik (»Haus« als Symbol für die bewohnbare Welt). Zu beachten sind in jedem Fall die Vorerfahrungen der Jugendlichen. Ältere Schüler, die aus der Naivität eines selbstverständlichen Geborgenseins im Haus herausgefallen sind, haben *ambivalente* Erfahrungen mit dem Nachhausekommen gemacht. Vielleicht wird das Problem des Verfügungsrechts über den Haustürschlüssel, der freie Zugang zum Haus, vor allem am späten Abend, so stark empfunden, daß die positive Bedeutung des Hauses erst wieder bewußtgemacht werden muß.[39] Auf die Erfahrungen beim Bau von Höhlen und anderen Schlupflöchern in der Kindheit wird man zurückgreifen können. Beim Jugendlichen spielt die Forderung nach einem eigenen Zimmer, das er frei gestalten kann, eine große Rolle. Das, was die Bausparkassen versprechen, »das Glück braucht ein Zuhause«, möchte er wenigstens in seinem Zimmer verwirklichen, zum Beispiel, indem er die Musik hört, die er gerne hören möchte. Dabei wird

36 Vgl. ebd., 59.
37 Ebd., 60.
38 Vgl. ebd., 61.
39 Zum Symbol »Tür« vgl. *H. Halbfas*, Religion in der Grundschule. Lehrerhandbuch 1, Zürich/Düsseldorf 1983, 311ff.

zugleich die Frage nach der eigenen *Identität* virulent: *Wer bin ich und wo kann ich wohnen?* *sind zusammengehörige Fragen.* Diese Fragen lassen sich nicht von der gesellschaftlichen Situation ablösen. Zum Teil kommen die Jugendlichen aus beengten und entfremdenden Wohnverhältnissen und damit aus persönlicher Einengung. Zum Teil kommen sie aus Familien, die ihre ganze Kraft auf den Bau eines Hauses gerichtet haben oder richten; sie nehmen Opfer in Kauf, sparen, schränken sich ein, verschulden sich. Wenn sie es geschafft haben und endlich einziehen, handelt es sich um ein reales Objekt. Und doch steckt – nach all dem Wirtschaften und Sparen – in dem Haus mehr: Es ist affektiv und religiös besetzt. Sie erwarten von dem Haus Wärme und Zufriedenheit, das Gefühl von Unabhängigkeit und Selbstbestimmung.[40] Die Anzeigen der Bausparkassen werben für dieses Symbol mit ›Verheißungen‹, die wiederum religiösen Charakter haben. Sie verheißen beispielsweise den »Himmel auf Erden!«; sie finden, daß erst Eigentum »richtig frei« macht; sie geben »unserer Zukunft ein Zuhause«. Das Bedürfnis nach wirklichem, authentischem Zuhausesein wird kommerziell ausgenutzt. Die religions- und ideologiekritische Frage richtet sich darauf, wo der *Grund* der Erfahrungen von Freiheit, Glück und befriedeten sozialen Beziehungen liegt. Anhand eigener, biblischer und literarischer Texte läßt sich erarbeiten, was zu einem wirklichen Zuhause gehört und durch welche Widerstände es behindert wird. Wir bleiben jedoch nicht bei der Analyse von Entfremdungserfahrungen stehen. An kleinen, projektartigen Ideen oder eigenen Handlungsmodellen soll erprobt werden, unter welchen Voraussetzungen *ein Mehr* an wirklichem Wohnen realisiert werden kann. Diese Versuche beziehen sich vor allem auf den sozialen Nahbereich, auf das eigene Klassenzimmer, den Clubraum der Jugendgruppe, auf die Möglichkeiten alternativen Wohnens.[41] Insgesamt wird es im Unterricht darauf ankommen, daß Jugendliche die *Spannung* zwischen dem schützenden Innenraum und dem bedrohlichen Außenraum aushalten, daß sie sich nicht abkapseln, sondern im Hause wohnen und sich zugleich der größeren Herausforderung weiterreichender Kommunikation stellen.

2.1.2 Rahmenziele (Sekundarstufe I/II)

Die Schüler können
- (1) sich in ein Haus (einen Garten) hineinversetzen, ihre Vorstellungen und Wünsche verbalisieren, Gründe dafür benennen (Spiel: »Wenn ich ein Haus/Garten wäre, wäre ich gern . . ., weil . . .«);

40　Vgl. *Y. Spiegel,* Glaube wie er leibt und lebt, Bd. 1, München 1984, 28. Vgl. *V. Kast,* Vorwort, in: *R. Ammann,* Traumbild Haus, Olten 1987, 8: Das Haus ist »das Gefäß für das Leben überhaupt und hat dadurch eine Bedeutung, die weit über das profane Wohnen hinausgeht. . . Häuser spiegeln unser Wesen.«
41　Vgl. die Beispiele in: *M. Andritzky / G. Selle* (Hg.), Lernbereich Wohnen 1, Reinbek 1979 (dort finden sich auch sozialgeschichtliche Aspekte des Wohnens).

- (2) die *positive* Bedeutung des Hauses erkennen, indem sie eine Geschichte schreiben, die mit dem Satz endet: ».. . da sah ich plötzlich in der Ferne ein Haus mit einem erleuchteten Fenster und lief darauf zu«;
- (3) anhand eigener Bilder ihre *ambivalenten* Erfahrungen mit dem Haus und dem Nachhausekommen verbalisieren;
- (4) erkennen, daß »Haus« ein Symbol für menschliches Leben ist, daß das Zuhausesein und Wohnen zu den Grunderfahrungen des Menschen gehört und etwas über seine Identität aussagt;
- (5) in der Gestaltung eines Raumes/Hauses zum Ausdruck bringen, wie sie gerne wohnen möchten;
- (6) anhand von (alten) Hausinschriften erkennen, daß Menschen mit dem Hausbau ihre religiöse Lebensperspektive zum Ausdruck bringen;
- (7) die ›Verheißung‹ eines Werbeplakats (»Der Himmel auf Erden!«) kritisch in Frage stellen und mit der Aussage konfrontieren: »Jesus hat das Reich Gottes vom Himmel auf die Erde geholt« (M. Machoveč);
- (8) diese Behauptung anhand von Gleichnissen und Logien Jesu überprüfen.

Alternative
Die Schüler können
- (9) im kreativen Umgang mit Lk 15,11–24 (Gleichnis vom verlorenen Sohn) Erfahrungen und neue Möglichkeiten des Nachhausekommens durchspielen;
- (10) anhand eigener, literarischer und biblischer Texte herausarbeiten, was zu einem wirklichen, authentischen Zuhausesein gehört;
- (11) erkennen, daß Zuhause- *und* Unterwegssein, Regression *und* Progression zu menschlichem Leben gehören;
- (12) anhand von Bildern oder eines Kurzfilms Entfremdungserfahrungen verbalisieren, die in unserer Gesellschaft Zuhausesein verhindern oder einschränken;
- (13) anhand eines Projekts (oder einer Projektidee) gemeinsam entwickeln, wie solche Entfremdungserfahrungen in Richtung auf ein Mehr an Zuhausesein aufgebrochen und verändert werden können;
- (14) biblische Hoffnungsbilder (z.B. Joh 14,1–3; Offb 21,9ff) interpretieren und ihre Bedeutung für Leidenssituationen erkennen.

Alternative Rahmenziele zum Symbol »Haus«
Die Schüler können
- sich in die Situation eines Embryos in der Gebärmutter versetzen und die bergende, schützende, aber zugleich einengende Bedeutung der Höhle verbalisieren;
- zu Photos eigene Erfahrungen mit dem Bau von Höhlen in der Kindheit erzählen;
- sich in die Geschichte eines alten Hauses versetzen und sie erzählen;

- markante Häuser in ihrer Stadt / ihrem Dorf photographieren und ihre Symbole/Inschriften interpretieren;
- geeignete Photos/Bilder zu Mt 7,24–27 suchen (z.B. Haus zwischen Felsen in der Bretagne) und Wort und Bild im Dialog interpretieren (vgl. M 11);
- »Haus« und »Raum« als Symbole für die *bewohnbare* Erde verstehen und kreativ in Anspruch nehmen (z.B. Lied: »Komm, bau ein Haus . . .«);
- anhand von biblischen Texten (z.B. Gen 2,15; Jes 45,18; Jer 23,5f) erkennen: Gott hat den Menschen beauftragt, die Umwelt so zu gestalten, daß sie zur Heimat wird und daß auch künftige Generationen ein Recht auf Wohnung haben, sicher wohnen können;
- Symbole der Welt (z.B. Mutter Erde, die große Weltmutter, Spiel, Tanz, Fest, das große Welttheater) verstehen und in einem kritischen Symbolvergleich mit messianischen Symbolen konfrontieren.[42]

2.1.3 Theologischer und didaktischer Kommentar

In der ersten Unterrichtsreihe liegt der Schwerpunkt auf den anthropologischen und biblischen Aspekten des Symbols. Die zweite Reihe verfolgt in Anlehnung an Bachelard die Stufenfolge der Wohnungen von der Höhle zum All und ermöglicht durch Symbole wie »Mutter Erde« einen Rückbezug auf den Anfang; hier steht die *ökologische* Problematik im Zentrum. Innerhalb der ersten Reihe ist eine Alternative angedeutet; bei den Unterrichtsversuchen ergaben sich weitere Varianten. In einer 8. Realschulklasse wurde beispielsweise mit Hilfe des Films von Jörg Zink die Geschichte vom *Turmbau zu Babel* (Gen 11,1–9) erarbeitet und die Bilder von P. Brueghel und M. Schwarz miteinander verglichen (vgl. M 14); die freie Gestaltungsaufgabe bezog sich hier nicht auf das eigene Zimmer oder Haus, sondern auf die gemeinsame Besiedlung eines menschenleeren Planeten mit heiler Natur.

»Haus« und »Höhle« als Symbole des menschlichen Lebens
In allen Fällen wurde die *Wechselwirkung zwischen Mensch und Haus* in der ersten Phase des Unterrichts erschlossen. Dabei sollen einmal die frühen Erfahrungen der Kindheit erinnert, zum anderen künftige Möglichkeiten durchgespielt werden. Kinder malen immer wieder Häuser und Gärten, entwerfen Räume für neue Lebenssituationen. Sie spüren unbewußt, daß Leben Räume braucht, um sich verwirklichen zu können. Solche Räume suchen sie, wenn sie Tücher über einen Tisch hängen, um sich einen eigenen, abgegrenzten Unterschlupf zu schaffen, wenn sie Höhlen, Hütten oder Zelte bauen. *Höhlen* haben einen besonderen Reiz.

In der Religionsgeschichte symbolisieren Höhlen Geburtsort wie Totenraum. Sie sind der Ort, wo auf geheimnisvolle Weise Leben entsteht, zugleich der Übergang

---

42 Vgl. *Moltmann,* a.a.O., 299-320.

in eine andere Welt. Im Alten Testament ist die Höhle oder Felsspalte Ort der Erscheinung Jahwes (Ex 33,22; 1 Kön 19,8–13). Nach ostkirchlicher Tradition ist Jesus in einer Höhle geboren; in einer vom Stein verschlossenen Höhle wird er bestattet (Mk 16,3). Kurt Marti[43] hat in einem kleinen Gedicht nicht die Erfahrungen an der Grenze und des Übergangs, sondern die Erfahrungen in der Mitte des Lebens, in der man Wärme und Zuflucht bei Freunden sucht, aufgenommen.

höhle

dunkel leuchtende höhle
wo wir
wärme suchen und zuflucht
bei feuer und freunden

schöne höhle du gott
in der wir
immer schon gingen
und wußten es nicht

Das Leben braucht nicht nur Räume – und seien sie so elementar wie die Höhle –, *Räume lassen auch Leben entstehen.*[44] Kinder lassen im Sandkasten oder am Strand spielend Berge und Täler, Seen und Wälder, Häuser und Burgen entstehen und füllen sie mit Lebewesen. Diese Erfahrung, daß das Leben dauernd in Bewegung ist und neue Formen findet, um den Raum zu gestalten, stellt der *Trickfilm » Sandburg«* symbolisch dar.[45] Während in vielen Geschichten und Liedern Haus oder Burg in der schützenden, Zuflucht gewährenden Funktion erscheinen, die Wüste und der Sand als das Fließende, Vergängliche, Nicht-Tragfähige (vgl. A. de Saint-Exupéry), spielt der Film schon im Titel mit der Widersprüchlichkeit von »Sand-Burg«. Er verbindet das Bauen mit dem religiösen Symbol des Festes und des Tanzes. Er regt in seiner offenen Struktur zu vielen Deutungsmöglichkeiten an; er eröffnet einen intermediären Bereich des Spiels, in dem die Jugendlichen selbst Symbole bilden können, die ihre Erfahrungen zum Ausdruck bringen.

Konstitutiv für den Symbolansatz ist, daß nicht nur *über* Symbole geredet wird, sondern daß Jugendlichen, die sich selbst in einer Übergangszeit befinden, ein *freier Spielraum* angeboten wird, in dem sie die Möglichkeiten ihres Lebens durchspielen und ihre Freiheit erproben können.

So ermöglicht ihnen das *Spiel, in dem sie sich in ein Haus und in einen Garten hineinversetzen,* das Wechselverhältnis von Mensch und Haus selbst zu erfahren. In einem solchen Umgang verstehen sie besser, daß das Haus einen Lebensentwurf enthält, der den Menschen mit bestimmt und daß umgekehrt mit Hilfe dieses Symbols ein neuer Lebensentwurf phantasiert und gestaltet werden kann. Der *Lebensentwurf,* der in unserem Haus oder auch in öffentlichen Gebäuden[44] (wie Schulen) steckt, beeinflußt uns sehr viel

43 *K. Marti,* Meergedichte, Alpengedichte, Berlin (© Wolfgang Fietkau Verlag) 1975, 33.
44 Vgl. *Ammann,* Traumbild Haus, a.a.O.
45 FWU Nr. 323213 (16-mm-Film), Lichtton, 14 Min.

nachhaltiger als andere Kulturgüter oder Kleider, weil er mit der Erde verbunden und viel *dauerhafter* ist.[46] Gerade deswegen muß dieser Entwurf bewußtgemacht, gleichsam »verflüssigt« und kritisiert werden.

Während vielen Jugendlichen bewußt ist, daß ein eigener Lebensentwurf die kreative Trennung vom Elternhaus voraussetzt, soll die positive Bedeutung des Hauses durch die *Anfertigung und Kommentierung eigener Texte* eigens herausgestellt und diskutiert werden. Die symbolische Bedeutung des Hauses mit dem erleuchteten Fenster wird von vielen Schülern bei der Aufgabenstellung sogleich erfaßt. Aus einer 7. Gymnasialklasse liegen ergreifende Texte vor, in denen Schüler das Haus als Kontrast- und Hoffnungssymbol angesichts der durch Trennung oder Verlust und Schmerz gekennzeichneten Alltagserfahrung in Anspruch nehmen. Sie beklagen den Verlust eines Freundes oder eines Tieres oder die Trennung ihrer Eltern. Daß das Haus den Lebensentwurf auch in religiöser Perspektive repräsentiert, kann besonders gut an *Hausinschriften* herausgearbeitet werden. Die Jugendlichen können sie in ihrer Heimat oder – nach längerer Vorbereitung – im Urlaub aufschreiben oder photographieren und selbst entwerfen. Wenn auch der Lehrer entsprechende Beiträge zu dieser Sammlung beisteuert, entsteht ein Kontext von Lebensweisheiten, Sentenzen »bürgerlicher« Religion und Bibelworten, der zur Interpretation herausfordert. Durch diese Arbeit kann deutlich werden, daß die religiöse Dimension ursprünglich mit dem Symbol »Haus« verbunden ist.

Dieser Sachverhalt wird auch erkennbar, wenn die *»religiösen« Verheißungen der Werbung* entdeckt werden. Damit die *Spannung von Evangelium und Religion* im Blick auf die dargestellten Sachverhalte verstehbar diskutiert werden kann, wird beispielsweise das Plakat der Bausparkasse (M 7) mit einzelnen Logien oder Gleichnissen der *Reich-Gottes-Verkündigung* Jesu konfrontiert. »Reich« ist das Symbol, das Jesus selbst gebrauchte. Die Symbole »Reich« und »Haus« kritisieren sich wechselseitig. »Reich« ist der Lebensraum, den Gott den Menschen gewährt, in dem das Recht der Gnade gilt. An dieses Recht hat sich Gott in freier Souveränität selbst gebunden. Jesus proklamiert (z.B. Mt 20,1–15) dieses Recht der Gnade, die Freiheit zur Güte. Die (Königs-)Herrschaft Gottes bezeichnet aber vor allem das *Geschehen*, in dem Gottes Herrschaft als Liebe wirksam wird. »Reich« ist also einerseits umfassender als »Haus«, da es *allen* Menschen gilt; andererseits ist es dynamischer, insofern es das *Geschehen* der Herrschaft in den Blick bringt (um diesen Aspekt hervorzuheben, müßte man an das Walten des »Geistes eines Hauses« denken). Verkörpern Jesus und die Jünger schon die Herrschaft Gottes, so können sie das Haus und seine religiös legitimierten familiären Traditionen kritisieren. Das Reich-Gottes-Symbol überbietet den Exodus, ruft aus alten Bindungen und heiligen Räumen heraus. Andererseits stammt die wohl eindrucksvollste, ganz unsentimentale Geschichte des Nachhausekommens von Jesus.

---

46 Vgl. *Ammann*, a.a.O., 12.

Lukas 15 – Geschichten des Aufbruchs und der Heimkehr
Die Parabel vom verlorenen Sohn läßt sich im strengen theologischen Sinn als *Metapher* verstehen: Die Gottesherrschaft kommt in ihr als »die sich ereignende Liebe« zur Sprache (Jüngel). Die bedingungslose Einsetzung des Sohnes in verwirkte Rechte ist ein Zug der Erzählung, der den metaphorischen Prozeß in Gang setzt; indem die Erzählung das Fest als Ausgang des Geschehens behauptet, sagt sie Hoffnung zu, die als der Liebe ›liebstes Kind‹ wahrgenommen werden will.[47] Auf diesen ursprünglichen Sinn der Parabel Jesu werden wir immer wieder zurückkommen, um unsere eigenen kreativen Interpretationsansätze daran zu prüfen. Darüber hinaus läßt sich die Parabel als *Symbolgeschichte* lesen, mit deren Hilfe Generationen ihre Erfahrungen mit Auszug und Heimkehr gedeutet haben. Die Wirkungsgeschichte dieses Textes läßt sich in bildender Kunst und Literatur besonders gut verfolgen. Wie kaum ein anderer Text der Bibel symbolisiert er evangelische Frömmigkeit. Sein hoher Bekanntheitsgrad macht in didaktischer Hinsicht eine *Verfremdung* erforderlich.

Im Sinne eines kreativen Interpretationsansatzes fragt Y. Spiegel[48], ob es nicht gute Gründe gibt, daß der jüngere Sohn seine Selbständigkeit erprobt. Erbringt sein Aufbruch nicht wichtige Erfahrungen? Was konnte der Vater dem Sohn nicht geben, so daß er es anderswo suchen mußte? Wie können wir die Rückkehr neu erzählen? Konnte der Sohn die eigene Selbständigkeit nicht aushalten? Kehrt er zurück, weil er Erfahrungen gemacht hat, die auch für den Vater und den Bruder wichtig sind? Welche kritischen Anfragen stellt die Geschichte an den älteren Bruder? Konnte er seine Bedürfnisse nicht durchsetzen? Hat sich nicht auch der Vater gewandelt? Wie müßte die Geschichte ausgehen, wenn es nicht mehr um den Vater, sondern um die Mutter geht? Bringen heute Vater und Bruder dem heimkehrenden Sohn nicht eher Mißtrauen und Berührungsängste entgegen?

Dem Symbolansatz entsprechend kann ein kreativer Interpretationsansatz bei jüngeren Schülern am besten durch das Spiel gewonnen werden, etwa durch »Psychodrama« und »Soziodrama«, wie sie U. Bubenheimer in einer 6. Realschulklasse angeregt hat. Die von Bubenheimer entwickelte Methode des »Doppelns« beim Rollenspiel ermöglicht eine größere Beteiligung der Klasse, so daß auch Perspektiven im Sinn der von Spiegel gestellten Fragen zur Geltung kommen können; außerdem hat der Lehrer als Mitspieler die Möglichkeit, die ursprüngliche Sicht des Gleichniserzählers zum Zuge zu bringen.[49]
Die dokumentierten Unterrichtsansätze aus dem Gymnasium arbeiten mit *Rembrandts* Radierung von 1636 »*Heimkehr des verlorenen Sohnes*« (15,6 × 13,6 cm; B 91 = M 4). Der Text wird hier nicht illustriert, sondern neu er-

---

47   Vgl. *W. Harnisch,* Die Gleichniserzählungen Jesu (UTB 1343), Göttingen 1985, 223.
48   Vgl. *Spiegel,* a.a.O., 108-111.
49   Vgl. *U. Bubenheimer,* Spielen im Religionsunterricht, entwurf 2/1981, 6-19. Zum »Doppeln« bzw. zur »Doppelgängertechnik« vgl. bes. 9ff.

zählt. Der verlorene Sohn ist mit dem Vater in eine Gruppe zusammengenommen; die Bewegungen von Vater und Sohn entsprechen sich genau. Aus der Tür kommen die Knechte mit dem Festgewand und den neuen Schuhen. Was in Lk 15 nacheinander erzählt wird, faßt Rembrandt zusammen, und zwar in der Mitte des Blattes und auf der rechten Seite. Nach links hin gibt er einen weiten Ausblick in die Ferne, aus der der Sohn gekommen ist. Das Unbehauste und das Bleibenkönnen werden so gegenübergestellt.[50]

Gerade dieser Text ist mit dem Leben Rembrandts eng verbunden; er hat ihn immer wieder dargestellt, so daß sich ein Vergleich der unterschiedlichen Auffassungen anbietet. Die tiefste Darstellung der »Heimkehr des verlorenen Sohnes« gibt das späte Gemälde (262 × 205 cm / 1669 = M 5), das sich heute in der Eremitage in Leningrad befindet. A. Stock interpretiert das Gemälde nach Gesichtspunkten einer strukturalen Bildanalyse, durch die die Symbolik besonders gut erkennbar wird.[51]

Schon dadurch, daß die Parabel in einen neuen, überraschenden Kontext mit literarischen und eigenen Aufbruchs- und Heimkehrgeschichten gestellt wird, kann neues Verstehen eröffnet werden. Wir beschränken uns auf Hinweise zu einem Gedicht von Eichendorff (M 8) und zu kurzen Texten von Kafka (M 9).

Während die Parabel Jesu mit ihrem fröhlich gestimmten Ausgang einen surrealistischen Charakter besitzt und etwas Unwirkliches als wahre Möglichkeit des Daseins behauptet[52], wird in *Eichendorffs Gedicht »Zwei Gesellen«* die Tragödie menschlicher Existenz offenbar.[53] Die Tragödie besteht darin, daß sich die Hoffnung des Lebensaufbruchs (»des vollen Frühlings«) nicht erhalten kann. Das Gedicht stellt in zwei polaren Lebensläufen das Verschwinden dieser Hoffnung dar. Im ersten Vers beschwört das »Haus« das Geborgensein, aber auch das Umschlossensein in heimischer Enge, das von dem »Wellenschlag« des Lebens noch unberührt ist.

Wie in allen Aufbruchsgeschichten gliedert eine *Grenze* den Raum in zwei Teilräume; sie stehen durch das Merkmal *»geschlossen – offen«* in Spannung zueinander, aus der der Aufbruch entspringt. Der *geschlossene* Raum wird in diesem Text durch das Symbol »Haus« vertreten; seine Merkmale sind »heimisch«, »warm«, »sicher«, aber auch »eng«, »bedrückend«, »unfrei«. Der *offene* Raum wird durch das Meer symbolisiert; seine Merkmale sind »fremd«, »feindlich«, »kalt«, aber auch »weit«, »frei«, »unbeschwert«.[54]

50   Vgl. *H.-M. Rotermund* (Hg.), Rembrandts Handzeichnungen und Radierungen zur Bibel, Lahr/Stuttgart 1963, 185.
51   Vgl. *A. Stock*, Textentfaltungen, Düsseldorf 1978, 142ff.
52   Vgl. *Harnisch*, a.a.O.
53   Vgl. *O. Seidlin*, Eichendorffs ›Zwei Gesellen‹, in: *J. Schillemeit* (Hg.), Deutsche Lyrik von Weckherlin bis Benn, Frankfurt/M. und Hamburg 1965, 173-197, hier: 183. Ich folge der vorzüglichen Interpretation Seidlins.
54   Vgl. *J.M. Lotman*, Die Struktur literarischer Texte (UTB 103), München ²1986, 327; vgl. *Stock*, a.a.O., 159.

Ist die Grenze einmal überschritten, das Zuhausesein und die reine Hingabe an das Leben verlassen, ist das Leben ein *Dazwischensein,* zwischen der Umfriedung des Zuhause und der Abgründigkeit der Fremde. Beim *ersten* Gesellen führt der Weg von den »klingenden, singenden Wellen« des Außer-sich-Seins zur Verfestigung und Erstarrung. Es gibt bei ihm keine Heimkehr im Sinne des verlorenen Sohnes, sondern der Weg führt in die Welt des Mütterlichen, Hegenden und Hütenden (die Mutter stiftet »Haus und Hof«). Hier weht nicht mehr der Atem der weiten Welt; dieser Rückzug ins Häusliche hat die Tendenz zur Enge und zum Niedlich-Zutraulichen (»Liebchen – Bübchen – Stübchen«). Der *zweite* Geselle bleibt auf dem Weg des gemeinsamen Aufbruchs, aber er verliert sich aus der Umfriedung ins Weitoffene und Verströmende des Meeres. Im Leben des ersten erfüllt sich das Versprechen der Jugend nicht; beim zweiten erweist es sich als tödlich, weil es ihn nie mehr losläßt, ihn fasziniert (Strophe 4) und schließlich verschlingt (Strophe 5). Er wird durch die Fülle des Lebens überwältigt. In der 6. Strophe greift das Gedicht den Anfang, den Aufbruch ins Neue, wieder auf, ohne ihn zu wiederholen. Das, was in den Lebenswegen der beiden Gesellen in radikaler Zweiheit auseinanderfiel und daher scheitern mußte, wird jetzt zusammengenommen: Es versammelt sich alles Glück und alles Scheitern in dem »Ich«. Dieses Ich (der Dichter und jedes Ich) ist der erste, aber auch der zweite Geselle (»über mir« klingen und singen die Wellen): Auszug und Untergang bzw. Aufgabe sind bereits erlebte Gegenwart (das Präsens ist die Erzählform der 6. Strophe). Als einer, der die Weltfahrt schon kennt und um ihr Ende weiß, ist er nicht mehr dem Lachen, sondern dem Weinen nahe. Das Ich wird paradigmatisch für die Existenz in dieser Welt. Alle Gegenwart ist Wanderung, Station einer Reise, die über das irdische Abenteuer hinauszielt. Es »ist Leben unter dem Auge Gottes . . . Die letzte Zeile schließt nun wirklich ab; denn wie am Anfang stand *von Haus,* so steht jetzt am Ende: *zu dir,* nach Haus«.[55] Sie schließt ab, indem sie fortführt. Der Mensch ist immer noch unterwegs, aber im Gebet, in der Anrede, wird das Ende der beiden Lebenswege gleichsam widerrufen und werden beide Wege beieinander gehalten. Diese Möglichkeit besteht bei *Kafka* nicht mehr.

Am 18. Oktober 1921 trägt er zwar unter dem Stichwort »Ewige Kinderzeit. Wieder ein Ruf des Lebens« in sein Tagebuch ein: »Es ist sehr gut denkbar, daß die Herrlichkeit des Lebens um jeden und immer in ihrer ganzen Fülle bereitliegt, aber verhängt, in der Tiefe, unsichtbar, sehr weit. Aber sie liegt dort, nicht feindselig, nicht widerwillig, nicht taub. Ruft man sie mit dem richtigen Wort, beim richtigen Namen, dann kommt sie.« Drei Tage später aber heißt es: »Es war ihm unmöglich

---

55 *Seidlin,* a.a.O., 197. Vgl. dagegen *Th. W. Adorno,* Noten zur Literatur (stw 355), Frankfurt/M. 1981, 77: »Die Schlußstrophe. . . gilt dem mittleren Glück des ersten nicht weniger als dem verlorenen zweiten; das richtige Leben ist zugehängt, vielleicht schon unmöglich, und in der letzten Zeile. . . sprengt niederbrechende Verzweiflung hilflos das Gedicht.«

gewesen, in das Haus einzutreten, denn er hatte eine Stimme gehört, welche ihm sagte: ›Warte, bis ich dich führen werde!‹ Und so lag er noch immer im Staub vor dem Haus, obgleich wohl schon alles aussichtslos war (wie Sara sagen würde).«[56]

So wie man Kafkas »Brief an den Vater« als die Fassung lesen kann, »die das zwanzigste Jahrhundert der Parabel vom verlorenen Sohn gegeben hat«[57], finden wir auch in der *Tagebuchnotiz vom 21. Oktober* ein *Gegenbild* zur neutestamentlichen Fassung der »Heimkehr«: Der verlorene Sohn verharrt wartend vor der Tür des Hauses, weil er eine Stimme, einen Ruf des Lebens gehört hat; aber *die Verheißung bleibt unerfüllt.* Die Szene erweckt den Eindruck, als sei etwa in der Radierung Rembrandts die Vaterfigur entfernt. Diese Tagebucheintragung kann als Kommentar zur *Erzählung »Heimkehr«* herangezogen werden, die 1920 entstanden ist. Es muß der didaktischen Entscheidung vor Ort vorbehalten bleiben, ob Kafkas selbständige Erzählungen »Der Aufbruch« und »Heimkehr« in Spannung zueinander interpretiert werden sollen oder ob wir es, wie in dem dokumentierten Unterrichtsversuch, bei der Konfrontation von Lk 15 und »Heimkehr« belassen.

In der Erzählung *»Der Aufbruch«* fällt besonders die viermal wiederholte Wendung »weg von hier« auf; sie spricht unmittelbar die Erfahrung vieler Jugendlicher an (»nur weg von hier«). Es handelt sich hier jedoch um eine »wahrhaft ungeheure Reise«. Sie ist so lang, daß es schlechthin unangemessen ist, sich durch einen Eßvorrat zu sichern. Auf dieser Reise gibt es kein Zurück, aber die Hoffnung, auf dem Wege Nahrung zu »bekommen«. Die Reise läßt sich nicht ohne Wagnis unternehmen, es ist ein Einsatz erforderlich, um an das Ziel zu kommen. Sie ist aber nicht ohne Verheißung (»zum Glück eine wahrhaft ungeheure Reise«). Das Ziel der Reise läßt sich nur via negationis aus den Kontrasterfahrungen zur gegenwärtigen Situation beschreiben. Kennzeichnend für die Situation des Textes ist, daß das Wort den Menschen nicht mehr erreicht (»verstand mich nicht«). Eine ferne Trompete bläst zum Aufbruch, aber nicht alle hören sie, und ihr Signal bleibt vieldeutig. So weisen alle konkreten Momente über sich hinaus in die Zukunft und werden so zum Symbol für Veränderung, Umkehr und Aufbruch zu Neuem.

»Heimkehr«
Die Möglichkeit des Heimkehrens hat sich ergeben. Alles ist auf den Augenblick des Ankommens und das »Ich« des Erzählers konzentriert. Andere Personen kommen in der Szene nicht mehr vor. Eine Zukunftsperspektive ist nicht erkennbar. Die Erfahrungen des Heimkehrenden sind höchst *ambivalent.* Einerseits stellt sich ein Gefühl der *Vertrautheit* ein. Während der langen Abwesenheit hat sich manches verändert (eine Pfütze im Hof, altes Gerät verstellt den Weg, ein zerrissenes Tuch . . .), aber sonst ist alles, wie er es kennt (»Es ist meines Vaters alter Hof«; »meines Vaters Haus ist es«). Andererseits wird der Eindruck der *Fremdheit* immer stärker. Es ist jemand da, aber niemand empfängt den Heimkehrenden. Trotz

---

56 *F. Kafka,* Tagebücher 1910-1923, Frankfurt/M. 1973, 339f.
57 *H. Politzer,* Franz Kafka (st 433), Frankfurt/M. 1978, 449.

vertrauter Zeichen hat er nicht das Gefühl, »zu Hause« zu sein. Selbst die Dinge, die »kalt« nebeneinanderstehen, bringen die tiefgreifende Störung der Kommunikation zum Ausdruck. Dementsprechend stellt der Heimkehrende nicht die Frage nach seiner Person (»Wer bin ich?«), sondern nach seinem Nutzen (»Was kann ich ihnen nützen?«). Er glaubt einen leichten Uhrenschlag als Erinnerungszeichen aus den Kindertagen zu hören – aber erinnert wird nicht Vertrauen, sondern Angst. So endet die Rückkehr *vor* der Tür der Küche. Er zögert. Entfremdung ist Ursache und zugleich Folge seines Zögerns (»weil ich von der Ferne horche, erhorche ich nichts«). Die Tür ist die *Grenze,* die von keiner Seite überschritten wird. Jeder wahrt »sein Geheimnis«. Der Heimkehrende weiß nicht, wer hinter der Tür ist; so verharrt er ohne Anrede.[58] Wie in vielen Gleichnissen Kafkas wird die »Unfaßbarkeit des Unfaßbaren« (Politzer) zur Sprache gebracht. Die offene Struktur beider Texte ermöglicht dem Leser die Projektion eigener Erfahrungen; sie sprechen seine Einbildungskraft an. Die Mehrdeutigkeit teilen sie mit der biblischen Parabel. In Lukas 15 überbietet die Heimkehr des verlorenen Sohnes seinen Aufbruch. Der Aufbruch zu einer »wahrhaft ungeheuren Reise« hat in Kafkas »Heimkehr« keine Entsprechung. Eichendorff und Kafka sind bei aller Unterschiedlichkeit der Sprache und des Weltverständnisses darin verwandt, daß sie die Erfahrung zum Ausdruck bringen, daß »wir uns auf dieser Erde nicht ganz zu Hause fühlen« (Böll). Auch Eichendorff ist »kein Dichter der Heimat, sondern der des Heimwehs, im Sinne des Novalis, dem er sich nahe wußte«.[59] Novalis artikuliert das Heimweh in der Doppeldeutigkeit, in der auch Kafkas »Brief an den Vater« zu lesen ist: »Wo gehen wir denn hin?« »Immer nach Hause.«[60] – Thematisch geht *Gerd Heinz-Mohr* noch einen Schritt über Kafka hinaus. Er erzählt bewußt als Gegengeschichte zur neutestamentlichen Parabel das »*Gleichnis vom verlorenen Vater*« (M 10). Hier ist es der Vater, der ferne über Land zog. Als er sich endlich auf sein Vatersein besinnt, ist es für den Sohn zu spät. Die Geschichte kennt keine Versöhnung und kein Warten mehr.

Leben in einer Schachtel?

Wenn das Symbol »Haus« einen ›Sitz im Leben‹ gewinnt, sollte auch gefragt werden, wie es das Wohnen und Bauen verändern kann. In einem Lehrerfortbildungskurs zu diesem Thema haben wir selbstverständlich einen Architekten eingeladen, der anhand von Dias die Entwicklungspla-

58 Vgl. zur Interpretation: *W. Brettschneider,* Die Parabel vom verlorenen Sohn, Berlin 1978. Brettschneider weist auch auf andere literarische Beispiele der Wirkungsgeschichte von Lk 15 hin, z.B. auf das Gedicht ›Der verlorene Sohn‹ von *Hans Stahl,* das 1946 im 2. Heft der Zeitschrift ›Der Ruf‹ erschien (59f).
59 *Adorno,* a.a.O., 73.
60 *Novalis,* Schriften I (hg. von *P. Kluckhohn / R. Samuel*), Stuttgart 1960, 325. Vgl. *J.H. Jung-Stilling*: »Selig sind, die da Heimweh haben, denn sie werden nach Hause kommen.«

nung eines Dorfes geschildert und konkret erläutert hat, wie Bürger selbst ihren Stadtteil oder ihre Siedlung planen und ihr Wohnumfeld gestalten können. Wir haben erfahren, wie *innerhalb* des Hauses eine freie, bewegliche Gestaltung zu erreichen ist, so daß in der relativ langen Lebensdauer, die ein Haus hat, immer wieder neu Beziehungen organisiert werden können (»polyvalenter Raum«). Wir haben gelernt, daß wir auch bei der Besiedlung des Raums *ungeplante* »Spiel-Räume« brauchen, die erst durch die Nutzung gestaltet und mit ihr verändert werden dürfen. Unsere Wahrnehmungsfähigkeit ist schließlich durch anschauliche Beispiele für das Verhältnis von Siedlung und Landschaft geschärft worden.

Die Theologie hat diese Fragen bisher kaum berücksichtigt, wenn es nicht um die speziellen Fragen des Kirchenbaus ging. Da es sich beim Bauen um einen »Schöpfungsakt« mit einem großen Einfluß auf das menschliche Leben handelt, um einen Überlieferungsprozeß als gestalteter Materie mit sehr langem Bestand, sind ökologische, politische, gestalterische und sozialethische Gesichtspunkte zu entwickeln, um etwa die Probleme einer zersiedelten Landschaft angemessen diskutieren zu können. Die Wechselwirkung zwischen Mensch und Raum ist gerade unter ökologischer Perspektive ein theologisch wichtiges Thema. Wo sich in der Schule oder in der Erwachsenenbildung die Möglichkeit bietet, sollte man das interdisziplinäre Gespräch mit Architekten und Städteplanern suchen. Eine 11. Gymnasialklasse hat sich die notwendigen Sachinformationen mit Hilfe des Artikels von H. Glaser (vgl. M 6) erarbeitet, sich den Flächennutzungsplan ihrer Stadt erläutern lassen und eigene Ideen für eine künftige Gestaltung entwickelt. Anhand von *Karikaturen* (z.B. Marie Marcks, Schöne Aussichten; Agnes Auffinger, Der Architekt, Lithographie 1970) können Haus- und Stadtformen der Zukunft diskutiert werden. Der Kurzfilm »Der Neid« (Polen 1970) kann *jüngeren* Schülern *eine* Quelle der »Bauwut« verdeutlichen; als Gegenbeispiel lassen sich anhand von Interviews, Bildern und Texten die Motive für die Entwicklung der Kinderrepublik Bemposta als »Stadt des Vertrauens« herausarbeiten.[61] In Klassen, in denen der *Kurzfilm »Leben in einer Schachtel«* noch nicht bekannt ist, kann er dazu anregen, einen Gegenfilm zu drehen. Ich habe ein überzeugendes Beispiel aus einer 9. Realschulklasse gesehen. Die pädagogische Bedeutung liegt nicht in erster Linie in dem »Endprodukt«, sondern in der intensiven gemeinsamen Arbeit, in dem Nachdenken darüber, wie das beziehungslose »Leben in den Schachteln« (vgl. auch M 12) so verändert werden kann, daß es schon ein Leben vor dem Tode gibt.

Zum *Abschluß* einer Unterrichtseinheit zum Symbol »Haus« bieten sich *gestalterische Aufgaben* an, die es ermöglichen, die gewonnenen Erfahrungen und Einsichten – möglichst durch praktisches Handeln – zu erproben. So können auf einem *Elternabend* der eigene Film oder das Modell einer

---

61 Vgl. *E. Möbius*, Die Kinderrepublik, Reinbek ²1981; vgl. *H. Saño / R. von Forster / R. Drexel*, Benposta. Eine Stadt für Kinder, Dreieich 1979.

selbst geplanten Siedlung gezeigt und einige der Vorhaben noch einmal in
veränderter Form gemeinsam durchgeführt werden (z.B. Bildmeditation
zu einem Poster, Schreibspiel, das Spiel »Wenn ich ein Haus wäre«). Oder
die Schüler können eine *Ausstellung* vorbereiten, auf der Bilder und eigene
Photos gezeigt werden, die mit eigenen, literarischen und biblischen Texten versehen sind, ferner Collagen zum Thema »Haus in der Werbung«
oder »Die Stadt der Zukunft«.

Die Stadt als Symbol der christlichen Hoffnung
Es gehört zu unseren elementaren Grunderfahrungen, daß wir uns zurück-
sehnen zum Haus unserer Kindheit, daß wir uns immer wieder häuslich
niederlassen, uns einrichten, das Bleibende suchen; zugleich brechen wir
aus Vertrautem auf, wandeln uns, öffnen uns Neuem, wagen Unbekanntes.
Es handelt sich um Grundimpulse, die die innere Dynamik unseres Lebens
bestimmen. Schon der Ablauf eines Tages mit dem Wechsel von Aktivität
und Passivität, von Arbeit, Ruhe und Schlaf zeigt diese Struktur. Es gibt
Phasen unseres Lebens, in denen jeweils *ein* Pol das Übergewicht hat, das
Streben nach Zuhausesein und Bleibenkönnen *oder* das Streben nach Unterwegssein und Wandlung. Religiöse und poetische Symbole wie Haus
und Weg bringen diese Ambivalenzen zum Ausdruck, ohne den einen oder
anderen Pol zu verabsolutieren. Sie helfen vielmehr, daß die Spannung zum
Austrag kommt und Kreativität entstehen kann. Das Zugleich der ambivalenten Grunderfahrungen gehört auch zum Wesen christlicher Erfahrung,
wenngleich in messianisch vorwärtsgewandten Religionen der Pol der Progression verstärkt wird. Das wird etwa daran deutlich, daß Symbole wie
»Haus«, »Stadt«, »Lebensbaum«, »Kind« in die *Zukunft* verlegt werden.
Sie symbolisieren die Hoffnung, daß die Trennung vom primären Objekt
(religiös gesprochen: die Vertreibung aus dem Paradies) als endgültig akzeptiert werden kann, ohne von der Lebenskraft und von Beziehungen abgeschnitten zu sein. Gerade *in* den Schmerzen, der Trauer und den Konflikten, die menschliche Existenz mit sich bringt, kann das Vertrauen und
die Hoffnung auf Lebenskraft und wahres Zuhausesein bewahrt werden.
Da die eschatologischen Symbole der Bibel heute schwer zu erschließen
sind, setzen wir mit einem Gedicht von *Hilde Domin*[62] ein.

Lied zur Ermutigung II

Lange wurdest du um die türelosen
Mauern der Stadt gejagt.

Du fliehst und streust
die verwirrten Namen der Dinge
hinter dich.

---

62 *Hilde Domin,* Doppelinterpretationen, Frankfurt/M. (© Fischer Taschenbuch Verlag) 1976, 144.

Vertrauen, dieses schwerste
ABC.

Ich mache ein kleines Zeichen
in die Luft,
unsichtbar,
wo die neue Stadt beginnt,
Jerusalem,
die goldene,
aus Nichts.

Das Gedicht als ganzes kann als Metapher verstanden werden, die die Vertrauenskrise überraschend als Sprachkrise (»die verwirrten Namen der Dinge«) zur Sprache bringt und als »ein kleines Zeichen« auf die Stadt des Vertrauens verweist, in der wir bleiben können. Das Gedicht beginnt mit dem poetischen Bild des Gejagtseins, das an eine Szene der Ilias erinnert, wie Achill den von Angst gejagten Hektor um die Mauern Trojas treibt, so daß ihm die Mauern »türelos« erscheinen. Das Gedicht endet mit dem Symbol der »neuen« Stadt Jerusalem, die weit geöffnete, einladende Tore hat und die Schutz, Heil, Kommunikation und Unvertreibbarkeit symbolisiert.[63]
Auffällig ist, daß der erste Teil die Du-Form, der zweite Teil die Ich-Form gebraucht und daß ein Tempuswechsel vorliegt. Das Gedicht beginnt in der Vergangenheitsform und geht im Präsens weiter. Es ist dasselbe lyrische Ich, das sich erst wie einen anderen anredet und das sich dann selbst etwas zuspricht und dadurch wieder in Übereinstimmung mit sich selbst kommt: Der Umschlag erfolgt in dem Wiederlernen von Vertrauen. Da Vertrauen und Verständigung aber immer wieder mißlingen, bleibt die Erfahrung des Fliehens und der Verwirrung der Worte (daher: Präsens). Das Vertrauen ist das Elementarste, das allem Leben, allem Bleibenkönnen wie ein ABC zugrunde liegt. Wir kommen immer schon vom Vertrauen her; ohne ein Mindestmaß an Vertrauen wäre kein Leben und keine Kommunikation möglich. Vertrauen gehört zu den »spontanen Daseinsäußerungen« (Løgstrup); es geht nicht, Vertrauen als etwas Negatives zu verstehen, selbst wenn man schlechte Erfahrungen damit gemacht hat. Und doch ist das Lernen des Vertrauens das »schwerste ABC«; denn Vertrauen kann man nicht »herstellen«, es kann nur (vertrauensvoll) in Anspruch genommen werden. Wir sind also in unserem Leben elementar auf Voraussetzungen angewiesen, die nicht in unserer Hand liegen. Wir können nur leben, indem wir uns auf das verlassen, was außerhalb von uns ist. Luther kann das Vertrauen geradezu zum Kriterium für ein rechtes Gottesverständnis machen und dementsprechend Gott als den unbedingt Vertrauenswürdigen verstehen.
Da unser Sprechen vom Vertrauen getragen ist, führt ein Verlust des Ver-

63 Vgl. *H. Domin,* Lied zur Ermutigung II, in: ebd., 145-148, hier: 148.

trauens zu einer Verwirrung der Worte. Umgekehrt kann ein Wiederlernen des Vertrauens von dem Vertrauens*überschuß* der Sprache, ihrer Metaphern und Symbole, ausgehen. Es ist allerdings nicht die Beweissprache, die apodiktische Sprache, sondern bildhafte, poetische Sprache, die neue Wirklichkeit »aus Nichts« schaffen kann. Das neue Vertrauen beginnt mit einem »kleinen Zeichen in der Luft«, nicht beweisbar, vorzeigbar, kaum einem selbst bewußt.[64] Ein Zeichen – gegen die Angst gesetzt, damit beginnt neues Bleibenkönnen. Dieses kleine, unscheinbare Zeichen enthält ein Versprechen auf Zukunft; denn die »neue Stadt« beginnt in unserem Alltag als Gegenstadt gegen die unzulängliche Stadt der ersten Strophe. Das Gedicht wird zur Anrede an das Ich, zum »Lied der Ermutigung«. Es ermöglicht durch seine Bilder, den Schmerz um die Unzulänglichkeit der Stadt des Vertrauens und die Sehnsucht nach dem Neuen Jerusalem zum Ausdruck zu bringen. »Schmerz und Sehnsucht sind einander verschwistert. In beiden kommt die Ahnung zum Bewußtsein, daß ›wir uns auf dieser Erde nicht ganz zu Hause fühlen‹«.[65] Die Sehnsucht wird im Horizont einer universalen Heilsverheißung artikuliert, die endgültige Erfüllung im Blick hat. Der einzelne wird damit in die Geschichte des leidenden und hoffenden Volkes einbezogen. »Man kann nicht leben ohne Vertrauen, ohne Vertrautheit ringsum und ohne jene letzte Vertrautheit mit sich selbst, die einen ›Ich‹ sagen und ›Ich‹ sein läßt.«[66]

Didaktisch gesehen gehen wir von dem Bild des Gejagtseins und der Flucht, von der Erfahrung des Zusammenbruchs des Vertrauens aus; es lassen sich viele konkrete jugendnahe Situationen benennen und neue Möglichkeiten des Vertrauens durchspielen. Wir gehen dann dem Hoffnungsbild des Neuen Jerusalem in Offb 21 genauer nach und suchen nach entsprechenden neuen Bildern. Wir können neue Hoffnungsbilder suchen und an den anfänglichen Bildern kritisch messen. Bringen sie noch zum Ausdruck, daß wir Gäste und Fremdlinge auf Erden sind (Hebr 11,13), daß wir die zukünftige Stadt suchen (Hebr 13,14), daß wir uns zeitweise auf dieser Erde fremd fühlen, auch wenn wir glücklich sind? In einer Metaphernübung schreibt jeder Teilnehmer einen oder zwei bildhafte Vergleiche zum Thema »Hoffnung« auf einen Zettel oder schreibt einen kurzen Text zu einem Bild, das er sich selbst ausgesucht hat. Die Zettel werden eingesammelt und vorgelesen; im Gespräch können Erfahrungen ausgetauscht und die Metaphern untersucht werden (»Hoffnung ist wie ein erleuchtetes Haus im Dunkeln«, »wie eine Stadt, in der die Menschen in Frieden miteinander wohnen können«, »wie eine Arche, in der Menschen und Tiere Zuflucht finden« . . .).

---

64 Vgl. *H.-G. Gadamer*, Lied zur Ermutigung II, in: ebd., 149-151, hier: 151.
65 *H. Luther*, Schmerz und Sehnsucht, ThPr 22 (1987) 295-317, hier: 309; Luther bezieht sich auf den Beitrag von *H. Böll*, in: *K.-J. Kuschel* (Hg.), Weil wir uns auf dieser Erde nicht ganz zu Hause fühlen, München 1985, 64-76.
66 *Gadamer*, a.a.O.

In die Unterrichtseinheit kann ein *»fachspezifischer Kurs«* *zum »Haus Gottes« in
der Bibel einbezogen werden*. Die Schüler können Motive und Gefahren des Tem-
pelbauprojekts unter David sowie die Bedeutung des Salomonischen Tempels erkennen. Sie können die positive und kritische Einschätzung des Tempels durch Jesus beurteilen und verstehen, warum die christliche *Gemeinde* »Haus Gottes«
wird. In einer 7. Gymnasialklasse werden nach einem Lehrervortrag zur geschichtlichen Situation die Gründe zusammengetragen, die David bewogen haben, ein
Haus für Gott zu bauen. Anhand eines Textblatts (2Sam 7,1–8.11–18) werden die
Gründe herausgearbeitet, die gegen das Bauvorhaben sprechen.[67] In einer Lehrererzählung erfahren die Schüler, daß Salomo den Auftrag erhält, einen Tempel für
den »Namen Gottes« zu bauen; sie beschreiben den Tempel und sein Umfeld anhand eines Bildes und untersuchen in einer Textarbeit (1Kön 8,22–24.27–30), welche Bedeutung der Tempel hat. Ein Tafelbild entsteht, das durch die Stellungnahmen Jesu zum Tempel erweitert wird.

2.1.4   Ausgewählte Verlaufsskizzen

R. Tammeus, Unterrichtseinheit zum Symbol »Haus« (7. Gymnasial-
klasse)

1. Std. (vgl. Rahmenziel 1)
- Lied: Komm, bau ein Haus (M 1)
- Schüler/innen ergänzen auf roten DIN-A-6-Zetteln den Satzanfang
»Wenn ich ein Haus wäre, wäre ich gern . . ., weil . . .« und auf grünen
DIN-A-6-Zetteln den Satzanfang »Wenn ich ein Garten wäre, wäre ich
gern . . ., weil . . .«.
- Aus den einzelnen Zetteln wird an der Pinnwand ein Haus mit einem
Garten zusammengestellt.
- Die Satzergänzungen werden vorgelesen und im Gespräch geklärt und
besprochen.
HA: Geschichte schreiben, die mit dem Satz endet: ». . . da sah ich plötz-
lich in der Ferne ein Haus mit einem erleuchteten Fenster und lief darauf
zu.«

2. Std. (vgl. Rahmenziele 2, 3 und 4)
- Lied: Komm, bau ein Haus (M 1)
- Die Nachhausekomm-Geschichten werden vorgelesen und besprochen. Ein Tafelbild wird begonnen; die in den Geschichten zum Ausdruck
gebrachten – durchgängig positiven – Erfahrungen werden an der Tafel no-
tiert:
Tafel: »Häuser«
                    drücken menschliche Erfahrungen aus:

    Geborgenheit
    Gespräche
    Liebe
    . . .

67   Der Kurs wurde von *P. Fuchs* und *W. Bauer*, Göttingen, durchgeführt.

–   Anhand eines Arbeitsblatts wird das Tafelbild durch gegensätzliche Erfahrungen ergänzt und der Begriff ›Symbol‹ eingeführt (M 2).

3. und 4. Std. (vgl. Rahmenziel 9)
–   Lied: Herr, deine Liebe ist wie Gras und Ufer.[68]
–   Kreativer Zugang zu Lk 15,11–24 über ein Rembrandt-Bild zum verlorenen Sohn von 1636:
Einzelne Teile der Bilder werden über den Overhead-Projektor (OHP) gezeigt; spontane Äußerungen dazu (M 3).
Schüler/innen erhalten ein Arbeitsblatt mit dem Auftrag, die Bilder auszuschneiden, eine eigene Bildkomposition zu kleben und sich dazu eine Geschichte auszudenken (M 3).
Einzelne Bildkompositionen werden über OHP der gesamten Klasse gezeigt; die erdachten Geschichten dazu werden erzählt (Beobachtung: fast nur aggressive Bildkompositionen und Geschichten).
–   Das Rembrandt-Bild wird verteilt, angeschaut, besprochen und mit den eigenen Bildkompositionen verglichen (M 4).
–   Die Geschichte vom verlorenen Sohn wird vorgelesen und in Bezug zum Rembrandt-Bild gesetzt.
–   Interaktionelle Besprechung von Lk 15,11–32: Welche Person der Geschichte ist euch am sympathischsten? Begründung?
–   Eigenschaften der einzelnen Personen werden an der Tafel festgehalten:

Tafel:

Vater	*älterer Sohn*	*jüngerer Sohn*
gütig	verläßlich	reumütig
barmherzig	eifersüchtig	leichtsinnig
großzügig	gerecht	dankbar
. . .	. . .	. . .

–   Über die Rahmenerzählung wird die Geschichte als Gleichnis identifiziert und die theologische Aussage der Gleichnisse erarbeitet.
Tafelbild wird vervollständigt: Vater = Gott; älterer Sohn = Gerechter; jüngerer Sohn = Sünder.

R. Tammeus, Unterrichtseinheit zum Symbol »Haus« (11. Gymnasialklasse)
1. Doppelstunde (vgl. Rahmenziele 3 und 4)
–   Bildmappe: J. Müller, Hier fällt ein Haus, dort steht ein Kran, Aaran 1976.
Einzelne Bögen der Bildmappe werden gezeigt, Veränderungen genannt und besprochen.
Erster und letzter Bogen der Bildmappe werden verglichen und unter der

---

68   Vgl. Kirchentagsliederheft 83, Umkehr zum Leben, Neuhausen-Stuttgart 1983, Nr. 705.

Fragestellung »Wo möchtet ihr lieber wohnen?« »Warum?« ausgewertet.
- Schreibspiel an der Tafel unter dem Motto:
»Das Haus bedeutet für mich . . .«.
- Zeitungsartikel: Holzwege aus Sichtbeton (M 6).[69]

2. Doppelstunde (vgl. Rahmenziel 7)
- Metaphern-Meditation: »Der Himmel auf Erden«.
- Diskussion der Ergebnisse unter der Fragestellung »Was könnte die Metapher in bezug auf unsere Vorstellungen von Häusern bedeuten?«.
- Analyse eines Werbeplakats der »Leonberger Bausparkasse«: »Der Himmel auf Erden« (M 7):
Welche Verheißung vermittelt das Plakat mit welchen Mitteln? Kritische Auseinandersetzung mit der Aussage des Werbeplakats.
- Konfrontation mit der Aussage »Jesus hat das Reich Gottes vom Himmel auf die Erde geholt«.
Inhaltliche Füllung der Aussage (Was ist damit gemeint?).
Diskussion der Aussage.

3. Doppelstunde (vgl. Rahmenziel 9)[70]
- Kreativer Zugang zu Lk 15,11–24 über ein Rembrandt-Bild zum verlorenen Sohn von 1636 (M 4).
Overhead-Theater mit Hilfe dreier Elemente aus dem Rembrandt-Bild (M 3) (die Elemente werden einander zugeordnet; dazu wird eine mögliche Situation beschrieben).
Projektion und Beschreibung des Gesamtbildes (M 4).
- Die Geschichte vom verlorenen Sohn wird vorgelesen und in Bezug zum Rembrandt-Bild gesetzt.
- Interaktioneller Zugang zu Lk 15,11–24:
1. Sich mit einer Person im Gleichnis identifizieren:
Wer ist mir am nächsten?
Wer ist mir sympathisch?
2. Gruppenbildung: Je eine für den Vater, den älteren Sohn, den jüngeren.
3. Gespräch in der Gruppe: Warum habe ich mich für diese Person entschieden?

69   Vgl. auch *H. von Hentig*, Ein Haus für heutige Menschen, in: *Ders.*, Ergötzen, Belehren, Befreien. Schriften zur ästhetischen Erziehung, München/Wien 1985, 317ff.
70   Die Anregung zur Arbeit mit der Rembrandt-Radierung wurde übernommen aus: Arbeitshilfen für den Konfirmandenunterricht, Nr. 11: Mit Bildern unterrichten – eine Arbeitshilfe zu ›Leben entdecken‹, hg. vom Religionspädagogischen Institut, Loccum o.J. (1982), 9-16. Der Vorschlag zur interaktionellen Auslegung von Lk 15,11-32 findet sich mit den entsprechenden Fragen im Lehrerheft zu *E. Eßlinger / H. Rupp*, Der Mensch auf der Suche nach dem wahren Menschsein (Oberstufe Religion 6), Stuttgart 1981, 108f. Vgl. dort auch die Auslegung zu Kafkas »Heimkehr«, 30ff.

4.   »Veröffentlichung«: Die drei Personen bzw. drei Gruppen artikulieren
ihre Gefühle und Gedanken. Die anderen können reagieren!
5.   Aussprache über den Verlauf: Was ist passiert? Warum habe ich mich
so verhalten? Was beschäftigt mich am meisten?
–   Interpretation des Gleichnisses unter besonderer Berücksichtigung
der drei Hauptpersonen (Tafelbild).

4. Doppelstunde (vgl. Rahmenziele 10 und 11)
–   Franz Kafka: »Heimkehr« als alternative Nachhausekomm-Erfahrung
zu Lk 15 (M 9).
–   Gerd Heinz-Mohr: »Das Gleichnis vom verlorenen Vater« als moder-
ne Umkehrgeschichte (M 10).
–   Abschlußgespräch zur Unterrichtseinheit ›Symbol Haus‹ anhand des
Arbeitsblattes (M 2).

2.2   Das Symbol »Weg«

2.2.1   »Weg« in anthropologischer und biblischer Sicht

Zur anthropologischen und religiösen Bedeutung des Wegs
Im Unterschied zum zentrischen Raum des Hauses, der einen Mittelpunkt
hat, ist der Raum der Straße oder des Wegs ein *exzentrischer Raum,* der den
Menschen unwiderstehlich in die Ferne zieht. Der Weg ist »der Ausdruck
einer exzentrischen Räumlichkeit, nämlich einer Welt, in der der Mensch
nie mehr ganz bei sich selbst ist«.[71]
Wenn wir das Haus verlassen, sind wir darauf angewiesen, daß uns Wege,
Straßen, Gleise, Brücken oder Stege das Gelände erschließen; sie helfen
uns, daß wir uns im Gelände fortbewegen können. *Die besondere Funktion
des Weges ist die Erschließung eines Außenraums;* er steht exemplarisch für
die anderen genannten Mittel der Raumerschließung.[72]
Im Neubaugebiet und an Abkürzungen im Walde können wir noch beobachten, wie Wege ursprünglich entstehen. Im allgemeinen sind Wege und
Straßen das Ergebnis von *Planung,* und zwar besonders aufgrund von
Herrschafts- und Wirtschaftsinteressen. Der Zusammenhang von Macht
und Bau wird am Straßenbau besonders anschaulich. Der Mensch ist
gleichursprünglich Straßen- wie Häuserbauer. An den Römerstraßen, an
den Straßen Napoleons III. und an den Autobahnen des ›Dritten Reichs‹
läßt sich besonders gut erkennen, daß die Straßen der Befestigung und
Ausbreitung des Herrschaftssystems dienen.[73] Breite Straßen und Plätze

71   *J. Linschotten,* Die Straße und die unendliche Ferne, in: Situation I, Utrecht/
Antwerpen 1954, 235-260, hier: 259.
72   Vgl. ebd., 258; vgl. *Bollnow,* a.a.O., 97.
73   Vgl. *Bollnow,* a.a.O., 99.

dienten dem Aufmarsch der Braunen Kolonnen, Straßen und Autobahnen dem Aufmarsch der Wehrmacht. Über endlose Straßen strömten später Millionen von Soldaten, Gefangenen, Häftlingen, Obdachlosen und Flüchtlingen. Die Erfahrungen unseres Jahrhunderts reichen von denen des »Wandervogels«, bei denen das Wandern als eine Lebensform entwickelt wurde, bis zu den Erfahrungen jener Millionen Menschen, die Krieg, Terror und Verfolgung aus ihren Häusern auf die Straßen getrieben hat. Durch die Straßen wird der Raum zu einem gemeinsamen Beziehungssystem. Sobald ich den privaten Raum des Hauses verlasse, begebe ich mich in einen überindividuellen Raum, der durch den »Verkehr« bestimmt ist. Straßen entstehen, wo man mit anderen Beziehungen knüpfen will, wo Getrenntes verbunden werden soll.

»Die Menschen, die zuerst einen Weg zwischen zwei Orten anlegten, vollbrachten eine der größten menschlichen Leistungen. Sie mochten noch so oft zwischen beiden hin und her gegangen sein . . .: erst indem sie der Erdoberfläche den Weg sichtbar einprägten, waren die Orte objektiv verbunden, der Verbindungswille war zu einer Gestaltung der Dinge geworden . . . Der Wegbau ist sozusagen eine spezifisch menschliche Leistung . . . Im Bau der Brücke gewinnt die Leistung ihren Höhepunkt«. Die Brücke symbolisiert »die Ausbreitung unserer Willenssphäre über den Raum«.[74]

Weil die Straßen Ausdruck des menschlichen Verbindungswillens sind, ist die Straße für J. Linschotten ein *soziales Symbol,* nicht nur Medium, sondern auch Sinnbild des Verkehrs, im übertragenen wie im buchstäblichen Sinne.[75] Die Autobahn zwischen Göttingen und Frankfurt/M. fügt sich möglichst organisch in die Landschaft ein; sie wurde von einem Landschaftsarchitekten geplant. Die Landschaft wird aber beim Autobahn- und Straßenbau meistens rein quantitativ behandelt; der Raum wird mathematisierbar. Die Straße ist nicht nur indifferent im Blick auf die Landschaft, sie macht die Landschaft auch selber indifferent. Mit dieser *Homogenisierung* des Raums durch den Straßenbau hängt die schon genannte *Exzentrizität des Raums* zusammen. Die Straßen bilden ein endloses System, ein Wegenetz, das nicht mehr auf das Haus als Mitte bezogen ist, sondern zu einem selbständigen System wird. Hinter jedem Ort beginnt eine neue Straße zu einem neuen Ziel. Die Straße hat keine Grenze; denn »jede Straße führt ans End' der Welt« (F. Schiller). So ist der Weg, die Straße das Merkmal der unendlichen Ferne. »Die unendliche Transzendenz der Zielsetzungen macht den Weg zum Symbol eines ewigen Unterwegsseins.«[76] Ist für Linschotten der Weg Ausdruck des Transzendierens des menschlichen Lebens, so spricht Simmel im Blick auf die Brücke von dem Menschen als »Grenzwesen, das keine Grenze hat«.[77]

74 *G. Simmel,* Brücke und Tür, Stuttgart 1957, 2.
75 Vgl. *Linschotten,* a.a.O., 246.
76 Ebd., 250. Der abgebrochene Weg ist Symbol des Todes.
77 *Simmel,* a.a.O., 6.

Das enge Wechselverhältnis von Weg und Mensch wird besonders deutlich, wenn wir fragen, wie sich der Mensch auf ihm bewegt und welche *Raumerfahrung* er jeweils macht. Dabei tritt der *Unterschied zwischen Weg bzw. Pfad und Straße* deutlich hervor. Der *Wanderpfad* will sein Ziel nicht auf dem nächsten Weg erreichen; er paßt sich der Landschaft an, der Boden ist nicht künstlich zubereitet. Der Pfad eignet sich nicht zum Marschieren; der Wanderer muß nämlich jeden Schritt dem Boden anpassen. Dementsprechend fließt das Wandern »unregelmäßig wie ein Bach über das unebene Flußbett«.[78] Für den Wanderer ist primär nicht die Ankunft wichtig, sondern das Wandern selbst. Es ist zwecklos und hat seine Bedeutung in sich selbst. Der Pfad lädt zum Verweilen ein; er erschließt die Landschaft, führt in ihr Inneres hinein. So kann R.M. Rilke von der »Häuslichkeit der Landschaft« sprechen.[79] Für die Zeiterfahrung des Wanderers ist dementsprechend nicht die meßbare Zeit charakteristisch, sondern die erfüllte Zeit, das Verweilen im Augenblick. Wenn Novalis und Eichendorff das Symbol des Wegs als Weg zum Ursprung, zum »Grund aller Dinge«, als ein »Weg-Zurück« auffassen, dann liegt dem die Erfahrung des Wanderns auf dem Pfad oder Fußweg zugrunde. Die »Einkehr in die Immanenz der Landschaft« wird zugleich als Einkehr in die Ursprünge des Seins erfahren.[80] Auch das Symbol der »Hinreise« als Reise in die innere Welt hat in der Wegerfahrung des Wanderers seinen ›Sitz im Leben‹. Auf den *Straßen* ist demgegenüber nur *eine* Bewegungsrichtung sinnvoll, nämlich nach vorn. Auf der Straße kann man Rast machen, aber sie lädt nicht zum Verweilen ein, sondern treibt beständig vorwärts, um nämlich in möglichst kurzer Zeit das Ziel zu erreichen. Die Panne oder die Zugverspätung beunruhigen den Reisenden. »Auf der Straße geht man, und zwar nach vorne; man hat es immer eilig . . ., einer kann den anderen überholen, es tritt ein Wettkampf in der Bewegung in die Zukunft ein.«[81] Daher symbolisiert nach Linschotten die Straße die Zukunft; sie entwickelt einen Sog nach vorne, sie »zieht«. Daher die Versuchung zu immer größerer Geschwindigkeit. Linschottens an Husserl orientierte phänomenologische Beschreibung der Straße und des (Fuß-)Wegs will Typisches herausarbeiten und nicht alle Einzelheiten treffen. So gibt es selbstverständlich auch Wanderer, die mit Kilometerzähler ausgerüstet »Leistungssport« auf dem Pfad betreiben. Von Bedeutung scheint mir zu sein, daß die Straße als *soziales* Symbol zugleich Symbol der *Zukunft* ist und die »unendliche Transzendenz der Zielsetzungen« zum Ausdruck bringt. Die Straße als soziales Symbol bringt höchst *ambivalente* Erfahrungen zur Sprache: das »Wir-Gefühl« des gemeinsamen Marschierens, aber auch des gemeinsamen Demonstrie-

---

78   *Linschotten*, a.a.O., 254.
79   Gedichte in französischer Sprache, 1949, 253. Zitiert nach *Bollnow*, a.a.O., 118.
80   Vgl. *Linschotten*, a.a.O., 257.
81   *R. Kuhn*, Daseinsanalyse eines Falles von Schizophrenie, in: Mschr. Psychiat. u. Neurol. 112 (1946) 240; zitiert nach *Linschotten*, a.a.O., 238.

rens für den Frieden; die Flüchtigkeit des menschlichen Kontakts, aber auch die selbstlose, solidarische Hilfe gegenüber den Opfern des »Verkehrs«. Der Weg als Symbol des Lebens war ursprünglich am Pfad orientiert und zeigt den Menschen als Wanderer, der hier keine bleibende Stätte hat. Demgegenüber bringt die Fahrt mit dem Auto, der Eisenbahn oder dem Flugzeug ein ganz anderes Lebensgefühl zum Ausdruck. Die didaktische Erschließung des Symbols sollte nicht nur die Ambivalenz, sondern auch diese *Spannweite* widerspiegeln, denn sie entspricht dem Leben selbst. *Es besteht nicht nur eine Polarität zwischen Weg und Haus, sondern auch innerhalb des » Wegs«: Der Mensch ist zugleich Wandernder, Einkehrender und rastlos Reisender.* In beiden Weisen ist er in der Welt unterwegs, in der er nie mehr ganz bei sich selber und nie ganz zu Hause ist. Dementsprechend symbolisiert in modernen Texten und Bildern gerade die *Reise* das menschliche Leben, etwa in F. Kafkas Erzählung »Eisenbahnreisende«, F. Dürrenmatts Erzählung »Der Tunnel«, die Bezüge zu Kafkas Text aufweist, E. Kästners Gedicht »Das Eisenbahngleichnis« oder im jugoslawischen Kurzfilm »Die Reise« (1972).[82] Da das gegenwärtige Lebensgefühl beim Symbol »Reise« unmittelbar angesprochen wird, finden wir hier wieder mühelos Reiseanzeigen mit »religiösem« Charakter.

Die biblische Wegsymbolik

Theologie ist häufig Theologie der *Reisenden* oder der *Wanderer* genannt worden. Dieser Sprachgebrauch wird durch die Bibel gestützt. Das häufigste hebräische Wort für »Weg« *(däräch)* kommt im Alten Testament über 700mal vor, allerdings meist nicht vordergründig für eine Strecke oder Bewegung im Gelände, sondern »übertragen« für menschliche Tätigkeit überhaupt.

»Weg« ist zudem nicht ein Weg im Gelände, der vorhanden ist, ohne daß Menschen sich darauf bewegen, sondern dasjenige, worauf und worin sich Menschen bewegen (Gehen *in* einem Weg), häufiger die Bewegung selbst. Das deutsche Wort »Gang« vermittelt eine ungefähre Vorstellung dessen, was im Hebräischen bei »Weg« mitschwingt: »Gang« meint eine bestimmte Wegstrecke, eine menschliche Bewegungsart (»schleppender Gang«) sowie die zielgerichtete Bewegung (»Kirchgang«); im übertragenen Sinne spricht man vom »Gang der Dinge«.[83]

Im übertragenen Sinn bezeichnet »Weg« den Lebensweg (die Einheit der Biographie), aber auch den Lebenswandel.[84]
Dieses spezifische Verständnis des Wegs im hebräischen Denken deckt sich

---

82   Vgl. *R. Lüpke u.a.*, Die Reise, in: Arbeitshilfe – Kurzfilm, Sonderteil der Zeitschrift »medienPRAKTISCH«, Frankfurt/M. 4/1978, 57-59.
83   Vgl. *K. Koch (u.a.)*, Art. דֶּרֶךְ, in: ThWAT II, 288-312, hier: 295.
84   Vgl. *F. Nötscher*, Gotteswege und Menschenwege in der Bibel und in Qumran (Bonner Biblische Beiträge 15), Bonn 1958, 60f: Lebenswandel und Lebensschicksal, Lebensführung und Lebensweg werden in ursächlichem Zusammenhang gesehen. Der Weg der Rechtschaffenheit und der Weg des Wohlergehens ist derselbe.

nicht mit der Wegsymbolik im Buddhismus oder Taoismus (tao = Weg) oder mit unserer Vorstellung vom Lebensweg. Die Rede von *der* Wegsymbolik führt daher zu einem ungeschichtlichen Denken, in dem kulturelle Unterschiede verwischt werden.

Wir gehen von unserem Verständnis der Lebenswegsymbolik aus und beachten, daß in der Bibel das Symbol mehrdimensional zu verstehen ist, also etwa den Lebenswandel, für den wir Verantwortung zu tragen haben, mit umfaßt. Die vielschichtige Rede vom menschlichen oder göttlichen Weg und Wandel spiegelt wider, daß die israelitische Religion ursprünglich eine Wegreligion und Jahwe ein »Weg-Gott« war. Wird das Leben in dieser Weise auf das Wandern konzentriert, so hat das seine Wurzeln in einem Abschnitt der Geschichte Israels, in dem die entscheidenden Ereignisse im Aufbrechen von einem Weideplatz zum anderen bestanden. Ausgangs- und Angelpunkt der israelitischen Wanderungsterminologie ist Gen 12,1–3: Jahwe schickt Abraham auf den Zug in das Land der Verheißung.[85] Israel als ganzes vollzog einen »Weg« vom Auszug aus Ägypten bis zur Landnahme. Damals erfolgte die Leitung durch Jahwe selbst in der Wolkensäule (Ex 13,21) oder durch seinen Engel (Ex 23,20). Mose bittet darum, ihm möge der *Gottesweg* mitgeteilt werden, damit er bei der Führung des Volkes vor Jahwe Gnade finde (Ex 33,12–14; zum Gottesweg vgl. auch Gen 18,19). Der Gottesweg meint den Geschichtsverlauf von einer grundlegenden Verheißung bis zur endgültigen Durchsetzung, also nicht nur eine bestimmte Wegstrecke, sondern auch deren heilvolle Bewältigung; diese hängt von dem gemeinschaftstreuen Verhalten der entsprechenden Menschengruppe innerhalb des Gottesbundes ab.[86]

Taucht diese Vorstellung von Gottes eigenem Weg erst in überlieferungsgeschichtlich jungen Stellen auf, so wird »Weg« schon in der frühen Königszeit für die Lebensrichtung eines einzelnen gebraucht (1Sam 24,20). In der *Orakel- oder Gebetssprache* liegen vordergründiger und übertragener Sinn ineinander, weil vorausgesetzt wird, daß Gott den Weg des Menschen bewahrt, indem er die Leitung übernimmt oder selbst dabei ist (vgl. Gen 24,27.48; 28,20; 35,3; 1Sam 18,14). Er sendet die Menschen auf einen bestimmten Weg (1Sam 15,18).[87]

Im *Psalter* kommt »Weg« 66mal, besonders in Weisheitspsalmen, vor. Inhaltlich ist »Weg« auf die Lebensführung des einzelnen bezogen oder auf die göttliche Lenkung des individuellen Lebens. Entscheidend ist die sittliche Qualität der Summe menschlicher Taten in einem Lebensabschnitt. In Lob und Klage äußert sich die Sehnsucht nach einem glücklichen Weg durch Jahwes Mithilfe. Hier ist eine deutliche Akzentverlagerung gegenüber der erzählenden Überlieferung festzustellen.[88] Auch in den *weisheitli-*

---

85 Vgl. *A. Kuschke*, Die Menschenwege und der Weg Gottes im Alten Testament, in: STL Vol. V, Fasc. I-II, Lund 1952, 112.
86 Vgl. *Koch*, a.a.O., 302.
87 Vgl. ebd., 301.
88 Vgl. ebd., 303.

chen Büchern spielt das Weg-Motiv eine große Rolle – allein 75mal im Buch der Sprüche. Vom göttlichen Weg oder dem Weg des Volkes ist kaum die Rede; dafür wird über den Weg einzelner Menschen ausführlich nachgedacht.

Ein Weg entspringt im Herzen und wird zur Aktion, die wieder auf das Herz zurückwirkt. Das Wesen des Menschen zeigt sich im Verfolgen eines zielstrebigen, auf glückliches Leben ausgerichteten Wegs. Er läßt sich nur in Gemeinschaftsbeziehungen verwirklichen und ist daher mit der Gesamtheit des menschlichen Werkes identisch. Als weise gilt ein Mensch, wenn seine ganze Lebensführung von Einsichten der Weisheit gestaltet wird. Weisheit ist das Erkennen des Wegs, den man dann auch gehen muß, und zwar vollständig, untadelig, gradlinig im Doppelsinn von Tun und Ergehen. Wer die Tora auf sein Herz bindet und danach handelt, dem erschließt sich der *» Weg des Lebens «* (Prov 6,20–23; 4,10f; 28,6–10; vgl. 7,1–5). Die Tora des Weisheitslehrers bindet das Handeln nicht an ein autoritäres Gebot, sondern sie bringt die Aufklärung und Einsicht, die der Mensch braucht, wenn sein Weg gelingen soll. Jahwe hat die Wege aller Menschen im Auge und bahnt sie zu festen »Fahrwegen« (Prov 5,21; 4,26) entsprechenden Ergehens. Jahwe wirkt in dem mit, was der Mensch sich als sein Schicksal schafft; daher kann das Reagieren Gottes auf den menschlichen Weg mit den gleichen Verben ausgedrückt werden, die die eigene Arbeit des Menschen an seinem Weg bezeichnen (vgl. Prov 3,6; 9,15; 5,21 u.ö.). Jahwe ist *Urheber* der Weisheit (Prov 8,22), und insofern auch am Gelingen des Wegs beteiligt.[89]

Der Weise respektiert nicht nur die Wegweisung der Erfahrungen, er respektiert vor allem die *Grenze* der Weisheit: »Von Jahwe kommen die Schritte eines Menschen, wie kann da ein Mensch seinen Weg verstehen?« (Prov 20,24). Was der Weise für recht hält, kann vor Gott, der den Weg bestimmt, ganz anders aussehen. »Das Menschenherz denkt sich seinen Weg aus, aber Jahwe lenkt seinen Schritt (Prov 16,9). Hinter dieser Einsicht in die Grenzen der Weisheit liegen bestimmte Erfahrungen, die *Gelassenheit* angesichts einer als heilsam erfahrenen *Grenze*, die bei der eigenen Lebensbewältigung nicht überschritten werden kann: Gott behält bei allem menschlichen Planen das letzte Wort.[90]

In den Zahlensprüchen Prov 30,18f wird an vier Beispielen die *Unbegreiflichkeit* des Wegs beschrieben. Hier handelt es sich um zuvor nicht gebahnte Wege (wie beim Weg des Adlers am Himmel); der Weg ist vorher nicht erkennbar, sondern muß erst erspürt werden.

Bei der Weisheit handelt es sich nicht um neutrales Sachwissen, sondern um Erkenntnisse, die im Umgang mit einer Wahrheit vernommen werden, für die man sich entschieden hat. Eine andere als die von Jahwe durchwaltete Wirklichkeit ist für den Weisheitslehrer überhaupt nicht denkbar.[91] Insofern ist der »Weg des Lebens« (Prov 2,19; 5,6 u.ö.) mehr als ein »Bildungs-

---

89 Vgl. ebd., 306.
90 Vgl. *G. von Rad*, Weisheit in Israel, Neukirchen-Vluyn ³1985, 135.
91 Vgl. ebd., 89.

ideal«; er ist vom Heil gestützt und durchwaltet. Er richtet sich auf Lebensfreude, Glück, Gesundheit, aber ebenso auf die Gnade und das Wohlgefal-
len Jahwes.

Zwischen diesen unterschiedlichen Traditionskomplexen der Auszugs- und Wü-
stentradition und der »Weisheit« gibt es Übergänge und Spannungen. So geht es
Jeremia um den bisherigen und künftigen Weg seines Volkes. Bei *Ezechiel* wird der
Weg des einzelnen zum prophetischen Thema, doch kennt er auch Wege und Bewegungen des ganzen Volkes. Bei *Deuterojesaja* zeigt sich Jahwes Macht darin,
daß er in geschichtlichen Bewegungen einen Weg für Israel frei macht wie einst
beim Auszug aus Ägypten (43,16.19; 51,10); er läßt eine wunderbare Straße zwischen Babylon und Palästina bauen, die zu seinem Weg bei der Wende des Exils
werden wird (40,3; 42,16). Es handelt sich auch hier nicht nur um einen vorder-
gründigen Rückweg, sondern der Weg umfaßt göttliche Setzungen, die das Heil
schlechthin ermöglichen (48,17–19).[92]
Bei *Tritojesaja* deutet sich eine Wendung zum nachexilischen Sprachgebrauch an:
Die eigenen Wege des Menschen erhalten jetzt einen negativen Akzent, werden
zum Irrweg und zur Abwendung von Gott (vgl. 53,6; 56,11; 57,17).

Die Religionspädagogik hat bisher nur die Exodus-Überlieferung berücksichtigt. Die anthropologische Konzeption der Weisheit, die Beziehung
zwischen Herz und Weg, die auch die Voraussetzung für die Hochschät-
zung der Tora darstellte, spielt bisher keine Rolle. Die weisheitliche Theologie mit ihrem Schöpfungsverständnis kann aber gerade da von Bedeutung werden, wo Jugendliche nach dem Sinn ihres Lebenswegs fragen. Die
weisheitliche Theologie kann nicht insgesamt in die Gegenwart übertragen
werden. Wenn aber die Frage nach dem Sinn als *Frage nach dem sinnhaft
Vorgegebenen* des menschlichen Wegs gestellt wird (Zeit, Leiblichkeit,
Mitmenschen . . .), findet sie sich in der Nähe der alttestamentlichen Weisheit.[93]

Im *Neuen Testament* gibt es nicht eine solche Vielzahl von Begriffen für
Weg und Pfad wie im Alten Testament. *»Hodos«* bezeichnet schon von
Homer an *einmal* (als Ort) den Weg oder die Straße in ihren verschiedenen
Formen und *zweitens* (als Bewegung und Handlung) den Weg, den jemand
unternimmt, den Gang, die Reise, den Wandel und »übertragen« auch die
Wegweisung (im Sinne der Lehre).[94] Dieser übertragene Gebrauch findet
sich im Neuen Testament häufig; an einigen Stellen (der Apostelgeschich-
te) wird das Wort zur Selbstbezeichnung des Christentums gebraucht.[95]
Die alttestamentliche Weg- und Wanderungsterminologie wird weiter aus-
gebaut, sie wird *christologisch* und *eschatologisch* bestimmt. Im Mittel-

---

92   Vgl. *Koch*, a.a.O., 309. Die berühmte Stelle Jes 55,9 ist aus dem Weg-Ge-
brauch des Deuterojesaja heraus zu deuten.
93   Vgl. *G. Sauter*, Was heißt: nach Sinn fragen?, München 1982, 26f.35. Diese
Frage entspricht dem Orientierungsbedürfnis des Menschen.
94   Vgl. *W. Michaelis*, Art. ὁδός, in: ThWNT V, 42ff, hier: 42.
95   So werden Apg 9,2 die Christen kurz als »(Leute) des Weges« bezeichnet. Vgl.
Nötscher, a.a.O., 97ff.

punkt steht jetzt Christus: Er führt den Weg zum Leben, zum Heil; er ist selbst der Weg. Das Leben des Christen ist »wandeln«, näher bestimmt als Wandeln im Glauben, in der Liebe, im Geist, in der Wahrheit ... So wird das christliche Kerygma zum Weg schlechthin. E. Käsemann hat seinem Buch über den Hebräerbrief (1939) den Titel »Das wandernde Gottesvolk« gegeben und herausgestellt, daß die Existenzform des Gottesvolkes die Wanderschaft ist.

In Hebr 10,19f wird das in dem Gedanken des neuen Wegs zusammengefaßt, der durch Jesus gebahnt ist; der Höhepunkt von Kap. 13 fordert zum Hinausgang aus dem Lager mit Jesus auf. Begründet wird das 13,13f mit dem Satz, daß wir hier keine bleibende Stadt haben. Dazwischen findet sich die Schilderung der Worte von Zeugen, deren Leben als Wanderschaft zur Gottesstadt gekennzeichnet wird. Die Darstellung christlicher Haltung erfolgt unter dem Bild des Laufens im Wettkampf (12,1).[96]

H. Conzelmann hat in seinen Studien zur Theologie des Lukas »Die Mitte der Zeit« (1954) festgestellt, daß Lukas die geographischen Angaben – auch den Weg als Ortsangabe – im Sinn seiner theologischen Konzeption verwendet und die Vorlagen entsprechend modifiziert. So wird die Reise zum christologisch notwendigen Zustand erklärt: »*Jesu Leidensbewußtsein wird als Reise ausgedrückt*. Er wandert zunächst gar nicht anderswo als bisher – aber er wandert anders ...«.[97]

Der systematische Theologe G. Wingren hat den biblischen Wanderungsgedanken untersucht, um ihn im Gegenzug zu A. Nygrens »Gesinnungsethik« stärker berücksichtigen zu können. In der Tat wird bei Paulus kein ethischer Begriff häufiger verwendet als »wandern« und »Wanderung«. Die Existenzform des Glaubenden ist das Wandern.[98] T. Rendtorff wendet sich ebenfalls gegen eine »individualistische« Ethik und orientiert sie biographisch an der menschlichen Lebensführung; man könnte im Sinne unserer Überlegungen auch formulieren: Ethik ist die Theorie des menschlichen Lebenswegs.[99]

In der *katechetischen Literatur* wird besonders das *Bild von den zwei Wegen* (Mt 7,13f) und die *Weg-Symbolik des Johannesevangeliums* (besonders Joh 14,6) berücksichtigt.
Das *Zwei-Wege-Schema* ist im Judentum und Griechentum weit verbreitet (vgl. z.B. Jer 21,8) und erfährt in *Mt 7,13f* seine spezifisch neutestamentliche Prägung.

Es ist Bild für die ethische Entscheidung des Menschen zum Guten oder Bösen. Jesus will mit diesem Spruch nicht polemisieren, sondern zur Jüngerschaft auf dem

96 Vgl. *E. Käsemann*, Das wandernde Gottesvolk, Göttingen ²1957, 9.
97 *H. Conzelmann*, Die Mitte der Zeit, Tübingen 1954, 53.
98 Vgl. *G. Wingren*, »Weg«, »Wanderung« und verwandte Begriffe, in: STL Vol. III, Fasc. II, Lund 1951, 111-123, hier: 112.
99 Vgl. *T. Rendtorff*, Ethik, Bd. 1, Stuttgart u.a. 1980, 11ff.32.

Weg zum Leben einladen. Der »schmale Weg« ist ein Bild für die Schwere der Nachfolge, die beispielsweise im Verlassen des Hauses, der Familie, des Reichtums besteht. »Weg« symbolisiert in diesem Zusammenhang (wie das Tor) den Zugang zum wahren Leben. Der Hinweis auf die »wenigen« (7,14) unterstreicht den Geschenkcharakter des Zugangs.

»Der breite und der schmale Weg« heißt ein Bild, das im 19. Jahrhundert vor allem pietistisch geprägte Christen in ihren Häusern aufhängten. Es ist heute noch als Poster erhältlich.[100] Gedacht ist es zur Selbstbesinnung, Warnung und als Erziehungsmittel. Es arbeitet mit Schwarz-Weiß-Alternativen und verfälscht das Evangelium durch seine lehrhaft-moralisierende Tendenz. Heute wirkt es fast wie eine Parodie auf christliche Existenz in der Welt. Das Bild kann sozialgeschichtlich in seinem historischen Kontext interpretiert werden und einen Anstoß zur Frage nach dem sachgemäßen Verständnis des Textes geben.[101]
Für die Auslegung des Ich-bin-Wortes *Joh 14,6* gelten die gleichen Grundsätze, wie sie schon oben zu Joh 8,12 entwickelt wurden. R. Bultmann hält die Verbindung der Begriffe Weg, Wahrheit und Leben für »typisch gnostisch«; nach S. Schulz geht die Weg-Vorstellung auf alttestamentlich-spätjüdisch-apokalyptischen Ursprung zurück.[102] Inhaltlich gehören 14,6 und 10,9 (»Ich bin die Tür«) eng zusammen. Sie symbolisieren den Zugang zum Heil und sprechen von der »Heilsmittlerschaft« Jesu: Er ist in seiner Person der Weg und das Ziel.

Weg, Wahrheit und Leben sind in dem »Ich bin« zusammengebunden; der Ton liegt aber auf dem Weg; denn auf ihm baut der Verheißungssatz (»niemand . . . außer durch mich«) auf. Wahrheit und Leben sind das Heilsziel. Gott ist »Leben«, und das Ziel besteht darin, Leben durch Gotteserkenntnis zu erlangen. Der Verheißungssatz spricht dem Glauben exklusiv die Wahrheit zu und überbietet damit das Ziel, in Zukunft im »Haus des Vaters« sein zu können (14,2f). Die Zukunft ist schon gegenwärtig; denn wer glaubt, daß Jesus Weg, Wahrheit und Leben ist, sieht schon den Vater (vgl. 14,10).[103] Jeder muß allerdings den Weg zur Wahrheit selber gehen; er ist nicht ein für allemal gesichert und verfügbar. Die Wahrheit erschließt sich im *Gehen* des Wegs, den Jesus eröffnet und selbst ist. Daher ist die Verheißung auch nicht von dem ablösbar, der das »Ich bin« sagt. Sie bleibt auf die *Erfahrung* auf dem Wege als Verstehensvoraussetzung bezogen und kann nicht »verkürzt« als Lehre angeeignet werden.

100   St.-Johannis-Druckerei C. Schweickhardt, Lahr.
101   Vgl. *K. Bätz / H. Schmidt*, Dreiunddreißig Unterrichtseinheiten für den Religionsunterricht. . ., 1. Halbbd., Stuttgart 1980, 451-464; vgl. *G. Brockmann / R. Veit*, Mit Kurzfilmen arbeiten, Bd. 2, Köln/Frankfurt/M. 1982, 31; Kopiervorlagen 8 und 9.
102   Vgl. *R. Bultmann*, Das Evangelium nach Johannes (MeyerK), Göttingen ¹²1952, 468f; vgl. *S. Schulz*, Das Evangelium nach Johannes (NTD 4), Göttingen ¹²1972, 129.
103   Vgl. *J. Becker*, Das Evangelium nach Johannes. Kapitel 11-21 (GTB 506), Gütersloh/Würzburg 1981, 462.

Religionspädagogisch interessant ist jedoch nicht nur dieser Höhepunkt der biblischen Wegsymbolik; aufschlußreich sind auch die vielen *Weggeschichten* von Menschen, die unterwegs – oft in schmerzhafter Erfahrung – von der Wahrheit überführt worden sind, wie beispielsweise die Geschichte vom Jakobskampf am Jabbok (Gen 32), die von der Gotteserfahrung in der Situation des Übergangs erzählt. Oder: die Geschichte von dem einsamen und dunklen Weg des Abraham mit dem jungen Isaak an der Seite (Gen 22), die Geschichte vom Durchzug durch das Schilfmeer (Ex 14), die Geschichte vom Weg des Mose auf den Berg (Ex 32). Die Möglichkeit einer Erschließung dieser Texte von der Wegsituation her besteht darin, den Zusammenhang zwischen den geographischen und mehr körperlichen Bewegungen und den inneren Bewegungen zu entdecken. Wir verdeutlichen diesen Sachverhalt exemplarisch an *Elias Weg zum Horeb (1Kön 19)*.

Dem Text liegt vermutlich eine Wallfahrtslegende zugrunde, die von einer Wallfahrt des Elias zum Gottesberg erzählt, bei der er eine wunderbare Speisung und ein Vorübergehen Jahwes erlebt hat. Sie wurde zweifach deuteronomistisch überarbeitet und mit Zusätzen versehen.[104] Wir halten uns an die Endgestalt und heben die Ortsangaben hervor: »machte sich auf und ging« – »stand auf und aß und trank« – »wanderte 40 Tage und 40 Nächte bis zum Berg Horeb« – »ging in eine Höhle« – »trat heraus und stellte sich in den Eingang« – »da ging Jahwe vorüber« – »er ging von dort weiter«.

Den Weg in die Höhle und wieder zurück durch die Wüste deutet D. Sölle mit E.D. Laing als Reise von außen »in den Schoß aller Dinge« (»Hinreise«) und als Rückreise zur Wahrnehmung politischer Verantwortung durch den Propheten. Gott wird in der äußersten Regression erfahren, die noch über Schlaf und Todeswunsch hinausgeht; »aber er ist zugleich der äußerste Progreß, der sein Reich bis ans Ende der Welt aufrichtet«.[105] Auch wenn man diesem Interpretationsansatz nicht in jeder Hinsicht folgt, läßt sich an ihm doch aufzeigen, wie das Symbol »Weg« innere und äußere Erfahrung verbindet, wie die Stationen der körperlichen Bewegung der »inneren Reise« entsprechen. Die Stationen des Wegs, die wir vielleicht malen können, stellen zugleich »Bilder der Seele« dar.

104   Vgl. *E. Würthwein*, Die Bücher der Könige. 1. Kön. 17 – 2. Kön. 25 (ATD 11,2), Göttingen 1984, 223ff.
105   *D. Sölle*, Die Hinreise, Stuttgart 1975, 86. Nach *K.E. Nipkow* könnte in der Sekundarstufe I durch eine elementare Auslegung von 1Kön 19 eine Affinität zwischen der Situation des Elia und Grundbefindlichkeiten Jugendlicher herausgearbeitet werden: Trotz seines unerschrockenen Einsatzes gerät Elia in Einsamkeit, Angst und Mutlosigkeit (vgl. Entwicklungspsychologie und Religionsdidaktik, ZP 33 [1987] 149-165, hier: 162).

2.2.2   Rahmenziele (Sekundarstufe I/II)

Die Schüler können
- (1) sich in einem »Schreibgespräch« mit der provozierenden Verheißung in Joh 14,6 (ohne Benennung der Bibelstelle) auseinandersetzen und die Frage nach authentischem, sinnhaftem Leben stellen;
- (2) durch eine Imaginationsübung die Möglichkeit gewinnen, sich über ihren alltäglichen Weg bewußt zu werden und sich im Gruppengespräch in die Wegsituationen anderer hineinzuversetzen;
- (3) Wege photographieren und Weggeschichten dazu schreiben
oder
anhand von vorgegebenen Bildern den Zusammenhang zwischen Wegen, Bewegungsformen und Gefühlen entdecken sowie nach der in ihrem Leben vorherrschenden Bewegungsart und dem entsprechenden Lebensgefühl fragen;
- (4) den Zusammenhang von Weg, Bewegung und innerer Erfahrung in der Geschichte von Elias Wanderung zum Horeb (1Kön 19) entdecken;
- (5) verstehen, daß »Weg« sowohl äußere wie innere Erfahrungen symbolisiert;
- (6) Rollenspiele zu Schlüsselsituationen des Kurzfilms »Der Weg« entwickeln und sich anhand von Situationen ihres eigenen Lebenswegs mit dem Problem von Freiheit und Determination bzw. mit dem Problem der Identität auseinandersetzen;
- (7) auf Folien ihren eigenen ›Lebenslauf‹ als Weg symbolisch gestalten und im Gespräch zukünftige Möglichkeiten durchspielen;
Alternative
- Spirale, Labyrinth und Irrgarten als unterschiedliche Deutungsmöglichkeiten des Lebenswegs beschreiben und auf Situationen des eigenen Lebens beziehen;
- diese Einsichten bei der Interpretation von Hundertwassers Bild »Der große Weg« in Anspruch nehmen und im Blick auf die Farbsymbolik weiterführen;
- (8) mit Hilfe von vorgegebenen Bildern und selbstgefertigten Texten (Gebete, Gedichte, Kommentare) einen »Schülerkreuzweg« gestalten;
- (9) Joh 14,6 und Texte aus der Passionsgeschichte ihrem Kreuzweg zuordnen;
- (10) in einer Bildmeditation eigene Wegerfahrungen verbalisieren, sie mit der Wegerfahrung der Emmausjünger (Lk 24) konfrontieren und mit Hilfe eines Lieds (M 9) oder eines Gedichts reflektieren und erweitern;
Alternative
- den Farbholzschnitt »Der Gang nach Emmaus« von Th. Zacharias auf dem Hintergrund ihrer eigenen Wegerfahrungen interpretieren und von der Wegsymbolik her die Struktur und wichtige Aspekte des Inhalts von Lk 24,13–21.25–35 erschließen.

2.2.3 Theologischer und didaktischer Kommentar

Besonders das zweite und dritte Rahmenziel sind in dem Unterrichtsprojekt von St. Basedow weiter ausdifferenziert und durch entsprechende Unterrichtsschritte erprobt.[106] Unsere Versuche setzen daher erst mit dem polnischen Kurzfilm »Der Weg« ein und haben ihren Schwerpunkt in der Gestaltung von »Schülerkreuzwegen«. Die als Alternative markierte Auseinandersetzung mit Spirale, Labyrinth und Irrgarten wird in der »Arbeitshilfe« von P. Moll ausgeführt; sie enthält auch eine Folie mit F. Hundertwassers Bild »Der große Weg«.[107]
Die vielleicht spannendsten Spiele der Kinder sind »Weg-Spiele«. Spiele haben ihre Regeln, aber im Spiel ist das Leben in Bewegung; es wird über den Körper ganzheitlich erfahren. Kinder haben Freude daran, im unberührten Schnee eine Spur oder gar eine Spirale anzulegen; sie kehren dann aus der Mitte auf ihren Fußstapfen wieder zurück, so daß ein Weg entsteht. Oder sie malen mit Kreide einen »Irrgarten« als Grundlage für einfache Spiele auf Asphalt.

Für manche Kinder und Jugendliche bedeutet *die Straße eine Lebensform.* Sie treffen sich auf Spielplätzen, an Straßenecken oder Parkanlagen mit Gleichaltrigen, bei denen sie Schutz, Stärke und Entlastung von den Problemen der Schul- und Lehrsituation suchen. Die Jugendlichen schreiben der Straße gegenüber dem Ablauf des Alltagslebens eine abweichende Funktion zu, indem sie ihnen als Treffpunkt und als Ort für außeralltägliche Erfahrungen dient. Diese Aneignung des Straßenraums geht meistens nicht ohne Konflikte für alle Betroffenen ab. Die Identität der Jugendlichen ist auf der Straße gefährdeter als in Privaträumen; sie wird durch Außenstehende und Gruppenmitglieder ständig in Frage gestellt, sie muß neu ausbalanciert und dargestellt werden. Oft finden Jugendliche hier die Anerkennung, die ihnen in der Familie und Schule vorenthalten wird. Bestimmte Soziallagen und Familienmilieus tragen in besonderer Weise dazu bei, daß Jugendliche ihre Lebensweise und Identität am gesellschaftlichen Ort Straße orientieren. Insgesamt aber ist die Straße im Wohnbereich der Sammelplatz lokaler Kinder- und Jugendkultur; sie stellt einen Übergang dar auf dem Weg zwischen der Ablösung aus dem Elternhaus und der Gründung einer eigenen Familie. Für manche Gruppen bleibt freilich die Straßenexistenz in abgewandelter Form lebensbestimmend (vgl. z.B. die Kneipenkultur).[108]

Der Unterricht sollte an die Erfahrungen auf der Spielstraße und mit »Weg-Spielen« erinnern. Vor allem aber sollte er Möglichkeiten eröffnen, sich spielend dem Symbol zu nähern, indem neue Wege begangen und alltägliche Wege bewußtgemacht werden. So können Schüler in einer *Imaginationsübung* ihren Schulweg bei geschlossenen Augen noch einmal nach-

---

106 Vgl. *St. Basedow,* Das Bild des ›Weges‹ – meditative und thematische Arbeit mit Bildern (Loccumer Religionspädagogische Medienmappen 1), Loccum ²1984.
107 Vgl. *P. Moll,* irrgarten – labyrinth – spirale, bb 37 (1986) Heft 3.
108 Vgl. *J. Zinnecker,* Straßensozialisation, ZP 25 (1979) 727–746, hier: 738ff. Vgl. auch Art. Weg, in: *H. Kirchhoff* (Hg.), Ursymbole, München 1982, 35.

vollziehen. Sie können anhand unterschiedlicher Weg-Bilder *pantomimisch* darstellen, wie man sich auf den Wegen jeweils fortbewegen kann, wie Weg und Bewegungsform sich entsprechen. Sie können ausdrücken, wie sie sich dabei fühlen, und überlegen, welche Wege sie am liebsten gehen möchten. Sie erkennen, daß Wege nicht nur gerade sind und nach oben führen: Zu den Wegen gehören aussichtslose Wege, Umwege, Holzwege, sich kreuzende Wege, abgebrochene Wege, Irrwege . . .

J. Quadflieg hat am Symbol »Weg« gezeigt, daß in jedem Symbol das Antisymbol steckt und daß es im täglichen Umgang schwer ist, in der Übergewichtigkeit des Antisymbols das versteckte »positive« Symbol zu entdecken.[109] Die Betonstraße scheint die alltägliche Wirklichkeit der Jugendlichen angemessener zu repräsentieren als der zum Träumen einladende Wanderweg. Aber Entfremdung ist nie total: Bedürfnisse, Wünsche, Sehnsüchte lassen sich nicht vollständig enteignen und können verstärkt werden. Gerade Kinder und Jugendliche zeigen in ihren Ausdrucksformen, in ihren Zeichnungen, ihrer Malerei und in ihren Texten, daß sie vorgegebenen Ordnungsmustern nicht voll angepaßt sind. Es geht darum, gerade mit Hilfe der Wegsymbolik die den Alltag durchziehenden und unterbrechenden Erfahrungen von Übergängen, Grenzen, Wendepunkten, erfüllten Augenblicken wahrzunehmen und Schmerz, Trauer, Freude, Sehnsucht auszudrücken. Sich auf den Weg machen, unterwegs sein, reisen bedeutet Erfahrungen sammeln; Erfahrungen zu machen bedeutet aber offen zu sein für neue Erfahrungen, trotz der Widerständigkeit der Wirklichkeit auf dem Weg zu bleiben. Daher kann gerade die Wegsymbolik den Sinn von Erfahrungen erschließen helfen.

Die Unterrichtsversuche mit dem polnischen *Kurzfilm* »*Der Weg*« (vgl. 2.2.4) lassen erkennen, daß er durch das Mittel der Reduktion und äußersten Konzentration das Ganze des Lebens zu thematisieren vermag. Er macht auf der realen Ebene (Zerlegung einer Person) einen komplexen Sachverhalt optisch sichtbar, nämlich die Erfahrung beschädigter Identität infolge einer versäumten Entscheidung. Der Konflikt wird so elementar ins Bild gesetzt und bleibt so offen, daß eine Übertragung in viele mögliche Realsituationen gelingt. Die *Text-Film-Predigt* von H.-D. Knigge (M 18) zeigt eine mögliche theologische Deutung des Konflikts. Sie wurde in einem Sekundarstufe-II-Kurs als Medium eingesetzt, um das Identitätsproblem aus theologischer Sicht diskutieren zu können. Das Symbol »Rechtfertigung« ermöglicht dem Menschen nicht nur, fragmentarische Identität anzunehmen, Identitätsgewißheit trotz der Beschädigungen zu gewinnen, sondern spielt ihm zugleich seine Möglichkeiten wieder zu, weil sie einen Perspektivenwechsel erlaubt: Er wird nicht von seinen verpaßten Entscheidungen her beurteilt, sondern im Licht der Zukunft, für die der Weg erst noch erspürt werden muß.

In einer 9. Realschulklasse *gestalten Jugendliche ihren Lebensweg* (vgl. Rahmenziel 7). Zum Teil werden in eindrücklicher Weise die eigenen Konflikte dargestellt (vgl. M 20). Die Schüler sprechen in Gruppen über ihren Le-

---

109 Vgl. *J. Quadflieg*, Weg: Symbol und Antisymbol, in: *V. Hertle u.a.* (Hg.), Spuren entdecken, München 1987, 108-115.

bensweg und erhalten die Möglichkeit, sich selbst und die anderen besser
zu verstehen; auch die Lehrerin sieht jetzt manchen Jugendlichen in einem
anderen Licht. Zum Teil hat der Film die Art der Darstellung stark mitbe-
stimmt. Aufgrund dieser Erfahrungen wurden einer 8. Gymnasialklasse
mehrere Deutungsmöglichkeiten für ihren Lebensweg angeboten: *Weg,
Spirale, Labyrinth, Irrgarten* (vgl. M 21). Zu diesen Symbolen ließe sich ein
eigener Zugang entwickeln; sie können hier nicht in ihrem ganzen Beziehungsreichtum, sondern nur als Symbole für unseren Lebensweg erschlossen werden. Die *Spirale* ist ein zentrales Symbol der »Reise nach innen«,
zum Zentrum, wo das Geheimnis des Lebens liegt. Sie verbindet die nach
innen und außen gerichteten Bewegungen.[110]

»Bei der *liegenden* Spirale verbindet sich die Grunderfahrung des Kreises mit der
von Expansion und Kontraktion zugleich«; beim Durchwandern einer *dreidimen-
sionalen* Spirale – wie beim Ersteigen eines Turms oder einer Wendeltreppe – verbindet sich die Erfahrung des Kreises mit der Erfahrung von Höhe und Tiefe.[111]
Die *Doppelspirale* (vgl. M 21) symbolisiert die Zusammengehörigkeit von Leben
und Tod: die nach rechts sich ausfaltende Spirale ist Symbol des sich entfaltenden
Lebens, die nach links sich einrollende Spirale ist Symbol des Sterbens.

Durch die Spirale wird das Leben als ein Weg gedeutet, der sich von seinem
Ursprung her entfaltet und sich in der Konzentration auf sein Ziel hin bewegt. Auch die *Labyrinthspirale* kann der Symbolik des Lebenswegs zugeordnet werden. Sie beschreibt einen mühevollen Weg mit vielen Wendungen und Umwegen, der dennoch in das Zentrum geführt wird, in dem sich
eine Umkehr vollzieht. Der Weg zurück aus dem Labyrinth bedeutet zugleich Loslassen der Vergangenheit und Erneuerung des Lebens. Diese Erfahrung ist besonders für Erschließungssituationen charakteristisch. Damit
die Jugendlichen den Wegcharakter des Labyrinths erfassen, erhalten sie
eine Photokopie (DIN A 4) und ertasten den Weg mit dem Finger. Noch
eindrücklicher wird der Weg erfahren, wenn wir ein Labyrinth in der Aula
oder einem anderen geeigneten Ort aufzeichnen, so daß es begangen werden kann. Im Mittelalter wurde um das Labyrinthmosaik herum – vor dem
Altarraum der Kathedralen von Auxerre und Sens – ein österliches Ballspiel aufgeführt, das mit einem Reigentanz durch das Labyrinth verbunden
war. Spirale und Ballspiel (ein altes Sonnenspiel) symbolisieren Tod und
Auferstehung Christi. Der Weg aus dem Labyrinth wird als Weg der Erlösung verstanden, den Christus gewiesen hat.[112] Für viele Schüler ist – wie
für F. Dürrenmatt[113] – das Labyrinth ein Symbol der Gefangenschaft, der
Ausweglosigkeit, der Unbegreiflichkeit und Undurchsichtigkeit der Welt.

110   Vgl. den Bildband von *J. Purce*, Die Spirale – Symbol der Seelenreise, München 1988.
111   *I. Riedel*, Formen, Stuttgart 1985, 116.
112   Vgl. *H. Kern*, Labyrinthe, München ²1983, 214.225f.
113   Vgl. *F. Dürrenmatt*, Stoffe I-III, Zürich 1981, 75ff.

Symbolhistorisch gedacht, müßte man in diesem Fall von einem *Irrgarten* sprechen. Die Vorstellung vom Irrgarten »als Profanierung und Modernisierung, als Aufbrechen des geschlossenen Labyrinth-Bildes« entspricht unserer zeitgenössischen Bewußtseinslage stärker als das eindeutig führende Labyrinth.[114] Die Ambivalenz des Symbols kann durch das Beieinander von Labyrinth und Irrgarten auch didaktisch zum Austrag kommen. Der Irrgarten kennt Entscheidungsmöglichkeiten und -zwänge, Sackgassen und Irrwege; der Lebensweg muß also immer wieder neu gesucht und gefunden werden, denn er kann sich als falsch erweisen und verlorengehen. Gerade in Spannung zu der Erfahrung des Irrgartens kann die Verheißung von Joh 14,6 neu verstanden werden. Ist ein Verständnis für das Spiralsymbol gewonnen, haben wir damit zugleich einen angemessenen Zugang zu *Hundertwassers Bild »Der große Weg«* (M 22).

Das Bild (162 × 160 cm) entstand 1955 in Saint Mandé/Seine und befindet sich heute in der Österreichischen Galerie Wien (Belvedere). Die Ausführung erfolgte in Mischtechnik: »Vinavil auf zwei zusammengenähten Leinwandstreifen, die weiß grundiert sind«.[115] Beherrschend ist die Spiralform. Daneben fallen eine ovale Form in der linken Ecke und zwei rechteckige Flächen auf, eine erdfarbene am oberen linken Bildrand und eine tiefblaue, goldumrandete im Zentrum des Bildes. Die Spirale beginnt in der linken unteren Ecke, die oft das noch Unbewußte symbolisch darstellt. Sie entwickelt sich aus einem braunen, energiegeladenen Kern – Archetyp des Brauns ist die »Mutter Erde« –, der eine blaue, hellumrandete Fläche umfaßt. Sie hat die Form eines Bergsees. Die Spirale ist nicht geometrisch angelegt, sondern sie wächst vegetativ. Sie entfaltet sich in vielen farbigen Spiralgängen, die teils dicker oder dünner, ausgezogen oder gefranst erscheinen. Sie hat Ausbuchtungen, weicht Widerständen aus (links oben) oder integriert sie, verläuft durch hellere oder dunklere Zonen. Die vorherrschenden Farben sind Grün, Blau und Rot. Grün ist die Farbe des Lebens, besonders des anfänglichen, keimhaften Lebens, der Lebenskraft des Anfangs. Das Blut, das verborgen im Herzen und in den Adern kreist, ist zentrale schöpferische Energie des Lebens. Die emotionale Ausdrucksfähigkeit des Rot reicht von Aggression, Zerstörung und Tod bis zu Liebe und Hingabe. Blau vertritt in der religiösen Malerei seit Giotto den Goldgrund und macht die Bilder durchlässig für die Kräfte des Himmels.[116] Das Bild regt dazu an, seiner Linienführung nachzuspüren und die Symbolik seiner Farben zu erschließen, den eigenen Lebensweg zu deuten und selbst eine Spirale zu gestalten: Aus welchem Ursprung gewinnt der Weg seine Kraft, auf welches Ziel hin konzentriert er sich? Wo kann man verweilen, wo möchte man schneller weitergehen? Wo lassen sich Widerstände überbrük-

---

114   *Kern*, a.a.O., 447.
115   G. *Ruppert*, Leiden – und dennoch hoffen, in: *F. Johannsen* (Hg.), Religon im Bild, Göttingen 1981, 186-207, hier: 199. Vgl. *Riedel*, a.a.O., 120ff.
116   Vgl. *I. Riedel*, Farben, Stuttgart 1983, 24ff.67.107ff.

ken, wo muß man ihnen ausweichen? Wo verstärken sich die Linien, wo verströmt viel Blau?

Die mittelalterlich-christliche Deutung des Labyrinths verbindet dieses mit den Symbolen von Kreuz und Auferstehung, wie die Bräuche des Pilgerwegs und Ostertanzes zeigen. Wir wollen dieser Symbolverbindung folgen, aber auf eine Weise, die einerseits den Erfahrungen der Schüler nahe bleibt, andererseits der biblischen Überlieferung näher liegt. Die Jugendlichen gestalten einen *»Schüler-Kreuzweg«.* Ohne Hinweis auf die Passionsgeschichte werden Schlagwörter an die Tafel geschrieben (oder auf Zetteln an die Schüler verteilt): Angst, gefesselt, verurteilt, verhöhnt, Kreuz, Schreien, Sterben. An anderer Stelle werden entsprechende aussagekräftige Photos aus Photomappen[117] präsentiert (vgl. die Bilder in der Andacht »Kreuzwege«). Jeder Schüler wählt sich ein Wort oder ein Bild aus und schreibt dazu einen eigenen Text. Die Worte und Bilder (ohne Titel) sind so offen, daß die Schüler ihre eigene Lebenswirklichkeit, ihre eigenen Erfahrungen damit, daß Menschen sich quälen, verspotten, zur Strecke bringen, ausdrücken können. Werden Worte, Bilder und Texte auf einer vorbereiteten Tapetenrolle zusammengetragen, entstehen Stationen eines Kreuzwegs.

Zum Stichwort »Sterben« fand sich in einer 9. Realschulklasse folgender Text: ». . . Ich weiß nicht, wo ich herkomme, ich weiß nicht, wo ich hingehe. Man hat mich nicht gefragt, ob ich kommen wollte. Man wird mich nicht fragen, ob ich gehen will. Trotzdem werde ich das Leben lieben.« Zum Stichwort »verurteilt«: »Zwei Lehrer haben einen Schüler in der Mangel und versuchen ihn fertigzumachen«.

Die Jugendlichen benennen ihre Konflikte und Zwänge. Die Arbeit gibt ihnen die Möglichkeit zur Klage und zur Fürklage für geängstigte, verhöhnte . . . Menschen, die selbst keine Stimme haben. In der Klage werden Angst, Konflikte, Zwänge ernst genommen; ihnen wird zum Wort verholfen. Sie überwindet die Unfähigkeit zu trauern. Fürklage ist Ausdruck gemeinsamen Leids und der Solidarität. Der Geängstigte, Verurteilte findet Adressaten und vielleicht neue Handlungsmöglichkeiten. Den Stationen des Kreuzwegs lassen sich die entsprechenden Abschnitte der *Passionsgeschichte* zuordnen.

Eine 9. Klasse hat lange bestritten, daß ihr Kreuzweg etwas mit dem Weg Jesu zu tun haben könnte. Nur über das »Kreuz« war eine Identifikation möglich. Die Schüler hielten es für ausgeschlossen, daß Jesus Angst gehabt hat, gefesselt und verhöhnt worden sei. Sie entdeckten dann selbst bei Markus die passenden Stellen und damit den »wahren Menschen«. Diese Klasse bestand dann auch darauf, daß von Jesu Auferstehung die Rede sein müsse; der Kreuzweg wurde erweitert.

117 Zum Beispiel: Sehen und Erkennen – Handbilder für den Religionsunterricht (Loccumer Religionspädagogische Medienmappen 2), Loccum 1983; *H. G. Beutler,* Stationen aus Schüler-Kreuzwegen 1983 (RelH/ZRelPäd 1984, 11-15) hat die südafrikanischen Linolschnitte von *Nkosi* verwendet.

Joh 14,6 kann in diesen Kontext eingebracht werden. Die Wahrheit der Metapher gilt *allen* Leidenden, Zur-Strecke-Gebrachten, Besiegten. Sie verweist auf den Weg Jesu an das Kreuz als Weg der Befreiung und will an ihm Anteil geben. Seine Fürklage öffnet das Leid und die Angst zu Gott hin. Er schreit für andere. Sein Schrei am Kreuz ist der »Schrei nach Freiheit« (E. Käsemann). Obwohl die religionsgeschichtliche Ableitung der Wegvorstellung in Joh 14,6 umstritten ist, kann man in religionspädagogischen Zusammenhängen – mit R. Schnackenburg[118] – auf die Exodus-Tradition zurückgreifen. Gott wird offenbar als der Vorausgehende und Mitgehende. Im Neuen Testament wird dieses Mit-Sein auf dem Wege beim *» Gang nach Emmaus«* (Lk 24) erfahren. Die Unterrichtsversuche setzen jeweils mit Bildern ein, um die Erfahrungen wieder zu erinnern, die eine Identifikation mit der Ausgangssituation der beiden Jünger ermöglichen. So schreiben die Schüler einer 8. Gymnasialklasse Texte zu einem Photo (M 23). Eine *9. Hauptschulklasse* arbeitet mit dem *Farbholzschnitt von Th. Zacharias* (M 25).

Spontane Assoziationen werden stichwortartig an der Tafel festgehalten: »Weg aus dem Dunkel des Lebens ins Licht«. – »Drei Menschen stehen zur Zeit im Schwarzen. Um sie herum ist Dunkelheit. Vielleicht erleben sie gerade Tiefpunkte auf ihrem Lebensweg. Aber am Horizont tut sich ein Licht auf.« – »Das schwarze Feld soll vielleicht die Tiefen im menschlichen Leben sein. Der Weg aus diesen Tiefen kann manchmal sehr lang sein.« – »Die schwarzen Linien im grünen Feld können Wegentscheidungssituationen bedeuten.« ... Diese Aussagen lassen erkennen, daß die Schüler nach dem Film ihren eigenen Lebensweg gestaltet haben. Der Holzschnitt stellt eine Brücke dar, um die dem Text zugrundeliegenden Erfahrungen zu erfassen: »Für die Jünger war das Gespräch mit dem Fremden wie die Sonne auf dem Weg. In Emmaus, beim gemeinsamen Essen ist es dann ganz hell um sie.« ... Das Lied (M 24) ermöglicht wieder den Rückbezug auf die eigene Situation. Aus einer größeren Anzahl von Photos wählen je 4 Schüler dann ein Bild aus, das für sie Dunkelheit (Verlassensein, Angst ...) verkörpert, und ein Bild, das Gemeinschaft, Freude, Hoffnung symbolisiert. Die Bilder werden in der Gruppe beschriftet, dem Plenum vorgestellt und gesprächsweise den entsprechenden Zonen des Holzschnitts zugeordnet.[119]

Denkbar ist auch, wieder auf das Bild von F. Hundertwasser (M 22) zurückzugreifen, um den Erkenntnisprozeß der Jünger auf dem Weg zu beschreiben. Dieser Prozeß, in dem sie von der Wahrheit des Auferstandenen überführt werden, konzentriert sich immer mehr, bis ihnen beim Brotbrechen die Augen geöffnet werden.

118   Vgl. *R. Schnackenburg*, Das Johannesevangelium, Bd. 3 (HThK), Freiburg 1975, 75.
119   Der Unterricht wurde von *Erika Teuwsen*, Bad Sooden-Allendorf, gehalten, die auch an dem Erfahrungsbericht über den Kurzfilm »Der Weg« mitgearbeitet hat.

2.2.4 Erfahrungsberichte zu einzelnen Abschnitten der Unterrichtseinheit

R. Tammeus, Das ›Ich-bin‹-Wort Joh 14,6 (vgl. Rahmenziel 1)
Die johanneische Weg-Metapher wurde in einer 8. Klasse / Gymnasium zu Beginn der Unterrichtseinheit mit dem polnischen Kurzfilm ›Der Weg‹ über ein Schreibgespräch eingeführt. Dann lag zu Beginn der Stunde ein großes Stück Papier auf dem Teppichboden in der Mitte des Klassenraums. Die Schüler/innen hockten um das Papier, und der Lehrer erläuterte kurz die Methode des Vorgehens: man wolle sich heute auf einen Satz konzentrieren und die Meinungen, Assoziationen, Gefühle u.a. dazu nicht mündlich äußern, sondern sie mit Filzstift auf die Tapetenrolle schreiben. Falls jemand zu der Äußerung eines anderen etwas bemerken möchte, solle er das auch aufschreiben und den Bezug durch einen Pfeil kennzeichnen. Nach kurzer Beruhigungsphase schrieb der Lehrer »Ich bin der Weg« mit dickem Filzstift auf das Papier.

Drei bis vier Minuten passierte überhaupt nichts, dann wagte sich die erste Schülerin an einen Filzschreiber und notierte: »Überheblich, Eingebildet«. Andere Schüler ergänzten: »Protzerei, Stolz, Hochnäsigkeit, Selbstsicherheit, Arroganz«. Es folgte die Frage: »Wer ist mit ›Ich‹ gemeint? Gott oder ein Mensch?« Spontane Reaktion: »Wahrscheinlich Jesus, der Spruch könnte aber auch von einem Guru stammen.« Eine Schülerin antwortete ausführlich: »Eingebildet und überheblich ist der Spruch nur, wenn ein Mensch glaubt, er sei sein eigenes Schicksal. Wenn damit gemeint ist, daß Gott uns durchs Leben führt, bedeutet das Vertrauen, Zuversicht, Ermutigung, Sicherheit.« Reaktion darauf: »Für Nichtchristen klingts auch dann überheblich, wenn Gott das Ich ist.« Weitere Schüleräußerungen im Verlauf des Schreibgesprächs (Auswahl): »Gott führt uns durchs Leben. Wenn man an Gott glaubt, sich auf ihn verläßt, findet man seinen eigenen Weg, sein eigenes Leben. ›Ich bin der Weg‹, d.h. jemand weiß den richtigen Weg, läßt andere Wege nicht zu. Richtung, in die man gehen soll, um richtig zu leben.«

Nach 25 Minuten wurde das Schreibgespräch abgebrochen. Das anschließende freie Unterrichtsgespräch verlief weiterhin kontrovers und spitzte sich – nachdem der Lehrer die Frage nach der Herkunft geklärt hatte – auf das Problem zu, ob jemand, der die Metapher akzeptiere, dadurch eingeengt und bevormundet würde oder ob das Jesus-Wort zu Vertrauen und Sicherheit im Leben führen könne. Der Lehrer verzichtete in dieser Stunde auf weitergehende Erklärungen oder positionelle Äußerungen. Die ambivalente Spannung der ›Ich-bin‹-Metapher sollte möglichst lange provozierendes Ferment der Unterrichtseinheit bleiben. In der Diskussion um den Kurzfilm tauchte sie an verschiedenen Stellen – besonders aber bei der Behandlung der Schlüsselsituation 3: Situation der Gespaltenheit – wieder auf. In diesem Zusammenhang wurde das Lied »Herr, zeige mir den Weg« (M 24) eingeführt, gesungen und besprochen.

Unterrichtsversuche mit dem polnischen Kurzfilm ›Der Weg‹ (U. Hinze / R. Tammeus) (vgl. Rahmenziele 5 und 6)

I. Der Film
Der Weg (Droga)

Zeichentrickfilm – 16 mm – Lichtton – sw – 5 Minuten-Film
Polski, Polen 1971
Regisseur: Miroslaw Kijnowicz
Zu beziehen über: Hadeko-Filmtechnik, Postfach 100651, 4040 Neuß.

II. Der Inhalt des Films

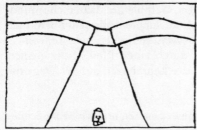

Ein Mensch geht über Höhen und durch Tiefen einen nahezu endlosen Weg.

(Schlüsselsituation 1)

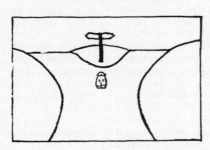

Schließlich kommt er an eine Gabelung mit Wegweisern, die in verschiedene Richtungen zeigen. Er kann sich nicht entschließen, welchen der beiden Wege er weitergehen soll. Er schwankt lange hin und her.

(Schlüsselsituation 2)

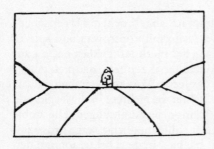

Schließlich teilt er sich und geht – scheinbar ideal – je als Hälfte auf beiden Wegen weiter. Später erinnert sich die eine Halbperson wieder an die andere und trifft über einen Nebenweg tatsächlich wieder mit ihr zusammen. Sie passen aber nicht mehr zusammen.

(Schlüsselsituation 3)

Eine ausführliche Besprechung des Films und die obigen 3 Abb. finden sich in: *G. Brockmann / R. Veit*, Mit Kurzfilmen arbeiten. Teil 2, © 1982 by Benziger Verlag AG, Zürich und Diesterweg Verlag, Frankfurt a.M., S. 23ff.

III. Unterricht mit dem Film
Wir haben den Kurzfilm in verschiedenen Klassenstufen unterschiedlicher Schularten eingesetzt: 9. Klasse, Hauptschule; 9. Klasse, Realschule; 8.

Klasse und Sekundarstufe-II-Kurs, Gymnasium. In allen Gruppen wurde zunächst der Film gezeigt. Nach spontanen Äußerungen, ersten unstrukturierten inhaltlichen Annäherungen und Reflexionen über die Darstellungsmittel des Films wurden – je nach Unterrichtsvoraussetzungen und Schülerinteressen – verschiedene Schlüsselsituationen des Films im Unterricht thematisiert. In den Haupt- und Realschulklassen wurden vorwiegend das endlose Auf und Ab des Wegs und die Entscheidungssituation am Wegweiser besprochen, in den Gymnasialklassen die Wegweisersituation und die Situation der Gespaltenheit am Schluß des Films. Unserer Einschätzung nach hätten aber alle drei Schlüsselstellen des Films in jeder Schulart behandelt werden können. Jüngere Schüler identifizieren sich dabei stärker mit dem Auf und Ab des Wegs und der Weggabelung, ältere gehen oft stärker dem Ende des Films nach.

1. Erste Zugänge zum Film
a)   Der Film wird ohne Titel und ohne Ton gezeigt. Die Schüler werden aufgefordert, auf Orffschen Instrumenten selbst die Filmmusik zu gestalten. Es werden Verbesserungsvorschläge erarbeitet und diese bei einem zweiten Sehen des Films realisiert. Das Gespräch über die eigene Musik führt zu einer intensiven Auseinandersetzung mit dem Inhalt des Films.
b)   Auch bei diesem Zugang wird der Film ohne Ton und ohne Titel gezeigt. Die Schüler sollen sich in das Männchen hineinversetzen und ihre Gedanken laut in die Klasse sprechen. Der Lehrer schreibt die Äußerungen mit und verwendet sie als Gesprächsanstöße. Da die Schüler sich mit dem Männchen identifiziert haben, läßt sich gut ein Gespräch über ihre Gefühle bei den verschiedenen Wegsituationen anschließen. Die Schüler sind von vornherein selbst mit auf dem Weg.
c)   Der Film wird ohne Titel, aber mit Ton gezeigt. Die Schüler tragen Stichworte in eine Tabelle mit folgenden 4 Spalten ein: »Wahrnehmungen«, »Gefühle«, »Assoziationen«, »Deutung«.
In dieser Tabelle steht dann das ganze Spektrum dessen, was der Film beinhaltet. Es muß dann der Altersstufe der Schüler entsprechend überlegt werden, welchen thematischen Schwerpunkt man für das Unterrichtsgespräch setzen sollte. In der Regel ergibt sich das aus der Spalte »Deutung«, in der auch mögliche Titel des Films erscheinen.

2. Das endlose Auf und Ab des Lebenswegs (Schlüsselsituation 1)
Schüler einer 9. Realschulklasse einigten sich darauf, dem Film den Titel »Der Lebensweg« zu geben. Sie wurden daraufhin aufgefordert, ihren Lebensweg auf Folien zu zeichnen. Die meisten Schüler orientierten sich dabei an der ersten Schlüsselsituation.

So erlebt ein Schüler sein Zeugnis in der 6. Klasse als erstes und einziges Tief in seinem bisherigen Leben. Ein anderer Schüler zeigt einen sehr viel bewegteren Weg. Trotz mehrerer Tief- und Hochpunkte empfindet er in seinem Leben eine Geborgenheit, die er in einem roten Kreis mit senkrechten Linien ausdrückt. Ganz im

Motiv des Films bleibt eine Schülerin. Ihre Eltern begehen den breiten, geraden
Weg und weisen sie auf die »Bildung« hin. Sie aber sucht kleine, mit Blumen ge-
schmückte Seitenwege und kreuzt nur gelegentlich den Weg der Eltern. Jedoch
vermeidet sie den Weg der »Spritze«, der zum frühen Tod führt. Trotz bewegter,
positiver (z.B. Konfirmation) und negativer (z.B. Konflikte mit den Eltern) Ereignisse am Wege zeichnet Annette (M 20) einen geradlinigen Weg, der nur durch die
Schulangst und nach der Trennung der Eltern ein Auf und Ab erfährt.

Es würde viel Zeit in Anspruch nehmen, sollten alle 30 Schüler der Klasse
ihre Lebenswege vorstellen. Ich wählte daher folgende Methode zur Wei-
terarbeit: Jeder Schüler sucht sich aus einer großen Sammlung von Photos
eines aus, das eine besondere Situation auf seinem Lebensweg widerspiegelt. Sie setzen sich dann in Gruppen von 6 bis 8 Schülern um einen OHP,
erläutern ihren »Lebensweg« und begründen in der Gruppe die Auswahl
ihres Bildes. Es wurden Bilder gewählt, die Höhepunkte ihres Lebens verdeutlichen, wie Konfirmation, Freundschaft, Gemeinschaft, Geborgenheit. Viele Schüler sprachen aber auch anhand ihres Bildes über Tod, Trennung, Einsamkeit. In dieser Stunde haben die Schüler viel von sich erzählt
und sind sich dadurch untereinander nähergekommen.

3. Die Entscheidung am Wegweiser (Schlüsselsituation 2)
Die Wegweiser im Film sind unbeschriftet. Blinkzeichen deuten an, daß es
sich um wesentliche Entscheidungssituationen handeln muß. Solche Entscheidungssituationen im Leben der Schüler aufzuspüren dürfte ein erster
Schritt im Umgang mit der zweiten Schlüsselsituation sein.

Schüler der 8. Gymnasialklasse nannten u.a. folgende Wegweisersituationen aus ihrem Alltag: sich einer bedeutenden oder unbedeutenden Clique anschließen, dem
Lehrer die Meinung sagen oder nicht sagen, dem Freund etwas vormachen oder
ihm die Wahrheit sagen, die Arbeit schwänzen oder mitschreiben, sich vom
Freund trennen oder nicht, in eine andere Wohngegend ziehen oder nicht.

In einem zweiten Arbeitsschritt erhielten die Schüler Folien und Schreiber.
Sie sollten die Wegweiser beschriften und Argumente für bzw. gegen die
jeweilige Entscheidung auf der Folie notieren. Die Vorstellung und Diskussion der Arbeitsergebnisse im Klassenplenum dauerte mehrere Unter-
richtsstunden und war anregend und intensiv.

4. Die Situation der Gespaltenheit (Schlüsselsituation 3)
Dieses Bild zielt auf Situationen der Gespaltenheit, des Maskenhaften, der
beschädigten Persönlichkeit, kurz: die Ambivalenz menschlichen Lebens.
Vorrangig ist das die Situation von Erwachsenen, doch auch Kinder und
Jugendliche erleben täglich diese Gespaltenheit. Solche Ambivalenzen im
persönlichen und gesellschaftlichen Leben aufzuspüren und zu besprechen
dürfte ein schwieriges, aber auch reizvolles Unternehmen dieses Unter-
richtsabschnitts sein. In beiden Gymnasialgruppen wurde zu Beginn dieses
Abschnitts zur Beschäftigung mit einer Karikatur eingeladen. Die 8. Klasse

erhielt die Zeichnung eines »Labyrinths« (M 19, Abb. 1), der Sekundarstufe-II-Kurs eine andere Zeichnung von S. Steinberg (M 19, Abb. 2). Beide
Zeichnungen zielen auf Zwänge im menschlichen Leben, reizen aber auch
zum Widerspruch (»Das darf nicht das Leben sein!«). Nach einem kurzen
Gespräch über solche Zwänge wurden die Schüler eingeladen, ihren Widerspruch zeichnerisch zum Ausdruck zu bringen. In die »Schachteln«
wurden Türen, Leitern, Bäume, Blumen, Tiere u.a. eingezeichnet, die Person auf dem Stufenpodest bekam Freunde, wurde farbig bekleidet, be-
schäftigte sich auf den einzelnen Stufen mit seinen Hobbys, seinen Kindern und Freunden, tanzte mit seiner Frau u.a. Die Beschäftigung mit den
Karikaturen erwies sich als gute Vorbereitung für die Auseinandersetzung
mit der dritten Schlüsselsituation. Die dort dargestellte Ambivalenz wurde
nicht mehr nur oberflächlich-negativ beurteilt, sondern als realistische
Darstellung menschlichen Lebens identifiziert. In Kooperation mit dem
Kunstunterricht entstanden in einer 9. Gymnasialklasse beeindruckende
Bilder dieses ambivalenten Lebensgefühls, bei denen sowohl die individu-
elle als auch die gesellschaftliche Komponente sichtbar wurde. Die Besprechung dieser Bilder im Religionsunterricht führte zu einer intensiven Beschäftigung mit der Schlußsituation des Films, die weit über die Feststellung eines beklagenswerten Zustands hinausging.

12. Klasse Gymnasium: Andacht »Kreuzwege« (R. Tammeus)
(vgl. Rahmenziele 8 und 9)
Die Klasse hat in einem Wochenendseminar in Reinhausen bei Göttingen
einen »Schüler-Kreuzweg« gestaltet und daraus die folgende Andacht
selbst erarbeitet. Es sind drei exemplarische Bilder ausgewählt.
Lied: »All Morgen ist ganz frisch und neu«
Einstieg ins Thema

1. Angst
Vor wem?
Vor was?
Warum?
Angst vor Kriegen
Angst vor Tieren
Angst vor Menschen
Angst vor Mitmenschen
Angst vor sich selbst?
Angst vor Krankheit
Angst vor dem Tod
Angst vor der Schande
Angst vor dem Versagen
Angst vor dem Gerede der anderen
Angst vor der Einsamkeit
Angst vor dem Altwerden
Angst vor der Dunkelheit
oder nur Angst vor der Angst?
Beten, um die Angst loszuwerden
Angst beklemmt, bedroht, schafft Hoffnung oder tötet.

Herr, manchmal fühlen wir uns wie erstarrt,
eingefroren in unserer Angst.
Wolken sind bedrohlich aufgezogen.
Hilflos sehen wir, wie unser Leben, unsere Hoffnung, unsere Liebe zu erstarren
droht.
Verzweiflung, Angst, Mutlosigkeit lassen alles dunkel erscheinen.
Du nimmst die Angst nicht weg, und manch einen nimmt sie immer mehr gefangen, Stunden der Angst können nicht ausgelöscht werden, aber laß Du die Strahlen
Deiner wärmenden Sonne an Kraft gewinnen, das Eis zu schmelzen, daß aus der
Angst neues Leben entsteht,
Licht, das Wärme, Vertrauen und Geborgenheit vermitteln will,
und so kann neues Leben entstehen, von Dir geschenktes Leben. Amen

Bibeltext: Mk 14,32ff
Lied: »Fürchte dich nicht«

2. Gefesselt

Linolschnitt von Charles B. Nkosi, aus: Passion in Südafrika, hg. von der Beratungsstelle für
Gestaltung von Gottesdiensten und anderen Gemeindeveranstaltungen, Eschersheimer
Landstr. 565, 6000 Frankfurt a.M. 50.

Was fesselt – beengt, gängelt, bindet, begrenzt
– einen vor sich selbst:
Identität, Selbstannahme, Bilder, Ansprüche, Ziele, Sehnsucht
– vor Gott:
Grenzüberschreitung, Selbstermächtigung, Machtmißbrauch, Selbstverwirklichung, Machtsucht, Weisheit, Ideologie
– im alltäglichen Leben:
Vorurteile, Qualifikation, Befehle, Hierarchien, Karriere, Moralvorstellungen, Erwartungen, Festschreiben der Beziehung, Familie, Rücksichtslosigkeit, Erzie-

hung, Verantwortung, Angst, Panik, Rausch, Machtlosigkeit, Engstirnigkeit, Unmenschlichkeit, Fanatismus
Isolation, Beziehungslosigkeit, Verruf, Haft, Quarantäne, Krankheit, Entmündigung, Entwürdigung, Freiheitsentzug, Belächeln

Bibeltext: Mk 14,43ff
Lied: »Herr, deine Liebe«, Str. 1 + 2

3. Verurteilt

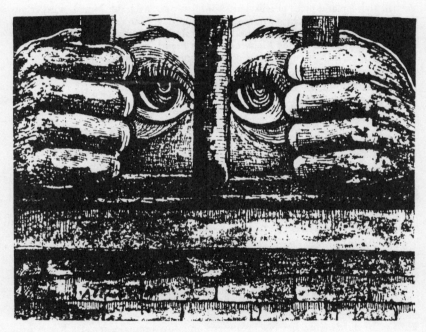

Photo: Amnesty International

Von wem?
Für was?
Schuldig oder unschuldig?
Verurteilt durch die Menschen der Gesellschaft,
durch den Freundeskreis
und durch die eigene Person.
Verurteilt dafür, weil man gegen die Gesellschaft verstoßen hat, neue Wege gehen will, die für die große Masse gefährlich sind, oder dafür, daß man wie alle anderen Menschen die gleiche Sünde begangen hat und die große Masse einen Schuldigen braucht, um die eigene Schuld auf diese Person abzuwälzen.
Oder wird man verurteilt wegen einer Sünde, die man gar nicht begangen hat?
Muß man büßen, obwohl man unschuldig ist?

Dem verurteilten Menschen, der sich seiner Unschuld bewußt ist und die Kraft hat, über die Verurteilung hinwegzublicken, bedeutet es nicht viel, verurteilt zu werden, weil die Leute, die ihn verurteilen, ihm nichts bedeuten. Aber der verurteilte Mensch, der diese Kraft nicht besitzt und sich schuldig fühlt, wird sich aus der Gemeinschaft verstoßen fühlen.

Bibeltext: Mk 15,5–11
Lied: »Herr, deine Liebe«, Str. 3 + 4

4. Verhöhnt

Verhält sich jemand nicht gesellschaftskonform oder nach der Norm, wird er aus der Gesellschaft ausgeschlossen. Doch nicht nur das: Man regt sich über sein Verhalten öffentlich auf, greift ihn an und läßt ihn stetig die Mißachtung spüren. Daher ist es sehr schwer für diesen Menschen, noch Freude am Leben zu haben, und es bedarf großen Selbstbewußtseins, so etwas zu überstehen.

Bibeltext: Mk 15,16–19
Lied: »Kyrie eleison«

5. Kreuz

Das Kreuz – ist das nicht das widersprüchlichste Symbol? Kann ein Kreuz als Siegeszeichen Hoffnung und Tod symbolisieren?
Was ist für mich heute das Zentrale des Kreuzessymbols? Vielleicht: Wo kreuzigen wir Jesus im Alltag oder wo verhalten wir uns so, daß es unserem angeblich christlichen Glauben widerstrebt? – Auf unser ganz persönliches Verhalten bezogen, da, wo wir unachtsam gegenüber anderen sind, wo wir unseren Egoismus in den Vordergrund stellen, wo wir durch übermäßigen Konsum auffallen.
Auf die Gesellschaft bezogen:
Nur nicht aus der Rolle fallen oder immer schon parallel zur Gesellschaft laufen. Zeigt nicht gerade hier das Kreuz seinen Widerspruch: Wie sieht es aus mit dem Glauben in bezug zur Praxis, im Glauben als Christ, in der Praxis die Widersprüche in bezug auf Aufrüstung und Wirtschaft usw.?
Wird nicht durch einfaches Nachplappern und Auswendiglernen das Kreuz Jesu zum verherrlichten und unverstandenen Siegeszeichen ohne Bezug zum Leben der Menschen? So wird das Kreuz als Symbol vielleicht zur Last der Kirche.
Herr, hilf uns, daß wir nicht nur dasitzen und uns die verschiedenen Bedeutungen und Deutungen des Kreuzes bewußtmachen, sondern aufrecht danach streben, dir zu folgen. Amen

Bibeltext: Mk 15,20ff
Lied: »Nun danket all . . .«, Str. 1 + 3

6. *Schreien*

Photo: Radius-Verlag

Das Schreien ist, egal in welcher Situation, eine versuchte Befreiung, die meist impulsiv geschieht.

Es kann entstehen aus dem Gefühl der Angst, des Schreckens, der Schmerzen, aber auch des Glücks. Am häufigsten ist es ein manchmal unbewußtes ›Auf-sich-aufmerksam-Machen‹ aus ausweglos scheinender Situation, wie:

Hilflosigkeit, verlorene Autorität oder wenn man sich von anderen in die Ecke gedrängt fühlt.

Oft wird der Schrei als sehr unangenehm empfunden, besonders bei Unbeherrschtheit, denn man assoziiert nicht selten damit, daß jemand die Kontrolle

über sich selbst verloren hat, und das ist gegen die Tugend und die Norm der
Standhaftigkeit und Selbstdisziplin. Man sollte ja nicht Schmerz oder ähnliches an
die Außenwelt dringen lassen.
Angst, Erschrecken, Alptraum, Schmerz, Panik und Verzweiflung, Hilfeschrei, ge-
quält sein, Ekel, Schreikrampf, Anschrei, Hysterie, verschrien sein, es schreit etwas
zum Himmel, Warnung,
Jubel, Freude, Kinder, Überraschungsschrei,
erstickter Schrei, stummer Schrei.

Bibeltext: Mk 15,34
Lied: »Kyrie eleison«

7. Sterben

Trauer, Schmerz, Qual, Folter, Leid, Verlust, Gewinn, Angst, Erlösung, unerwar-
tet, erhofft, Trost, nicht sterben wollen, dem Tod ergeben, sich dagegen auflehnen,
seelisch oder geistig sterben, körperlich sterben, natürlich oder unnatürlich ster-
ben, gewollt sterben, Selbstmord, eine Lücke hinterlassen, die Lücke wieder
schließen, gerecht oder ungerecht sterben, sinnvoll sterben, sinnlos sterben,
Schwarz, Tränen, Hoffnung, Kirche, Grab,
Blumen, Erde, neues Leben, Nachfolge.
Einfach vorbei!
In der Zeitung konnte es jeder lesen:
»19jähriger Schüler beim Verkehrsunfall verunglückt«
Doch keiner kann beim Lesen des Artikels so empfunden haben wie ich und deine
Angehörigen. Zuerst wollte ich es nicht glauben. Warum Du? Warum gerade Du?
Vor ein paar Tagen habe ich noch mit Dir gesprochen, und jetzt soll alles vorbei
sein?
Ich glaube es nicht, aber ich fühle eine große Lücke in meinem Leben. Ich kann es
einfach nicht verstehen und akzeptieren. Wenn ich durch die Stadt gehe, denke ich
manchmal, da vorne ist er, aber beim näheren Hinschauen ist es eine ganz andere
Person, und die Leere in mir kommt wieder zum Vorschein.
Die anfängliche Leere in mir hat jetzt Schmerz und Erinnerung in mir geweckt.
Viele Worte haben auf einmal eine ganz andere Bedeutung, nur weil Du sie gesagt
hast.
Wie kann ich Dich ersetzen, oder: Wer kann Dich ersetzen?
Will ich Dich überhaupt ersetzen?
Soll Dich jemand in meinem Leben ersetzen?
Ich weiß, der Schmerz wird mit der Zeit kleiner werden, aber die Erinnerung wird
nie verblassen.

Bibeltext: Mk 15,36ff
Lied: »Hilf, Herr meines Lebens«

Fürbitte

Wir bitten für
– all diejenigen, die sich gegen Hohn wehren und versuchen müssen, nicht zu verzweifeln und sich selbst treu zu bleiben,
– alle, die Angst haben, damit aus der Angst Hoffnung wird, die ein neues Lebensgefühl schenkt,
– alle, die schreien, damit sie erhört werden,

– alle, die sterben, daß sie den Wert des Lebens erkennen und mit ihrem Leben zufrieden sein können,
– alle, die verurteilt sind, daß sie nicht verzweifeln, sondern ihr Schicksal tragen können.
Laß uns in Jesu Sterben am Kreuz für uns eine aktive Erfüllung finden, indem wir: uns auf die Seite der Verhöhnten stellen, damit sie nicht verzweifeln und sich selbst treu bleiben können.
Für alle die, die sterben:
Seid froh, daß ihr leben könnt, es sei denn, euer Tod ist Gottes Wunsch.
Für alle die, die verurteilt werden:
Nehmt das gerechte Urteil an, das ungerechte bekämpft.
Für alle die, die schreien:
schreit, denn schreien befreit.
Für alle die, die Angst haben:
Fürchtet euch nicht, denn der Herr ist mit euch.
Für alle die, die verhöhnt werden:
Seht darüber hinweg – auch die, die spotten, werden verhöhnt.
Für alle die, die gefesselt sind:
Macht euch innerlich frei, denn nur, was ihr denkt, zählt.
Für alle die, die das Kreuz auf sich nehmen:
Tragt es und schaut auf den, dem ihr folgt. Amen

Lied: »Komm, Herr segne uns«

Schreibmeditation einer 8. Klasse Gymnasium zum Bild »Der Weg« (R. Tammeus) (vgl. Rahmenziel 10)

Im Rahmen der Unterrichtseinheit »Symbol ›Weg‹« lag der Schwerpunkt in dieser Unterrichtsstunde (Doppelstunde) bei dem biblischen Symbol »Der Gang nach Emmaus« (Lk 24,13–35). Zur Verankerung der Emmauserfahrung in der Lebenswirklichkeit der Schüler/innen wird zuvor das Bild »Der Weg« (M 23) herangezogen. Aufgabenstellung zu Beginn der Stunde war für die Klasse, zu dem Bild einen Text zu verfassen, der in Ich- oder Er-Form die Lebenssituation und Gefühlswelt des Menschen auf dem Bild beschreibt. Die Schüler/innen empfanden das Bild vorwiegend als düster, traurig und melancholisch, was sich im Gespräch und in den Texten der Schüler/innen sehr deutlich niedergeschlagen hat. Ich möchte vier Punkte nennen, mit denen sich die Schüler/innen stark beschäftigt haben.

1. Drückende Vergangenheit

Die Schüler/innen problematisieren fast alle übereinstimmend Fehler der Vergangenheit, mit denen es fertig zu werden gilt. »Warum mußte es so kommen? Warum gerade ich? Warum?« Diese Fragestellung wird immer wieder aufgeworfen, bleibt jedoch meist unkonkret und allgemein. Lediglich ein Schüler läßt den Mann auf dem Bild sich an ein traumatisches Unfallerlebnis erinnern, bei dem er ein Kind überfahren hat. Die Unkonkretheit und Allgemeinheit der Beschreibungen hängt m.E. nicht nur mit der Schwierigkeit, offen über eigene Probleme zu reden, zusammen. Mir scheint hier eine grundlegende (nicht auf einen einzelnen Konflikt fixierte) narzißtische Problematik thematisiert zu sein: die Überwindung narzißtischer Kränkung durch Annahme eigener Fehler.

2. »Der unendliche Weg«

schreibt eine Schülerin über ihren Text. Die Endlosigkeit dieses durchweg als Leidensweg empfundenen Wegs wird von den Schüler/innen als bedrohlich gesehen. Sie setzen deshalb die »Hoffnung, daß dieser (Leidensweg) bald enden möge« dagegen. »Aber vielleicht hat dieser Weg gar kein Ende. Vielleicht ist es ein großer Kreis, und ich komme wieder dahin, wo ich angefangen habe. Vielleicht darf ich es nochmal versuchen und alles anders, besser machen. Viel besser.«

3. Alleinsein

Das Alleinsein empfinden die Schüler/innen ambivalent. Positiv erscheint ihnen das Alleinsein als nötige Ruhe und Möglichkeit zum Nachdenken über die eigene Lebensproblematik. Das negative Gefühl ist durch die Angst vor Einsamkeit bestimmt.

4. Die Frage nach dem Sinn des Lebens

ist ein stark bestimmendes Motiv in den Texten der Schüler/innen. Eine Schülerin beginnt ihren Text damit: »Es hat alles keinen Sinn.«

Nach Behandlung der Emmausgeschichte erfolgte ein Rückbezug auf die Texte der Schüler/innen. Die Aufforderung des Lehrers, der Geschichte einen positiven Schluß zu geben, empfanden die meisten Schüler/innen ein wenig »gewaltsam«, was sich in Sprüchen wie »Das geht bei mir nicht« äußerte. Wichtig war den Schüler/innen das dialogische Gegenüber zum Besprechen von Problemen. Eine Äußerung einer Schülerin: »Der Glaube an Jesus würde mir da überhaupt nicht helfen. Ich will doch mit jemandem reden!« Aufgrund dieser Erfahrungen wurde in einer anderen Klasse ein neuer Arbeitsauftrag gewählt: Die Schüler/innen konnten Bilder aussuchen und kommentieren, die Gegenerfahrungen zu denen des Ausgangsbildes darstellten. Die Frage nach dem *Woher* der Gemeinschaft, der Freude, der Hoffnung, der geöffneten Augen, der brennenden Herzen . . . konnte so offener erörtert werden.

Zum Abschluß möchte ich noch die für mich eindrücklichste Schüleräußerung dokumentieren, die der Schüler in der Stunde sichtlich bewegt vorgelesen hat.

links, rechts, links, rechts, links
links, rechts, links, rechts usw. Ach, was solls?
Soll ich abgehen? Nein, dann ist ja alles zu Ende,
aber ist doch immer das Gleiche.
Ist doch so öde, macht doch keinen Spaß,
hat doch alles keinen Sinn,
links, rechts, links, rechts, links, rechts usw.
Aber wenn jemand mit mir den Weg gehen würde,
wenn ich jemanden hätte, mit dem ich reden könnte,
wenn ich jemanden hätte, der genau dasselbe durchgemacht hätte,
dann wäre alles verschieden, alles würde blühen, alles würde Spaß machen, alles
hätte einen Sinn usw.
(Der Teil »Aber wenn . . . « ist erst nach der Aufforderung des Lehrers, dem Text ein
positives Ende zu geben, entstanden.)

Interessant ist auch die Geschichte »Der Schwache« von *Thomas Hintz:*

Der Schwache
Er ging einsam des Weges. Ich glaube, er humpelte. Alle, die ihn vorher kannten, sagten, daß er sich verändert habe. Keiner wußte genau, wieso eigentlich, es war einfach so. Aber ich glaube, seine Veränderung muß mit dem Humpeln zu tun haben und damit, daß er so alleine dort entlangging. Ich sah, wie viele ihn anblickten; nicht so, daß er es merken sollte, aber dennoch spürte man ein gewisses Unbehagen, des Mannes und der anderen. Manchmal drehte sich einer um, es sah so aus, als ob er ihm helfen wollte, aber dies dauerte nur einen Augenblick, und dann war wieder alles das alte. War es Mitleid, das »Sich-umdrehen«? – Ich weiß es nicht, jedenfalls war es nur ein Anflug eines Gefühls, das sofort von tausend anderen unterdrückt wurde: sein Benehmen, die Art, wie er humpelte, sein Aussehen, einiges mehr. Ich glaube, es gibt genug davon, um das Gewissen zu beruhigen.
Früher, ja früher war es ganz anders: Wenn er diesen Weg entlangging, dann grüßte er freundlich, er hatte immer ein nettes Wort auf der Zunge.
Aber heute? – Heute ist er ganz anders, so ganz anders, so alleine.

2.3   Das Symbol »Hand«

2.3.1   Die Hand in anthropologischer und biblischer Sicht

So wie Haus und Weg unter der Perspektive des Raumes zusammengehören, besteht eine Beziehung zwischen »gehen«, »wandeln«, also dem Aspekt der Bewegung, der mit dem Weg immer verbunden ist, und der Hand (»Hand und Fuß«). Die Hand ist nicht nur ein Symbol neben anderen. »Die Hand ist das Symbol der Menschheit in ihrer ganzen Entwicklung und Geschichte.«[120] Die Tätigkeit der Hand durchzieht nämlich die Geschichte der Menschheit wie die Lebensgeschichte des einzelnen. Für das Symbolverständnis ist sie insofern von Bedeutung, weil die Ausbildung eines Handlungssystems, in dem die Hand das »Führungsorgan« (R. Gehlen) ist, dem Spracherwerb vorausgeht.[121]

Zur anthropologischen und religiösen Bedeutung der Hand
Die Bedeutung der Hand für die Menschwerdung kann gar nicht überschätzt werden. Der Ausbildung des Handgebrauchs kommt in der paläontologischen Sicht *André Leroi-Gourhans* als Menschheitskriterium entscheidende Bedeutung zu. »Aufrechter Gang, kurzes Gesicht, Hände, die bei der Fortbewegung frei bleiben, und der Besitz beweglicher Werkzeuge, dies sind in der Tat die fundamentalen Merkmale der Mensch-

---

120   G. *Révész*, Die menschliche Hand, Basel 1944, 9.
121   Vgl. *G. Gebauer*, Hand und Gewißheit, in: *D. Kamper / Chr. Wulf* (Hg.), Das Schwinden der Sinne, Frankfurt/M. 1984, 234-260, hier 247.

heit.«[122] Leroi-Gourhan behauptet, daß der Handgebrauch wesentlich an der Entwicklung des menschlichen Gehirns, besonders des Sprachzentrums, beteiligt ist. Er nennt für diese Hypothese folgende Gründe:

Entgegen der traditionellen Behauptung hat die Evolution des Gehirns keine Priorität gegenüber der Evolution des Körperapparats, den es kontrolliert; die Entwicklung des nervösen Apparats folgt vielmehr der des Körperapparats.[123] Die Arten, deren Körperstruktur den höchsten Grad der Befreiung der Hand verwirklicht haben, sind zugleich diejenigen, die die größeren Gehirne aufnehmen können.[124] Beim Menschen zeigt sich eine deutliche Dominanz der Hand. Sie hat mit der Fortbewegung nichts mehr zu tun und ist vor allem ein Glied der Fertigung geworden, während das Gesicht der organisierten sprachlichen Lautbildung dient. »Zwischen der Tätigkeit der Hand und der Tätigkeit der vorderen Gesichtsorgane besteht eine enge Koordination.«[125] Die Koordination drückt sich in Gesten aus, die das gesprochene Wort kommentieren. Es besteht ein Zusammenhang zwischen der *Hand* und den *Gesichtsorganen, die neurologisch miteinander verbunden sind.*[126] Beide Pole des vorderen Feldes »zeugen von einer gemeinsamen Beteiligung bei der Herausbildung von Kommunikationssymbolen«.[127] Der Mensch kann also konkrete Werkzeuge *und* Symbole herstellen, die beide auf die gleiche Grundausstattung im Gehirn zurückgehen. Werkzeug *und* Sprache sind charakteristisch für den Menschen und verdanken sich derselben menschlichen Eigenschaft; »beide lassen sich nicht von der sozialen Struktur der Menschheit trennen«.[128] Sprache ist also von dem Augenblick an möglich, da die Vorgeschichte Werkzeuge liefert. Den größten Einfluß auf die Ausgestaltung des Denkens zu Instrumenten materieller Tätigkeiten und zu Lautsymbolen hatte die Motorik von Hand (Werkzeug) und Gesicht (Sprache). Neue Beziehungen zwischen diesen beiden kooperativen Polen führten zum Aufkommen *graphischer Symbole.* Bis zum Erscheinen des homo sapiens gibt es nichts dem Zeichnen und Lesen von Symbolen Vergleichbares. Hier liegt ein exklusives Merkmal des Menschseins im engeren Sinne.[129] Der Mensch vermag mit wachsender Präzision Symbole aus der Realität zu abstrahieren, eine Sprachwelt zu konstruieren, mit der sich die Realität erfassen läßt.[130] *Die Hand hat ihre Sprache, deren Ausdruck sich auf den Gesichtssinn bezieht* (Gesten); *und das Gesicht hat seine Sprache, die an den Hörsinn geknüpft ist* (Lautsprache). Geste und Wort interpretieren sich wechselseitig.

Nach Leroi-Gourhan gehören die Verschränkung von Handgebrauch mit Werkzeugen und Sprache zu den rudimentären Eigenschaften des Menschen, die von der weiteren Entwicklung überlagert werden, aber im Gehirn erhalten bleiben und noch bei den entwickeltsten Formen des Denkens eine Rolle spielen. Auch im Handgebrauch haben sich »die ersten komplexen Operationen des Greifens, Drehens und der Translation, die

---

122 *A. Leroi-Gourhan,* Hand und Wort (stw 700), Frankfurt/M. 1988, 36.
123 Vgl. ebd., 58.71.
124 Vgl. ebd., 82.
125 Ebd., 112.
126 Vgl. ebd., 149.
127 Ebd., 148.
128 Ebd., 149.
129 Vgl. ebd., 237f.
130 Vgl. ebd., 244.

für die Bewegung der Hand charakteristisch sind« durch alle Zeiten hindurch erhalten. Sie bilden die Grundlage der *Gestik,* »das Privileg der menschlichen Hand«.[131] Leroi-Gourhan schildert sehr konkret die *Entwicklung der Hand,* die vom oberen Paläolithikum bis ins 19. Jahrhundert einen endlosen Höhenflug hinter sich gebracht hat.[132] Welche Bedeutung hat dieses »Schicksalsorgan« noch, nachdem die Herstellung von Maschinen endgültig mechanisiert sein wird? Auf der Ebene der Spezies ist die Entwicklung nicht beunruhigend; denn es dürften Jahrtausende vergehen, »bevor ein so altes neuro-motorisches Dispositiv sich zurückbildet; aber auf individueller Ebene liegt die Sache ganz anders. *Mit seinen Händen nicht denken können bedeutet einen Teil seines normalen und phylogenetisch menschlichen Denkens verlieren.*«[133] Wir stehen also vor dem Problem einer *Regression der Hand.* Daß die Bedeutung der Hand abnimmt, wäre nicht so wichtig, wenn ihre Tätigkeit nicht so eng mit dem Gleichgewicht der Hirnregionen verbunden wäre, die mit ihr im Zusammenhang stehen. Die Störung des manuellen Gleichgewichts hat das Band, das zwischen Sprache und dem ästhetischen Bild der Realität bestand, bereits zerrissen.[134]

Die enge Verbindung von Handgebrauch und Sprache ist von der Philosophie seit langem bemerkt worden.

Gregor von Nyssa beschreibt schon am Ende des 4. Jahrhunderts die Beziehungen zwischen der Sprache und der Hand als einen organischen Zusammenhang: »Und doch hat die Natur vor allem um der Sprache willen unserem Körper Hände beigegeben. Hätte der Mensch keine Hände, so wäre sein Gesicht wie das der Vierfüßer geformt . . .«[135] *Hans-Georg Gadamer* sieht am Ausgang unseres Jahrhunderts den Zusammenhang so: Die Hand ist »fähig, anderes so zu bearbeiten, daß es als Handwerkszeug den von ihm gewählten Zwecken dient. So ist es *ein geistiges Organ,* ein Glied, das zu vielem dient und sich vieles dienstbar macht. – *Deswegen ist dieses Organ so eng mit der Sprache verknüpft.* Die Hand ist nicht nur die Hand, die etwas herstellt und handhabt, sondern auch die Hand, die auf etwas zeigt.«[136]

Die Hand ist nicht nur phylogenetisch gesehen ein Identitätsmerkmal des Menschen, sie weist auch den einzelnen unverwechselbar als Person aus, etwa durch seine Fingerabdrücke; auch an seinen Handlinien und an typischen Gesten können wir einen bestimmten Menschen erkennen. Die *allgemeine* Bedeutung der menschlichen Hand wird an der Funktion des *Handelns* besonders deutlich. »Die Hand . . . ist das vorzüglichste Glied

---

131 Ebd., 303.
132 Vgl. ebd., 319.
133 Ebd., 320. Hervorhebung von mir.
134 Vgl. ebd.
135 Zitiert: Ebd., 54.
136 *H.-G. Gadamer,* Verlust der sinnlichen Bildung als Ursache des Verlustes von Wertmaßstäben, in: Der Mensch ohne Hand oder: Die Zerstörung der menschlichen Ganzheit. Ein Symposion des Werkbundes Bayern, München 1979, 15-28, hier: 18f. Hervorhebung von mir.

des Menschen zum Vollzug äußerer Werke, daher auch im Sprachgebrauch
Bild des ›Handelns‹ in seiner verschiedenen Form.«[137]
Mit ›Handlung‹ bezeichnen wir alle sinnvollen und zielgerichteten Aktivitäten des Menschen. Gerade in theologischer Perspektive wird man darauf
bestehen müssen, den Menschen nicht auf seine Praxis zu reduzieren; aber
der Begriff der Handlung deckt einen weiten Bereich menschlicher Lebensäußerungen ab, vor allem, wenn man ihn – angesichts der engen Beziehung zwischen Geist und Hand – auch auf *innere* Handlungen ausweitet.[138] Die menschliche Hand hat darüber hinaus vier *spezifische Funktionen*. Sie hat (1) *eine wahrnehmende und erkennende Funktion*. Unser Tastsinn bezieht sich auf die Gegebenheiten der räumlichen Objekte, auf den
Gegenstand selbst, auf den Stoff und die Form. Beim Erkennen durch das
Tasten spielt die Oberflächenstruktur der Stoffe die größte Rolle. Im Blick
auf die Formen kann der Tastsinn nicht mit dem Sehen konkurrieren; das
zeigt sich besonders, wenn Blinde bei der Wahrnehmung von räumlichen
Gebilden ausschließlich auf die Hand angewiesen sind.[139] Die Hand hat (2)
eine Arbeitsfunktion. Daß sie bei allen Arbeitsleistungen eine so große Rolle spielt, verdankt sie ihrem instrumentellen Charakter; sie ist ein »Universalinstrument von unübersehbarer Mannigfaltigkeit«.[140] Sie besitzt einen
großen Reichtum an Formen, Gefühlsnerven, Muskeln und Bewegungsmöglichkeiten. Die Arbeitsfunktion und der Grad der Handfertigkeit sind
dem Menschen angeboren. Aber auch bei dieser Funktion ist die Wechselwirkung von Kopf, Herz und Hand zu bedenken. Die Hand ist »das ausführende Organ des Herzens« (I. Kant). Die *pädagogische* und *therapeutische* Bedeutung der Handtätigkeit wurde schon früh erkannt und führte zu
entsprechenden arbeitspädagogischen Konzeptionen (Pestalozzi, Fröbel,
Kerschensteiner, Montessori, Freinet). Zwischen den Formen der Arbeit
gibt es allerdings große Unterschiede, so daß die Übergänge zur (3) *gestaltenden Funktion* fließend sind. Unter dem Gesichtspunkt der Gestaltung
geht es besonders um die schaffende, formende Kraft der bloßen Hände.
Nach Révész kommt die autonome formende Tätigkeit der Hand am reinsten in Modellarbeiten von Blinden zum Ausdruck, weil hier die Hand
ausschließlich auf ihre gestaltende Kraft angewiesen ist.[141] Für den symboldidaktischen Ansatz ist neben der gestaltenden die (4) *Ausdrucksfunktion*
von besonderer Bedeutung. Die schon genannten Identitätsmerkmale sind
physiognomische Merkmale der Hand, also *konstante* Züge im Gegensatz
zu den *mimischen* Bewegungen der Hand. Die Mimik der Hand und des

---

137   *D. Forstner*, Die Welt der Symbole, Innsbruck u.a. 1961, 493.
138   Vgl. *J. Derbolav*, Art. Handeln, Handlung, Tat, Tätigkeiten, in: HWP 3,
992-994. In der Philosophie werden Handlung und Tat auch im übertragenen Sinne gebraucht.
139   Vgl. *Révész*, a.a.O. (s.o. Anm. 120), 31. Der Tastsinn ist die Quelle eines unmittelbaren Raumbezugs.
140   Ebd., 47.
141   Vgl. ebd., 72.

Arms bringen wie die Mimik des Gesichts oder des ganzen Körpers die existentielle Befindlichkeit des Menschen zum Ausdruck.

Die ältere Ausdruckspsychologie hat die *Gebärden und Gesten* der Hände zu den Ausdrucksbewegungen gerechnet; die jüngere Ausdruckspsychologie sieht die Gebärdensprache dagegen in struktural Analogie zur Lautsprache. Bei aller Verschiedenheit des Mediums (akustisch/optisch) haben Laut- und Gebärdensprache einen signifikativen (darstellenden, zeigenden usf.) *Was*-Anteil und einen expressiven *Wie*-Anteil.[142]

Es gibt spontane Ausdrucksbewegungen wie das plötzliche Hochwerfen der Arme vor Schreck oder Freude oder zur Abwehr einer Gefahr; sie sind nicht gerichtet oder gar beabsichtigt. Gebärden und Gesten dagegen dienen der gegenseitigen Kommunikation und haben eine Analogie zur Lautsprache, d.h. sie haben eine darstellende, appellative und eine expressive Funktion. Die Gebärde trennt nicht »Ausdruck, Kommunikation und Handlung. Sie stellt eine konkrete Beziehung dar, die zum anderen aufgenommen ist, und in dieser Beziehung verleiht sie der sichtbaren Welt Sinn«.[143]

Eine klare Abgrenzung der *Begriffe ›Geste‹ und ›Gebärde‹* läßt der heutige Sprachgebrauch kaum zu. Bei der Gebärde könnte man mehr an eine unmittelbare Körpersprache denken, bei der Geste mehr an eine bewußte Ausdrucksabsicht, die jedem Mitglied einer Gruppe oder Kulturgemeinschaft verständlich ist.[144] So unterscheidet H. Demisch nach G. Neumann die *Gebärde* als unwillkürliches Körpergebaren von der *Geste* als einer bewußt wiederholbaren, bezeichnenden Bewegung.[145] Aber Demisch selbst kann diese Unterscheidung in seiner Untersuchung nicht streng durchhalten.

Elementare Gebärden (der Zuwendung, Verständigung, Überzeugung, Drohung usf.) werden unmittelbar verstanden und bedürfen keiner Interpretation. Über die elementaren bzw. natürlichen Gebärden hinaus gibt es *entwickelte Gebärdensprachen,* die sich nicht auf die natürlichen und habituellen Gebärden beschränken, sondern im Sinne der gegenseitigen Verständigung immer neue Gebärden entstehen lassen. So sind die überlieferten Gebärdensprachen der Taubstummen und Hörenden als ein Zeichensystem anzusehen, das aus natürlichen und konventionellen Gebärden zusammengesetzt ist.[146] Die Gebärdensprache macht die *enge Wechselbeziehung von Körpersprache und Lautsprache* besonders deutlich. Sie haben nicht nur eine analoge Struktur, sondern ergänzen sich auch wechselseitig.

142 Vgl. *R. Kirchhoff,* Art. Gebärde, Gebärdensprache, in: HWP 3, 30f.
143 *A. Vergote,* Gebärden und Handlungen in der Liturgie, Conc (D) 7 (1971) 95-102, hier: 95.
144 Vgl. *B. Kötting,* Geste und Gebärde, in: RAC 10 (1978) 895-902, hier: 896.
145 Vgl. *H. Demisch,* Erhobene Hände. Geschichte einer Gebärde in der bildenden Kunst, Stuttgart 1984, 318, Anm. 4.
146 Vgl. *Révész,* a.a.O., 104.

»Ohne die Gebärde verliert die Sprache ihre Macht, unsere Existenz in sich aufzu-
nehmen. Aber auch die Gebärde, die von dem gesprochenen Wort abgetrennt
wird, hat keine Bedeutung mehr.«[147] Gebärden drücken häufig das aus, was die
Sprache nicht mehr sagen kann; aber nur zusammen verwirklichen sie die symbolische Beziehung, die für die Religion konstitutiv ist. Die enge Verbindung von
Laut- und Gebärdensprache wird durch die Sprachentwicklung wie durch die Entwicklung der Handmotorik als zunehmend redebegleitendes Sprechen bestätigt.[148]
Achten wir speziell auf die *Symbolentwicklung,* so liegen die Gesten, in denen
Körperlichkeit, Emotionalität und Bewußtsein noch ungetrennt zusammen sind,
den Sprachsymbolen voraus.[149]

Gebärden und Gesten gibt es in allen Lebensbereichen, im Alltagshandeln,
vor allem aber im sozialen, rechtlichen und religiösen Leben (vgl. z.B.
Gruß, Eid, Treueschwur, Handreichung als Zeichen der Versöhnung,
Handschlag als rechtskräftiger Kaufvertrag, »Um-die-Hand-Anhalten«
als offizielles Ehegesuch; Handversprechen). Die Gebärdensprache ist
reich an Symbolen; es gibt symbolische Gebärden, die überall unmittelbar
verstanden werden, und überlieferte Symbole, die nur den Gliedern einer
Gruppe oder einer Kulturgemeinschaft verständlich sind. *Zu den überlieferten symbolischen Gebärden gehören die Bewegungen und Haltungen
beim Gebet.* Zu den *Bewegungen* gehören das Schlagen eines Kreuzes oder
Kreises, das Händeklatschen, zu den *Haltungen* das Falten oder Ausbrei-
ten der Hände. Demisch ist in seiner umfangreichen Untersuchung »Erhobene Hände« einer einzigen Gebärde nachgegangen, nämlich der *Gebärde
der parallel erhobenen Hände.* Dieser *Orantengestus* (vgl. 1Tim 2,8) ist lange Zeit in der christlichen Kirche geübt worden (vgl. Katakombenmalerei).
Noch im frühen Mittelalter beteten die Christen mit erhobenen Händen.
In der orientalischen Kirche – so in Rußland – hat sich der Gestus bis heute
erhalten.

Mit Hilfe umfangreichen Bildmaterials macht Demisch auf erstaunliche Parallelen
aufmerksam. Der Orantengestus findet sich sowohl in Hochkulturen wie bei Na-
turvölkern. Er ist in vielen Kulturen zugleich der Gestus der »erscheinenden«
Gottheit. Er fungierte als »Signal« eines religiösen Geschehens, als Kommunika-
tionsgebärde zwischen Gott und den Menschen. Die Gebärde erscheint nicht nur
im religiösen Bereich: Wir finden sie etwa in der Schlafhaltung von Babies und als
Sterbehaltung von Soldaten. Demisch kommt daher zu dem Schluß, daß die »Urgebärde des religiösen Lebens« sich zugleich als » *Urgebärde des Lebens* schlechthin« erweist.[150]

147   *Vergote,* a.a.O., 97.
148   Vgl. *E. Bay,* Untersuchungen zur Kommunikationsentwicklung im Vorschulalter, Königstein 1981, 132.
149   Vgl. *A. Lorenzer,* Das Konzil der Buchhalter, Frankfurt/M. 1981, 35, vgl. 166.
Vgl. unten 3.1.1. Im Blick auf die phylogenetische Entwicklung finden sich bei *Leroi-Gourhan* (s.o. Anm. 122) Entsprechungen.
150   *Demisch,* a.a.O., 10. Er folgert weiter, daß die Gebärde – wenn es sich nicht
um profane Kommunikationssignale handle – zur Transzendenz tendiere (312).
Wenn er den Transzendenzbezug als Sehnsucht nach »unvergänglichem Leben«

Es gibt darüber hinaus vielfältige Gebetsgebärden der Arme und Hände. Das *Händefalten mit ineinandergefügten Fingern* ist schon den alten Völkern vertraut; die Herkunft ist dunkel. Über den Sinn dieser im Protestantismus verbreitetsten Gebärde gibt es unterschiedliche Meinungen. W. Stählin hält sie für eine »Gebärde der Bindung«, andere sprechen von einer »Gebärde der Sammlung«.[151] In der römischen Liturgie trat neben den Orantengestus, durch den die Christen den Gekreuzigten darstellen wollten[152], der *Gestus der zusammengelegten Hände;* er wird aus dem fränkischen Lebensbrauchtum abgeleitet (mit dieser Geste leistet der Vasall dem Lehnsherrn seinen Eid).[153] Aus dem Orient über Byzanz ist der *Gestus des Kreuzens der Hände vor der Brust* auch ins Abendland gekommen. Schon sehr früh wurde in der christlichen Kirche der *Gestus der Bekreuzung* übernommen; es ist eine zeichnende Gebärde. In der Praktischen Theologie ist die Bedeutung der non-verbalen Kommunikation und der leiblichen Gesten, die das Wort begleiten, neu entdeckt worden. Gerade aus *didaktischen* Gründen verdienen die Gesten, bei der Deutung der Religionen und der Frömmigkeit stärker herangezogen zu werden; denn »Äußeres läßt auf Inneres schließen, nicht bloß umgekehrt«.[154]

Hand und Hand Gottes in der Bibel
Daß Gott in der altchristlichen Kunst nicht durch eine Person, sondern durch seinen Boten oder durch seine Hand symbolisiert wird, hat seinen Grund wahrscheinlich im Bilderverbot. Daß gerade der Arm oder die Hand zum entscheidenden Gottessymbol geworden sind, hängt mit dem häufigsten Vorkommen dieser Bilder im Alten Testament zusammen.[155]

---

interpretiert, wird seine Intention besonders deutlich, mit Hilfe der Urgebärde eine allgemeine religiöse Verfaßtheit des Menschen zu erweisen. Zur Herkunft der Gebärde vgl. auch *Th. Ohm*, Die Gebetsgebärden der Völker und das Christentum, Leiden 1948, 251ff. – Eine andere spezielle Geste untersucht *E. Schürer von Witzleben*, Die Segensgeste, in: Symbolon, Bd. 1, Köln 1972, 139-166.
151   *Ohm*, a.a.O., 275.
152   Vgl. ebd., 263: Tertullian schreibt: »Wir aber, wir erheben sie (die Hände) nicht nur, sondern breiten sie sogar aus, und dem Leiden des Herrn uns nachbildend, bekennen wir auch im Gebete Christus.«
153   Vgl. *H.-Chr. Schmidt-Lauber*, Art. Gesten/Gebärden, Liturgische, in:TRE 13, 151-155, hier: 153.
154   *Th. Ohm*, Art. Gesten, in: RGG³ 2, 1538f, hier: 1539. Vgl. *Schmidt-Lauber*, a.a.O., 155.
155   Vgl. *H. Jursch*, Art. Hand Gottes, in: RGG³ 3, 52. *L. Kötzsche*, Art. Hand, II, in: RAC 13, 1986, 402-482 hält es für möglich, daß in der frühchristlichen Sarkophagskulptur nicht wie in der jüdischen Kunst durch die Hand ein anthropomorphes Gottesbild umgangen werden soll; es handle sich eher um ein Sinnbild der Stimme Gottes, ohne die die biblischen Szenen nicht verständlich sind. In der karolingischen Kunst, in der die christliche Bildsymbolik gefestigt ist, wird die Hand dann als Symbol Gottes schlechthin verstanden (444). Vgl. zusammenfassend: *D. de Chapeaurouge*, Einführung in die Geschichte der christlichen Symbole, Darmstadt 1984, 27-31.

Allein das gebräuchlichste Wort »Hand« *(jad)* kommt mehr als 1600mal vor. An mehr als 200 Stellen spricht das Alte Testament von der Hand Jahwes. Dabei ist an sein Handeln gedacht, durch das er sich als mächtig erweist.[156] Seine Hand hat Himmel und Erde geschaffen; vor allem aber hat sich seine Hand in seinem Geschichtshandeln als wirksam erwiesen. In der Auszugs- und Landnahmetradition wird in ständigen Variationen wiederholt, daß Jahwe »mit starker Hand und ausgestrecktem Arm« sein Volk aus der Knechtschaft in Ägypten erlöst und in die Freiheit geführt hat (Ex 13,3.14.16; Dtn 3,24; 4,34; 5,15 u.ö.). Jahwes Hand greift auch in das Leben einzelner Menschen ein, wenn etwa die Propheten zum Dienst beauftragt werden (Jes 8,11; Jer 15,17; Ez 1,3; 3,14.22 u.ö.). Vor allem aber ist der Mensch das Werk von Gottes Händen (Ps 138,8; Hi 14,15; 34,19; Jes 64,7).

Die mehr allgemeine Vorstellung der machtvollen Hand Gottes kann mit den verschiedensten göttlichen Handlungen assoziiert werden. So kann die schöpferische Kraft ausgedrückt werden; oder die Hand Jahwes verleiht Schutz, Sicherheit und Stärkung (vgl. Ex 33,22f; Ps 139,5; Ps 80,18; 91,12); sie bewirkt die überwältigende prophetische Inspiration und Beauftragung. Ein großes Spektrum an Wendungen steht dem Alten Testament zur Verfügung, um Gottes Macht in der Befreiung aus fremder Herrschaft und der Auslieferung in die Herrschaft Fremder (im Sinn des Gerichts) auszudrücken.[157]

Es gibt jedoch keine charakteristische Terminologie für das Handeln Gottes. Dieselben Wendungen werden für göttliches wie für menschliches Handeln gebraucht. Schon für den *anthropologischen* Gebrauch gilt, daß die Vorstellung vom Körperglied weithin ganz hinter der Bedeutung von Kraft und Macht zurücktritt.[158] Die Hand repräsentiert die Person und übermittelt Kraft und Macht. Zuweilen läßt sich gar nicht entscheiden, ob die wirkliche Hand gemeint ist oder ob übertragener Gebrauch vorliegt. Damit im Unterricht nicht nur Einzelworte ausgelegt werden, konzentrieren wir unsere Überlegungen auf *Psalm 139.* In den V. 5 und 10 ist ausdrücklich von der Hand Gottes die Rede; aber der Psalm bringt insgesamt sehr eindrücklich zur Sprache, was es für die alttestamentliche Frömmigkeit bedeutete, auf die Hand Gottes zu vertrauen, sich zu Jahwe als dem schlechthin Vertrauenswürdigen zu bekennen.

Der Psalm setzt wie ein individuelles Dank- und Vertrauenslied ein und beschreibt dann in den V. 19–24 die Notsituation, in der der verfolgte Sänger Zuflucht bei Jahwe suchte und sich dem Gottesurteil stellte. Würde er exakt chronologisch vorgehen, müßten die Schlußverse mit dem Klagelied am Anfang stehen. Jahwes Einschreiten hat für ihn aber eine so unvergleichliche Bedeutung, daß es für ihn am Anfang und im Mittelpunkt des Psalms steht.[159]

---

156   Vgl. *E. Lohse,* Art. χείρ, in: ThWNT IX, 413–427, hier: 416.
157   Vgl. *P. Ackroyd (u.a.),* Art יד, in: ThWAT III, 422–455, hier: 449, vgl. 453.
158   Vgl. *H. W. Wolff,* Anthropologie des Alten Testaments, München ³1977, 108.
159   Vgl. *H.-J. Kraus,* Psalmen. 2. Teilbd. (Psalmen 64–150) (BKAT XV/2), Neukirchen-Vluyn 1960 (⁵1978), 916. Ich folge dieser Auslegung.

Der Psalm bildet also eine Einheit. Wenn wir ihn im Unterricht kürzen, hat das allein methodische Gründe. Der Psalm hat einen *hymnischen* Grundklang. In V. 1–18 klingen folgende *Themen* an: »Jahwe, du kennst mich (V. 1–6); »Jahwe, dir kann ich nicht entfliehen« (V. 7–12); »Jahwe, du hast mich geschaffen« (V. 13–18). In V. 1 wird die *Situation* beschrieben, aus der der Sänger befreit wurde. Verleumdete und verfolgte Menschen stellten sich immer wieder mit Zuversicht der Prüfung Jahwes (vgl. Ps 7,9f; 26,2 u.ö.).[160] So bekennt auch hier der Beter den Gott Israels, der ihn kennt, von allen Seiten umgibt und schützend seine Hand auf ihn legt. Staunend bekennt er das Geheimnis der Allwissenheit Jahwes (V. 6). In V. 7–12 preist er Jahwes überall wirkende Kraft und Macht, die besonders in seiner Hand, seiner Rechten zum Ausdruck kommt (V. 10). Jahwe ist überall; der Sänger kann daher nicht vor ihm fliehen. Seine Gotteserfahrung beschreibt er in dem Bild der leuchtenden Finsternis (V. 12). Jahwes Allwissenheit und Allgegenwart haben ihren Grund darin, daß er den Menschen *geschaffen* hat (V. 13–18). So preist der Sänger in einem Danklied die wunderbare Schöpfung des Lebens (V. 14), den kunstvoll gebildeten Leib (V. 13). Im Zusammenhang der Gewissensprüfung nennt er die Nieren zuerst. Der Mythos spricht von der Entstehung des Menschen in den Tiefen der »Mutter Erde«.[161] Diesen Mythos rezipiert der Sänger in seiner persönlichen Schöpfungsgeschichte, indem er erklärt, Jahwe habe ihn schon als Embryo geschaut und seinen Weg bestimmt. Die Doxologie erreicht in V. 16 ihren Höhepunkt; sie kommt zugleich an die Grenzen der denkerischen Bewältigung. Staunend steht der Sänger vor der unergründlichen Fülle der Erkenntnis und Gedanken Jahwes (V. 17f). Nach G. von Rad ist der ganze Psalm paradigmatisch für das *Ineinander von Glaube und Erkenntnis.*

An den *Grenzen,* die dem Erkenntniswillen des Menschen gezogen sind, wird er zum Zeugnis der Unerforschlichkeit Gottes. Gottesfurcht hat hier eine eminent kritische Funktion, »indem sie in dem Erkennenden das Bewußtsein wachhält, daß sich sein Erkenntnisvermögen einer Welt zuwendet, in der das Geheimnis dominiert«. Im Grunde ist der Bereich, in dem sich feste und nachprüfbare Ordnungen erkennen lassen, sehr begrenzt. Das Geheimnis der Welt hat aber keine selbständige Bedeutung, in ihm begegnet der Weise dem Geheimnis Gottes.[162]

In dem Geheimnis Gottes weiß der Sänger sein Leben gegründet. Von dieser Gewißheitserfahrung her durchmißt er alle Dimensionen seines Lebens. Wohin er geht, »er trifft auf nichts Fremdes, ihm Feindliches, es gibt keinen Zerfall mehr für ihn . . . Er ist in der Mitte der Welt, sicher und voll-

---

160 Vielleicht haben Motive der sakralen Gerichtsbarkeit die Reflexion des Sängers bestimmt, der in ein Verfahren wegen Götzendienstes verwickelt war und seine Unschuld beteuert. Seine Reflexionen gehen über diesen Anlaß aber weit hinaus (vgl. ebd., 917).
161 Uralte Schöpfungsvorstellungen werden hier in die Sicht der Geburt eines einzelnen hineingezogen (vgl. *Wolff,* a.a.O., 146f).
162 *Vgl. von Rad,* a.a.O. (s.o. Anm. 90), 146.

ständig aufgehoben, getragen, gekannt und geliebt«.[163] Dieser Zusammenhang von Erkanntsein und Geliebtsein ist für das *heutige* Verständnis des Psalms von entscheidender Bedeutung. Sich selbst und den anderen in seinem Von-Gott-Erkanntsein wahrzunehmen bedeutet, das Leben in seiner unendlichen Bejahung zu verstehen – das Äußerste, was Menschen denken können. Weil unser Leben in diesem Geheimnis gründet, weil Gott mich besser kennt, als ich mich selbst kenne, weil Gott mich anders kennt, als meine Umwelt mich kennt, länger und tiefer als alle, die etwas von mir wissen, ist meine Identität auch *mehr* als das, was jetzt schon fragmentarisch von mir bekannt ist.[164] »Es ist noch nicht erschienen, was wir sein werden« (1Joh 3,2). Die Erfahrung, daß das Leben getragen und umschlossen ist von Gottes Zuwendung und Nähe, läßt sich nicht durch die dogmatischen Formeln von der göttlichen Allwissenheit und Allgegenwart auf den Begriff bringen; sie ist lebendiger und beunruhigender.[165]

Im *Neuen Testament* wird meistens von der »Hand Gottes« nur noch da geredet, wo das Alte Testament zitiert oder sein Sprachgebrauch aufgenommen wird; nur bei *Lukas* wird die Wendung häufiger gebraucht. Gottes Hand hat in der Schöpfung (Apg 7,50) und in der Geschichte gewirkt, indem sie schützend oder helfend eingreift (Lk 1,66; Apg 11,21).[166]

Im Blick auf die Schöpfung (Ps 8,4) und Israels Geschichte (Ex 8,19) wird im Alten Testament vom »Finger Gottes« gesprochen. Auch diese Wendung kehrt *Lk 11,20* wieder: »Wenn ich mit dem Finger Gottes Dämonen austreibe, ist die Gottesherrschaft bereits zu euch gekommen.« In Jesu Wort und in seinen Machttaten, die dieses Wort begleiten, bricht die Gottesherrschaft an. Dämonen sind die Mächte, die den Menschen faszinieren und in den Bann schlagen, ihn unfrei machen. Wo Jesus handelt, ereignet sich Befreiung von diesen Mächten, ereignet sich Gegenwart Gottes auf Erden bis in die Leiblichkeit hinein. »In Jesu Tun streckt Gott seinen Finger der Welt entgegen wie auf dem Deckengemälde Michelangelos, freilich diesmal, um die *neue* Schöpfung ans Licht zu führen.«[167]

Nach *allen* Evangelien hat Jesus durch physische Berührung von Kranken Heilungen bewirkt. Wie in antiken Wundergeschichten wird häufig die *Handauflegung* erwähnt. Es lassen sich *drei Formen* unterscheiden:

(1)   *Eine formelle Handauflegung* – wahrscheinlich auf den Kopf der Kranken –, um ihre Leiden zu heilen. Jesus wird von Jairus darum gebeten (Mk 5,23; Mt 9,18). Er hat sie auch von sich aus durchgeführt (Mk 6,5; Lk 4,40; 13,13).
(2)   Die Heilung durch *Berührung des kranken Körperteils.* So legt Jesus dem Blinden von Bethsaida die Hand zweimal auf die Augen und gibt ihm so das Au-

163   *Sölle*, a.a.O. (s.o. Anm. 105), 158.
164   Vgl. ebd., 159.
165   Vgl. *H.-J. Kraus*, Theologie der Psalmen (BKAT XV/3), Neukirchen-Vluyn 1979, 184; vgl. *K. Barth*, Kirchliche Dogmatik, Bd. II/1, Zollikon ³1948, 623.
166   Vgl. *Lohse*, a.a.O. (s.o. Anm. 156), 420.
167   *E. Käsemann*, Exegetische Versuche und Besinnungen, Bd. 1, Göttingen ²1960, 244.

genlicht wieder (Mk 8,23.25); nach Mt 20,29–34 berührt Jesus die Augen von zwei Blinden. Einen epileptischen Jungen faßt Jesus bei der Hand und macht ihn dadurch gesund (Mk 9,27 Par). Jesus faßt die Schwiegermutter des Petrus bei der Hand und befreit sie vom Fieber (Mk 1,31 Par). Er reckt seine Hand aus, berührt die Aussätzigen und macht sie rein (Mk 1,41 Par). Kranke haben den Wunsch, Jesus zu berühren, damit seine Heilkraft auf sie übergehe (Mk 3,10 Par; 6,56 Par; Lk 6,19 u.ö.). Vielleicht gehören auch Mk 5,41 und Lk 7,14 in diesen Zusammenhang. Im Johannesevangelium ist nur 9,6 davon die Rede, daß Jesus die Augen eines Blinden mit Hilfe seiner Hände heilt (vgl. aber auch Joh 3,35; 10,27ff).

(3) *Die Handauflegung beim Segnen der Kinder* (Mk 10,13–16 Par).

Die Handauflegung war als Mittel der Heilung bei Juden und Nichtjuden ein übliches Verfahren; sie wurde auch in der Urkirche geübt (Apg 5,12.15; Mk 16,18 u.ö.). Die Handauflegung wurde im Urchristentum ferner bei der *Taufe* und zur *Einsetzung in ein Amt* geübt, um Täufling oder Amtsträger mit dem Geist und göttlicher Kraft auszurüsten.[168] Die genannten leiblichen Gesten Jesu sind einerseits *praktische* Handlungen, weil nach damaliger Vorstellung durch die Berührung seine Kraft auf die Kranken und Elenden übergeht. Im Unterschied zu antiken Wundergeschichten ist im Neuen Testament jedoch nicht eine magische Praxis für die Heilung entscheidend, sondern das vollmächtige Wort und der Glaube; sein Wort wirkt auch unabhängig von der Berührung Heil.[169] Andererseits sind die Gesten *symbolische* Handlungen, nämlich Vorwegrealisationen des Reiches Gottes (vgl. Lk 11,20; Mt 11,5f). Sie weisen über sich selbst hinaus und erhalten ihren Sinn in der Perspektive der Reich-Gottes-Verkündigung.

2.3.2 Rahmenziele (Sekundarstufe I/II)

Die Schüler können
- (1) mit Hilfe einer Pantomime für die Ausdruckskraft ihrer Hände sensibilisiert werden und erkennen, was die Hand symbolisiert;
- (2) in Gipsarbeiten unterschiedliche Ausdrucksformen der Hände gestalten;
Alternative
- in einem Blindenführungsspiel lernen, sich auf die Hand des anderen zu verlassen;
- (3) durch die Interpretation eines Bildes (M 26) die Einsicht in den Zusammenhang von Hand und Identität gewinnen;
- (4) nach einer freien Gestaltung mit Ton ihre Erfahrungen mit dem Töpfern verbalisieren;
- (5) einen Holzschnitt von Anniés (M 28) interpretieren und das Bild in Beziehung zu ihren Erfahrungen setzen; aufgrund dieser Erfahrungen und der Bildinterpretation einen Zugang zu Jes 64,7 gewinnen;

168 Vgl. *A. T. Hanson*, Art. Handauflegung, I, in: TRE 14, 415–422, hier: 418.
169 Vgl. *Lohse*, a.a.O., 421.

-   (6) mit Hilfe von Beobachtungsaufgaben den Film »Die Hand« interpretieren und die Ambivalenz des Symbols Hand (Macht/Kreativität) erkennen;
-   (7) anhand von Dias (M 29) die Hand als Symbol für Gott erkennen und das Bilderverbot (Ex 20,4f) als kritische Anfrage an die Gottesvorstellungen erörtern;
-   (8) eine Bildmeditation zu einer madalaförmigen Gestaltung der Hand Gottes (M 30) aufschreiben;
-   (9) eine Collage aus Bildern und eigenen Texten gestalten, in denen sie beschreiben, wo Gottes Hand heute wirksam ist;
-   (10) die Hand des Gekreuzigten aus dem Isenheimer Altar betrachten (M 31) und anhand der Gesamtdarstellung der Kreuzigungsszene sowie einer Erzählung über den ursprünglichen Ort des Altars die Intention des Künstlers erkennen;
-   (11) sich anhand von Bildern in Leidenssituationen hineinversetzen und die Erfahrungen in Form eines Gebets, Gedichts oder einer Geschichte verbalisieren;
-   (12) in dem Kirchentagsplakat von 1975 (M 32) die Hand aus dem Isenheimer Altar wiedererkennen und es auf seine Symbolik hin interpretieren;
-   (13) die Einsicht in die Ambivalenz der Handsymbolik auf die Gotteserfahrung übertragen und anhand unterschiedlicher Texte (M 38 und M 39) *oder* Bilder (M 34–37) reflektieren, wie sich diese Ambivalenz auswirken kann;

Alternative (zu 9–11)
-   mit Hilfe einer Lehrererzählung die Entscheidung eines Kirchenvorstands in Münster verstehen, nach seiner Beschädigung im Kriege nur noch den Corpus des Gekreuzigten in der Kirche anzubringen (M 33);
-   das neue »Kunstwerk« interpretieren und die Intention der Gemeinde »fortschreiben«;
-   eine Collage aus Bildern und eigenen Texten gestalten, in denen sie beschreiben, wie Menschen die Arbeit seiner Hände tun.

2.3.3   Theologischer und didaktischer Kommentar

Das Symbol »Hand« ist für den symboldidaktischen Ansatz von besonderer Bedeutung, weil sich hier ein ganzheitlicher Zugang über körperliche Wahrnehmung anbietet. Aufgrund der Bedeutung der Mutterhand (bzw. der Hand der Bezugsperson im Kleinkindalter) gibt es gelungene Symbolisierungen, wie das Beispiel des 10jährigen Grundschülers Lothar zeigt.

Auf die offene Aufgabenstellung hin, Fragen an Gott zu stellen, zeichnet er eine große Hand; er selbst stellt sich als kleinen Mann dar, der mit frohem Lächeln auf der Hand spazierengeht. Er sucht nicht Geborgenheit *in* der Hand, sondern die Hand trägt ihn, so daß er auf ihrer Oberfläche mutig und entschlossen Erkundungen anstellen kann. Er ist von rechts nach links unterwegs; vielleicht kündigt sich darin schon die Hinwendung zur Innenwelt in der Pubertät an.[170]

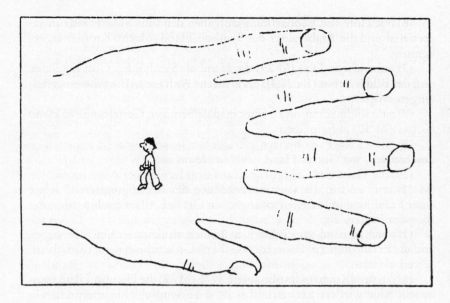

Die Erfahrungen mit der Handsymbolik verlaufen nicht immer so positiv (vgl. den Brief der Studentin Anne). In den Sekundarstufen muß die Ambivalenz dieser Symbolik durchsichtig werden. Die Jugendlichen empfinden die Hand jetzt stärker als Symbol des Zwangs, der auf sie ausgeübt wird (vgl. das von Jugendlichen stammende Photo M 37). Im Vergleich der Zeichnung des 10jährigen und des Photos der Jugendlichen wird besonders deutlich, wie der Weg des Lernens verlaufen müßte: In Wiederaufnahme der Handsymbolik müßten die Schüler ein neues Symbol*angebot* erhalten, um die Beziehung zwischen Identität und Gotteserfahrung der jetzigen Stufe ihrer psychosozialen Entwicklung entsprechend bearbeiten zu können. Das Symbol des mit den Menschen im Leiden und in der Ohnmacht *solidarischen* Gottes könnte jetzt seine besondere Kraft entfalten. Die Handsymbolik wird von den Jugendlichen unmittelbar verstanden; das Symbol hat einen Sitz im Leben der Gesellschaft (vgl. z.B. M 35/36). Die Schüler erinnern sich an Fingerspiele und Kinderverse, haben Schattenspiele und die Fingersprache erprobt.[171] Von den Spielerfahrungen kann manches erinnert und weitergeführt werden: Fingerpantomime, Fingertheater mit bemalten Händen oder Requisiten, Handschattenspiele oder Fadenspiele.[172] Jugendgemäße *Gestaltungsaufgaben mit den Händen* können im Unterricht durchgeführt werden.

170   Vgl. *D. Boßmann / G. Sauer,* Wann wird der Teufel in Ketten gelegt?, Lahr/München 1984, 42 (ebd. auch die obige Abb.).
171   Vgl. *K. Riha,* Das Buch der Hände, Nördlingen 1986, 38ff.49ff.86f.
172   Vgl. *E.M. Helm,* Finger-Spiele (Heyne-Buch 08/4940), München 1984, 103ff. Hier finden sich viele Ideen und praktische Hinweise.

W. Kern und L. Kuld[173] schlagen folgende Übungen mit den Händen vor, zu denen Schüler Decken mitbringen, wenn kein Teppichboden im Raum liegt: Legt euch entspannt auf den Boden, den Kopf zur Mitte. Schließt die Augen. Versucht, möglichst mit dem ganzen Rücken den Boden zu berühren. Entspannt euch wieder, bleibt so liegen. Faßt euch bei den Händen. Konzentriert euch auf eure Hände, nur auf eure Hände. Drückt die Hand des anderen, laßt die Hände entspannt ineinander liegen. Nehmt die Hände wieder zu euch. Öffnet die Augen und richtet euch langsam auf. Bildet Paare. Steht einander in etwa 1 m Abstand gegenüber. Geht jetzt, ohne zu sprechen, langsam aufeinander zu, bis ihr nur noch Millimeter voneinander entfernt seid. Berührt euch nicht. Legt eine Hand auf die Schulter des anderen. (Falls in der Gruppe möglich:) Streicht dem anderen übers Haar. Streicht ihm mit der Hand über die Stirn, die Nase, den Mund, das Kinn. Umarmt euch.

Wir haben in 7. bis 9. Klassen das bekannte *Blindenführungsspiel* durchgeführt. Die Schüler bilden Paare und führen sich abwechselnd wie einen Blinden herum. Das Spiel ermöglicht, Erfahrungen mit dem Tasten von Materialien zu machen; die Schüler können zugleich lernen, sich auf die Hand des anderen zu verlassen. Anschließend zeichnet jeder die Umrisse seiner Hände auf einen großen Bogen Papier, um den jeweils eine kleine Gruppe sitzt. In einen Umriß schreiben wir, was wir mit den Händen gemacht haben, in den anderen, was wir dabei empfunden haben. Das Gespräch geht von den unmittelbaren Erfahrungen aus und erörtert, was somatische Handlungen auslösen können. Jüngere Schüler malen gerne ihre Hände an und drucken sie auf den Packpapierbogen ab. Im Vergleich können sie erkennen, daß sie gleiche und doch unverwechselbare Hände haben. Durch die Interpretation des Bildes »*Gesicht hinter Fingerabdruck*« (M 26), die selbst 16jährigen Jugendlichen nicht auf Anhieb leichtfällt, kann diese Einsicht vertieft werden. Zur Hand als Identitätsmerkmal des Menschen sind aufgrund eigener Kenntnisse viele interessante Beiträge zu erwarten; das Gespräch kann auch durch ein entsprechendes Schülerreferat vorbereitet werden.

Als Ergänzung oder Alternative zu den skizzierten Übungen bieten sich *Ton- oder Gipsarbeiten* an. Die Erfahrungen mit dem Töpfern können sich bei der Interpretation des *Holzschnitts »Töpferin« von Anniés* (M 28) produktiv auswirken. Die Einsicht in die enge Beziehung zwischen Schöpfer und Geschöpf, die der Künstler zum Ausdruck bringt, kann wiederum einen elementaren Zugang zu *Jes 64,7* eröffnen.

> »Aber nun Jahwe: du bist unser Vater,
>   wir sind der Ton und du unser Bildner,
>   und das Werk deiner Hände sind wir alle.«

Es handelt sich bei diesem Vers um den Übergang von der Klage in das Vertrauen innerhalb des wohl gewaltigsten Klagepsalms des Volkes in der Bibel. Die Kindschaft wird durch das Geschöpfsein entfaltet. Das Geschaffensein (»Werk deiner Hand«) hat den Sinn enger Zugehörigkeit, die Ver-

---

173 Vgl. W. *Kern* / L. *Kuld*, Somatische Handlungen Jesu, KatBl 109 (1984) 43–51, hier: 49f.

trauen und Geborgensein zum Ausdruck bringt (vgl. Ps 139).[174] Im Unterricht sollte deutlich werden, daß es sich um das Gottesbild des Volkes handelt, das sein Vertrauen *gegen* den Augenschein durchhält. Es ist ein enges Entsprechungsverhältnis im Symbol zur Sprache gebracht, das aber durch Freiheit gekennzeichnet ist. Es ist im Blick auf die Unterrichtssituation zu entscheiden, ob dieses Gottesverständnis den Jugendlichen angemessen vermittelt werden kann.

Die erhobenen Hände als Gebärde der Freude und des Jubels, des Entsetzens und der Wut finden sich in allen Bereichen des Lebens. Vielfach werden die Gesten der Hände daher auch für politische Bewegungen genutzt: Die geballte rechte Faust, der zum Hitler-Gruß erhobene Arm, die emporgereckten Hände der Black-Power-Bewegung. Entsprechende Photos und Plakate lassen sich leicht beschaffen.[175] *Die politische Dimension der Handsymbolik* läßt sich gut mit Hilfe des tschechischen *Animationsfilms »Die Hand (Ruha)«* erarbeiten.[176]

Ein Töpfer wird durch eine übermächtige Hand ständig daran gehindert, das zu schaffen, was er kreativ mit seiner Hand schaffen möchte. Weder Drohungen noch Versprechungen können ihn umstimmen. Schließlich erlahmt sein Widerstand. Als er aus einem Traum erwacht, findet er sich wie eine Marionette gefesselt in einem goldenen Käfig wieder. Jetzt muß er schaffen, was die Hand verlangt. Sein Ausbruch aus dem Käfig endet tragisch: Zu Hause kommt er durch das Symbol seiner Träume zu Tode. – Es ist daher aus methodischen Gründen wichtig, den Film zunächst nur bis zu der Stelle vorzuführen, in der das Männchen wieder in sein Zimmer kommt.

Die Schüler können sich spontan zum Film äußern, ihn mit Hilfe von Beobachtungsaufgaben interpretieren, die Hand des Männchens als Symbol für Kreativität, die »große Hand« als Symbol für Macht erkennen. Sie können den Film auf ihr Leben beziehen und entsprechende Mächte und Zwänge, die sie unfrei machen, benennen (vgl. M 37). Sie können mögliche Schlußszenen für den Film entwerfen und dann mit dem vorgegebenen Schluß vergleichen. Die Symbolik ist nicht so elementar wie in dem Kurzfilm »Der Weg«; der Film enthält zahlreiche Allegorien, die entschlüsselt werden müssen – die Schüler können sich dabei eventuell in Einzelheiten verlieren. Es sind daher Beobachtungsaufgaben erforderlich, die auf den Gegensatz der kreativen und der unterdrückenden Hand zielen. Diese Ambivalenz des Symbols ist im Film überzeugend dargestellt. Er provo-

174 Vgl. *C. Westermann*, Das Buch Jesaja. Kap. 40-66 (ATD 19), Göttingen 1966, 315.
175 Vgl. z.B. *Riha*, a.a.O., 64-68.
176 Super-8-Filme für die politische Bildung. Landeszentrale für politische Bildung, Völklinger Str. 49, 4000 Düsseldorf. Lichtton, Farbe, 19 Min. (Nr. 377170). Dem Altmeister des Trickfilms, *Jiří Trnka*, gelingt hier – zurückgehend auf die tschechische Tradition des Puppenspiels – eine Veranschaulichung von Konflikten, die Möglichkeiten zur Identifikation, aber auch zur notwendigen Distanzierung bietet.

ziert die gesellschaftliche Frage, ob das »Antisymbol« trotz gutgemeinten Widerstands nicht stärker ist. Bevor wir die Einsicht in die Ambivalenz auf die Gotteserfahrung übertragen, soll zunächst verständlich werden, daß *Arm und Hand,* besonders die rechte Hand, *wichtige Gottessymbole* sind. Die im 1. Kapitel zum Bilderverbot dargestellten Sachverhalte können der Altersstufe entsprechend vermittelt werden. In einer 9. Klasse haben die Schüler vier Dias (vgl. aus dieser Reihe M 29) beschrieben und jeweils aus der Situation die Hand als Symbol für Gott erkannt. Sie haben Vermutungen darüber angestellt, warum die Künstler gerade dieses Symbol gewählt haben. Anhand eines Arbeitsblatts mit dem Bilderverbot (Ex 20,4) und mit Bibelstellen zur Handsymbolik (z.B. Ps 119,73; 139,5; 63,9; 118,15; 1Chr 29,1; Dtn 33,27) haben sie ihre Vermutungen überprüft.

Drei der Dias sind der Serie von D. Steinwede »Kommt und schaut die Taten Gottes« entnommen:
(1) Kain und Abel, Elfenbeintafel vom Ambo der Kathedrale in Salerno (11. Jh.); (2) Gottes Bund mit Noah, Wiener Genesis, Syrien (6. Jh.); (3) Die Steinigung des Stephanus, Detail aus der Wandmalerei von S. Joan de Bol (Ende 11. Jh.).[177]
Es lassen sich auch in anderen Dia-Reihen und Kunstbüchern entsprechende Darstellungen finden. Die »Hand Gottes« finden wir besonders häufig in folgenden Szenen: Abrahamsopfer, Berufung des Mose, Gesetzesübergabe an Mose, Himmelfahrt Christi, Verklärung auf Tabor und Jesu Taufe im Jordan, in Werken des späten Mittelalters auch in der Gethsemaneszene. Die »Hand« symbolisiert in den neutestamentlichen Darstellungen die Stimme Gottes. – Für unsere Themenstellung besonders aufschlußreich ist das *Verklärungsbild im Evangeliar Ottos III.* (Buchmalerei der Reichenauer Schule, um 1000; vgl. Abb. auf der nächsten Seite). In einem mehrfarbigen Wolkengebilde erscheinen sechs goldene Lichtstrahlen mit der »Hand Gottes« in der Mitte. Ebenso auffällig ist der Gebets-Gestus Christi: Er hat beide Hände mit senkrecht aufsteigenden Unterarmen erhoben.[178]

Durch die Betrachtung der Dias ist die *Meditation der madalaförmigen* »*Hand Gottes*« (M 30) vorbereitet. Dieses Fresco der romanischen Kunst in Katalonien des Meisters von S. Clemente de Taull (um 1225) besteht der Form nach aus vier konzentrischen Kreisen mit dem Handsymbol in der Mitte.

Der *Kreis* führt als vollkommen gerundete Linie in sich selbst zurück. Er hat eine klare Mitte. Die Kreisgestalt symbolisiert Ganzheit, Geschlossenheit, Vollkommenheit. Sie umschließt etwas Wertvolles, grenzt es ab, das Heilige oder das Selbst. Die Urgebärde des Umarmens bringt das Schützende und Bergende der Kreisgestalt zum Ausdruck. Der Kreis bildet den Erdkreis ab. Er ist zugleich Symbol der Zeit, und zwar der zyklischen Zeit. Als Zeitsymbol hat der Kreis eine enge Beziehung zum Rad. Die zyklischen Bewegungen der Erde symbolisieren Wiederbeginn, Erneuerung und damit die Veränderbarkeit alles Irdischen. *Madala* ist eine

177 Vgl. *D. Steinwede,* Kommt und schaut die Taten Gottes, Göttingen u.a. 1982, 7f.54. Vgl. *ders.,* Von Gott, Lahr/Düsseldorf 1974, Umschlagphoto (Ausschnitt aus Dia 3).
178 Vgl. *G. Schiller,* Ikonographie der christlichen Kunst, Bd. 1, Gütersloh ³1981, 416, Abb. 416 (Oranten-Gestus!).

Aus: *G. Schiller*, Ikono-
graphie der christlichen
Kunst, Bd. 1, Gütersloh
³1981, 416 (»Verklärung
Christi«); © Bayerische
Staatsbibliothek München.

altindische Bezeichnung für Kreis bzw. für Mandel. Ein kostbarer Inhalt wird im
Zentrum wie der Kern in einer Schale geschützt. Mandala ist ein altes Meditations-
zeichen.[179]

Die Hand in Gold symbolisiert die Zuwendung Gottes zu den Menschen;
Gott durchbricht seine Vollkommenheit. Daumen, Zeigefinger und Mit-
telfinger sind ausgestreckt, die beiden anderen Finger nach innen ge-
krümmt. Es handelt sich um einen Redegestus; aber auch beim lateinischen
Segen finden wir diese Handform. Die Hand streckt sich uns aus dem weißen, ungebrochenen Licht entgegen; dieses bricht sich dann in den Farben
der Schöpfung. Violett, Blau und Rot sind die Farben für Vater, Sohn und
Geist. Die Liebes- und Feuerfarbe Rot im äußeren Kreis ist dem Menschen
zugewandt. Vor dem Kreis in der Mitte finden wir noch einen schwarzen
Ring. Durch die Brechung des Lichts in Farben geschieht immer eine Ver-
dunkelung. Hier wird die Dunkelheit in die Schöpfung hineingenommen;
ein Stück Dunkelheit ist in ihr »aufgehoben«.[180] Wie das Licht in verschiedenen Brechungen erscheint und doch immer das gleiche Licht ist, so wendet sich Gott den Menschen in dem dreifach unterschiedenen, aber *einen*

179 Vgl. *Riedel*, Formen, a.a.O. (s.o. Anm. 111), 90ff.
180 Vgl. ebd., 103, Tafel IV.

Ereignis der Liebe zu. Gott überwindet von sich aus das Trennende und redet den Menschen aus der Fülle seines Lichts (1Joh 1,5) heraus an, so daß Licht auf seinen Weg fällt; Gott ist ganz auf unsere Bedürftigkeit bezogen, aber er bleibt unseren Vorstellungen entzogen.

Die Jugendlichen schreiben ihre Assoziationen zu dem Bild auf. Die Schüleräußerungen (vgl. die Erfahrungsberichte 2.3.4) zeigen, wie nahe sie ohne jede Hilfe einem angemessenen Symbolverständnis kommen. Sie schreiben Texte zu Bildern, die ihrer Meinung nach ausdrücken, wo »Gottes Hand« *heute* erfahren wird. Man könnte einwenden, die Aufgabenstellung verführe die Jugendlichen dazu, das schlechthin unanschauliche Heil im Sichtbaren zu suchen. Es ist jedoch zu bedenken, daß die Anrede Gottes die Situation des Angeredeten verändert und sich die Aufgabe *nach* der Meditation eben auf diese Konsequenzen bezieht. Die Schüler sind zudem im Symbolverstehen so weit fortgeschritten, daß sie Bilder durchaus als Symbole für ganzheitliche Erfahrungen in Anspruch nehmen.

Im Blick auf manche Klassen wird die didaktische Entscheidung des Lehrers dazu führen, die Rahmenziele 8/9 und 10/11 alternativ zu sehen. Wo Motivation und Interesse der Schüler geweckt sind, kann es theologisch sachgemäß sein, es nicht bei der »schönen goldenen Hand« als Gottesbild zu belassen, sondern die durchbohrten Hände Jesu als das Gottesbild zu erfassen, das alle anderen überbietet. Wir betrachten daher den *Isenheimer Altar*. Matthias Grünewald hat ihn 1512–1515 für das Kloster des Hospitalordens der Antoniter in Isenheim gemalt.[181]

Die Mönche hatten die Aufgabe, das »Antoniusfeuer« zu bekämpfen, eine Bluterkrankung, die einzelne Glieder zum Absterben brachte. Verbreitet war diese Krankheit bis zum 13. Jahrhundert, dann wurden in den Antoniterklöstern auch Syphilis und Epilepsie bekämpft. Der Isenheimer Altar hatte also nicht nur liturgische Bedeutung, sondern von seiner Wirkung auf die Kranken wurde auch praktische Heilung erwartet. Dieser Zweck des Altars ist bei der Deutung zu berücksichtigen; denn er hat die Gestaltungsweise des Meisters beeinflußt. Antonius wurde als Helfer gegen das »Antoniusfeuer« verehrt, Sebastian als Beistand gegen die Pest, Johannes der Täufer und Johannes der Evangelist gegen die Epilepsie. Gerade diese Heiligen sind auf der Werktagsseite des Altars dargestellt. Die Kranken erhoffen Heilung ihrer Leiden durch den Altar.[182] Die Mönche konnten sich als Nachfolger des leidenden Jesus verstehen, dessen Leben »auf dieser Erde noch nicht zu Ende gebracht« ist (D. Bonhoeffer).

Es gibt keine vergleichbare Kreuzigungsdarstellung. Die leichenblaß-grünliche Haut des Gekreuzigten ist von Dornen zerrissen und mit eitrigen Wunden übersät. Ein zerschundener, entstellter Körper hängt an dem rohen Balken. Seine Hände sind vom letzten Krampf der Agonie bis in die

181   Öl auf Lindenholz. Kreuzigung auf zwei Flügeln: 269 x 307 cm. Colmar, Unterlinden. Vgl. *W. Fraenger*, Matthias Grünewald, München 1983; vgl. *M. Seidel*, Grünewald: Der Isenheimer Altar, Stuttgart 1983.
182   Vgl. *Seidel*, a.a.O., 6.

Fingerspitzen gezeichnet, ausgestreckt ins Leere, in den schwarzen Himmel. Sie bringen den Schrei des Gekreuzigten leibhaft zum Ausdruck. Links unter dem Kreuz kniet Magdalena, krampfhaft die Hände ringend. Hinter ihr steht Maria, von Johannes gestützt. Die Figur mit dem Attribut des Lammes ist der Täufer mit dem übergroßen »weisenden« Finger; er lebte zur Zeit der Kreuzigung nicht mehr. Die Figur hat die genannte bild-pragmatische Bedeutung; zugleich dient sie der theologischen Deutung des Ereignisses. In Kopfhöhe ist nämlich neben ihr der Spruch aufgezeichnet, der offenbar das Geschehen deuten soll: »Jener muß wachsen, ich aber muß abnehmen« (Joh 3,30). Er wird sich in diesem Kontext auf den Gegensatz zwischen der Verlassenheit des Gekreuzigten und seiner künftigen Wirksamkeit als Auferstandener beziehen. Dieser Gegensatz zwischen der entsetzenerregenden Leidensgestalt und dem verwandelnden Übergehen seines Leibes in das Göttliche (Auferstehungsdarstellung) wird nämlich aufs äußerste gesteigert. Durch die Gestalt des Täufers wird dieser Gegensatz *dialektisch* in der Kreuzigungsdarstellung selbst zum Ausdruck gebracht: auf der einen Seite die Konzentration auf die menschliche Leidenserfahrung, die jede Überhöhung verbietet; auf der anderen Seite die theologische Deutung durch den Täufer, der wie der heidnische Hauptmann in Mk 15,39 auf Gott *in* dem Gekreuzigten verweist.[183]

Wir betrachten zunächst den Bildausschnitt mit der Hand des Gekreuzigten (M 31). Bei der Interpretation der gesamten Kreuzigungsdarstellung können wir ebenfalls von den Händen der Figuren ausgehen. Grünewalds Hand des Gekreuzigten kehrt dann in dem *Kirchentagsplakat von 1975* (M 32) wieder. Das Plakat wird zunächst ohne Text präsentiert. Nach der Vorarbeit wird die Symbolik meist ohne Impulse des Lehrers sehr sachgemäß gedeutet und in ihrer Dialektik verstanden. Die Schüler suchen selbst Leitworte für das Plakat und ziehen zur Interpretation des vorgegebenen Leitwortes 2Kor 5,9f; 4,8ff; 12,9f heran. Die im Blick auf die politische Dimension herausgearbeitete Ambivalenz des Symbols soll auf die religiöse Ebene übertragen werden. Gerade das Kreuz Jesu ist zugleich ein Maßstab für eine angemessene Symbol- und Religionskritik. Ein Anstoß könnte *Klaus Staecks Plakat »Betende Hände mit Flügelschrauben«* (Grafik 1970) sein; es war als Siebdruck zu Anfang der 70er Jahre verbreitet (M 34).[184] Das Plakat protestiert gegen die öffentliche Vermengung von Politik und Christentum und gegen die Vermarktung Dürers als Wandschmuck. Es will aufzeigen, daß innerer Zwang und Unfreiheit – »Repression« kam damals als Modebegriff auf – hinter »betenden Händen« stehen kann.

---

183 So sehr Meister Mathis (»Grünewald«) dieses Thema ergriffen hat, alles ist »zu Formwirkung eingegossen! Wiedergabe jeglicher Stofflichkeit, Atmosphäre, seelische Regungen. Eigentümlich verfremdet erscheint der Kontakt seiner Menschen zum Betrachter: wie in Trance, verzückt oder verzweifelt... Eben deshalb ist ihre imaginative Gewalt mächtig« (*K.A. Knappe*, Art. Grünewald, Matthias [ca. 1475/80-1528], in: TRE 14, 280-284, hier: 282).
184 Vgl. *M. Mende*, Staeck und Dürer, in: *Riha*, a.a.O. (s.o. Anm. 171), 31.

Diese Kritik an der religiösen Erziehung wird mit Hilfe der *Texte von J. Richter* in der Sekundarstufe I (M 38) *und T. Moser* in der Sekundarstufe II (M 39) konkreter aufgearbeitet. Moser selbst zitiert *Ps 139* (M 40) und einen Kommentar dazu, so daß es sich naheliegt, nach der ursprünglichen Intention des Psalms zu fragen und die beiden Texten zugrundeliegende Gotteserfahrung gegenüberzustellen. Die Jugendlichen können eigene Erfahrungen zu beiden Texten in Beziehung setzen. Da bei Moser neben der Hand auch noch Ohr und Auge als Gottessymbole verwendet werden, kann die Perspektive – durchaus im Sinne von Ps 139 – am Schluß auf die Ambivalenz dieser Symbole hin erweitert werden. Aus methodischen Gründen bietet es sich an, in einem *Tafelbild* die Empfindungen Mosers und die Aussagen des Psalms zu diesen Symbolen gegenüberzustellen.[185] Die Arbeit sollte jedoch über diesen Vergleich hinausführen; denn das Ziel besteht nicht in der Erkenntnis, daß es »richtige« und »falsche« Aussagen über Gott gibt. Die Jugendlichen können vielmehr verstehen, daß höchst ambivalente Erfahrungen in den Gottesbildern zum Ausdruck kommen, daß alles Fragwürdige am Menschen in seine Gottesbilder eingeht, daß sie sich mit dem Leben selbst wandeln und auf einen »göttlichen Gott« hin überschritten werden.[186] Das Gottesbild wächst gleichsam mit dem Leben mit, und wir wachsen mit dem Gottesbild. Gott verwirklicht sich in diesem Prozeß dynamischer Veränderung, in dem Gottesbilder zerbrechen und über sich hinaus weisen. Alle Gottesbilder enden immer wieder am Kreuz Jesu, in der Erfahrung, daß der *solidarische* Gott in unsere Leiden und Konflikte eingeht. Das Gottesbild Mosers hat sich nicht verändert, blieb starr und blockierte so die Lebendigkeit. Gott diente als Ersatz für vorenthaltene Liebe, wurde als Erziehungsmittel mißbraucht.[187] – Auf einer anderen Ebene ist eine rationale Auseinandersetzung mit den *Thesen* des Buches erforderlich, die erkennbar werden, wenn man von der Sprache der Fluchgebete absieht.[188]

In der Sekundarstufe II könnte der Brief der Studentin Anne (vgl. o. S. 48) eine Rückkopplung der im Unterricht gewonnenen Einsichten auf die Erfahrung mit den eigenen Händen ermöglichen.

2.3.4　Erfahrungsberichte über die Arbeit in unterschiedlichen Schulstufen

U. Hinze, Die Arbeit mit dem Symbol »Hand« in der Sekundarstufe I

Die Unterrichtseinheit wurde zusammen mit Peter Biehl und einer Fachpraktikumsgruppe entwickelt, in einer 9. Realschulklasse durchgeführt, re-

---

185　So auch *C. Reents*, Was wird aus dem Gottesglauben?, Gütersloh 1987, 80.
186　Vgl. *A. Görres*, Die Gotteskrankheit, in: *W. Böhme* (Hg.), Ist Gott grausam?, Stuttgart 1977, 10-21, hier: 17.
187　Vgl. *T. Moser*, Gottesvergiftung (st 533), Frankfurt/M. 1980, 29f.37f.46.
188　Vgl. *Görres*, a.a.O., 18.

vidiert, in Parallelklassen sowie durch Rudolf Tammeus in einer 7. und 8.
Gymnasialklasse erneut erprobt. Es sollen die *Schwerpunkte* hervorgehoben werden, in denen die Schüler selbst besonders aktiv waren.
Ungewöhnlich war für die Schüler, daß im Religionsunterricht *getöpfert*
wurde. Sie legten nachher großen Wert darauf, daß ihre »Kunstwerke«
auch gebrannt wurden. Von pädagogischer Bedeutung waren für den weiteren Verlauf jedoch nicht diese Ergebnisse der Arbeit, sondern der *Weg*
dorthin. So bezog sich das anschließende Gespräch auf die Erfahrungen,
die sie mit ihren Händen beim Gestalten von Ton gemacht hatten. Die
Übung ergänzte die Erfahrungen beim Tasten mit geschlossenen Augen
während des Blindenführungsspiels. In einigen Klassen wurde der Holzschnitt »Töpferin« von Anniès (M 28) im Kontrast zu einem Photo mit den
Händen einer Arbeiterin interpretiert.[189] Dieser Kontrast war für das Gespräch didaktisch sehr produktiv. Es wurde aber eine weitere Unterrichtsstunde erforderlich, in der die Schüler über sozialethische Probleme der
(Fließband-)Arbeit diskutierten. Die wechselseitige Interpretation von
Schülererfahrung und Holzschnitt ermöglichte einen angemessenen Zugang zu Jes 64,7; es könnte jedoch auch der Psalm »Wie auf einer Töpferscheibe« von Ernesto Cardenal herangezogen werden.[190] Die Zeit, die für
solche Übungen, die die Grenzen des herkömmlichen Unterrichts überschreiten, investiert wird, kommt dem Unterricht durch größere Erfahrensnähe und Motivation wieder zugute. Ein Wagnis stellte die *Meditation
zur »Hand Gottes im Kreis«* (M 30) dar, und zwar vom Medium wie von
der Methode her. Jeder Schüler hatte das Bild vor sich und konnte nach einer Phase der stillen Betrachtung seine Gedanken aufschreiben. Sie wurden
dann der Reihe nach ohne Kommentierung vorgelesen.

Einige Beispiele: »Die Hand ist Gott. Die Hand zeigt uns, daß alle zu Gott eingeladen sind. Er verlangt von uns nichts. Wenn wir mit ihm gehen, nimmt er nichts,
sondern wird uns etwas geben. Die Hand zeigt uns deutlich, daß uns etwas gegeben wird. Der Kreis könnte die Erde sein. Gott führt uns durch die Erde« (Frank).
»Die Hand kommt aus dem Hellen, das wahrscheinlich die Herrlichkeit Gottes
darstellen soll.« »Ich sehe eine wertvolle Hand, die uns etwas gibt oder zeigen
will.« »Sie zeigt uns den Weg aus dem Dunkeln in das Licht.« »Die Postkarte soll
vielleicht zeigen, daß die Zeit des Menschen begrenzt ist. Der Kreis kann eine Uhr
darstellen. Vielleicht soll die Hand uns sagen, daß man nie alleine ist, daß immer einer da ist, der hilft und beschützt.« »Es ist eine goldene und reiche Hand. Sie zeigt
in die Richtung, die wir gehen sollen. Es ist eine hoffnungsvolle Hand.« »Der Kreis
stellt vielleicht die Erde dar, die durch Gottes Hand geschützt wird.«

Die Schüler haben im Anschluß an die Stunde bemerkt, daß es wohltuend
ist, wenn in der Schule nicht alles »zerredet« wird. Diese ersten Deutungs-

189 Vgl. »Arbeiterin«, in: *W. Dietrich* (Hg.), Exemplarische Bilder, Mappe 2:
Sprache der Hände, Frankfurt/M. u.a. 1973.
190 Vgl. *E. Cardenal.* Das Buch von der Liebe. Lateinamerikanische Psalmen,
Hamburg ²1973, 130.

versuche konnten durch eine Interpretation der Kreisform und der Farbsymbolik korrigiert, vertieft oder erweitert werden. Wichtiger war uns eine Konkretisierung der Schüleraussagen im Blick auf ihre Alltagserfahrungen (vgl. Rahmenziel 9). Bilder helfen den Schülern häufig, ihre Erfahrungen konkreter auszudrücken. Daher können sie aus einer Sammlung von Photos, die verstreut auf dem Boden liegen, das ihnen passende Bild aussuchen und einen entsprechenden Text verfassen: *»Menschen erfahren Gottes Hand, wo . . .«*

So heißt es dann etwa zu dem Bild eines Clowns: ».. . wo Menschen fröhlich sind, auch wenn sie nichts zu lachen haben«. Oder zum Photo mit einem behinderten Kind, das Sport treibt: ».. . wo Menschen wieder neuer Lebensmut gegeben wird«. Oder zu einem Photo mit einer Blume, die sich durch Schnee an das Licht kämpft: ».. . wo Menschen trotz Kälte wieder Hoffnung fassen und sich anderen zuwenden, obwohl sie selbst genug Probleme haben«. Schüler lernen so, Alltagserfahrungen als Gotteserfahrungen anzusprechen, indem sie benennen, *woher* Menschen möglicherweise ihren Mut, ihre Hoffnung, ihre Kraft zur Mitmenschlichkeit nehmen.

In einer Parallelklasse habe ich einen ähnlichen Versuch mit dem »Gekreuzigten ohne Arme« (M 33) gemacht. Die Schüler haben ihre Bilder und Texte als »seine Hände« um den Corpus des Gekreuzigten zu einer Collage herumgelegt.
Damit die Praktikanten unterschiedliche Erfahrungen mit derselben Methode machen konnten, haben wir sie beim Rahmenziel 11 abgewandelt: War zunächst die Aufgabenstellung angesichts der Fülle von Bildern begrenzt, so wurden jetzt fünf *Photos mit Händen von Menschen in Leidenssituationen* vorgegeben, während die Aufgabenstellung für die »Vertextung« sehr offen formuliert wurde (»Sucht euch bitte ein Bild aus, das euch besonders anspricht, und schreibt dazu ein Gedicht, Gebet, einen Kommentar . . .«).

Es entstanden beispielsweise folgende Texte: »Der Mann erinnert mich an die Menschen in Südafrika bei Johannesburg. Man kann an seinen Gesichtszügen sehen, wie verzweifelt er ist. Er hat vielleicht auch Schmerzen . . . In der Faust drückt sich Verzweiflung und Enttäuschung aus. Bei Jesus drückt sich in der Hand Vernunft und Verzeihung aus.« »Der Mann drückt Macht aus. Er zeigt Stärke und Willenskraft. Er will jemandem etwas beweisen. Vielleicht flucht er Gott oder jemand anderem. Er meint vielleicht, daß Gott ihn vernachlässigt und benachteiligt. So droht er Gott, schreit zu ihm . . .« »Warum bin ich nicht so stark wie die anderen? Warum hast du mich als Schwächling auf die Welt kommen lassen? Laß mich bitte nicht immer Schläge einstecken, sondern gib, daß ich mich auch einmal wehren kann. Ich habe Angst, hilf mir!« »Zwei Hände, die beten oder bitten. Hände, die von der Arbeit kaputt aussehen. Vielleicht bitten sie um etwas zu essen. Sie bringen die Sehnsucht nach etwas Besserem zum Ausdruck, ohne es zu erreichen.« »Lieber Herr, gib mir Kraft, daß ich meinen Kindern helfe, daß ich ihnen Mut gebe, damit sie nicht verzweifeln. Gib, daß es regnet und unsere Ernte nicht verdörrt. Gib, daß unsere Kinder zur Schule gehen können und etwas lernen. Gib, daß endlich Frieden hier und auf der ganzen Welt wird und daß alle Menschen, egal welcher Hautfarbe, Religion oder Nationalität, sich vertragen. Gib mir Mut, Widerstand zu leisten angesichts der Ungerechtigkeiten in der Welt. Gib mir neue Hoffnung, wo die Zukunft aussichtslos erscheint. Bitte, hilf uns. Amen.«

Im Gespräch wurde versucht, eine Beziehung zwischen diesen Texten und der Hand des Gekreuzigten aus dem Isenheimer Altar herzustellen. Das zuletzt genannte Gebet einer Schülerin schien uns so ausdrucksstark und theologisch sachgemäß zu sein, daß wir es in der nächsten Stunde zum Medium machten. Die Schüler sollten es auf Leidenssituationen und neue Lebensmöglichkeiten hin interpretieren. Wir haben immer wieder festgestellt, daß die Schüler selbst gute Texte schreiben und motivierter zu einer Auseinandersetzung sind, wenn sie den Verfasser kennen. Aufgrund dieser Arbeit bekam die *Interpretation des Kirchentagsplakats* (M 32) einen angemessenen Lebensbezug.

Einige Schüleraussagen: »So sah gestern die Hand auf dem Dia aus. Das könnte die Hand Jesu sein. Aus der Hand kommt ein Tropfen Blut. Die Rose symbolisiert, daß er für uns gestorben ist. Die Rose steht dafür, daß neues Leben entsteht. Die Rose ist ein Symbol der Liebe. Sie symbolisiert, daß er aus Liebe gestorben ist. Das hat etwas mit der Auferstehung zu tun, denn die Rose blüht aus der Wunde heraus . . . Es finden sich lauter helle Farben; sie sollen ausdrücken, daß die Rose neues Leben bedeutet. Die Blume ist so farbenprächtig, weil aus dem toten Jesus heraus neues Leben entstehen kann. Es ist ein Licht, das auf die Auferstehung verweist. Als Jesus gestorben war, gab es neue Lebensmöglichkeiten. Es kommt eine neue Hoffnung heraus, auch wo die Zukunft aussichtslos erscheint. Aus dem Tod wächst neues Leben.«

Mit Hilfe eines lateinamerikanischen Katechismustextes beziehen die Schüler die Einsichten über die Auferstehung auf die Wirklichkeit der Leidenden, in die sie sich hineinversetzt hatten: »Jede gute Sache im Leben, jeder Sieg der Liebe über den Haß, der Gerechtigkeit über die Ungerechtigkeit, der Gleichheit und Brüderlichkeit über die Ausbeutung, der Einheit über die Zwietracht gibt Zeugnis für die Aufestehung Jesu in unserem Leben (Jesús Flores).«[191]
Das Lied »Gott gab uns Atem« (M 27) begleitete die Unterrichtseinheit wie ein Leitmotiv. Thematisch und musikalisch geeignet ist auch das Lied »Er hat die ganze Welt in der Hand« (nach einem Spiritual[192]).

R. Tammeus, Die Arbeit mit dem Symbol »Hand« in der Sekundarstufe II
Das Symbol Hand wurde auf einer zweitägigen Blocktagung im Rahmen eines dreistündigen Grundkurses ›Evangelische Religion‹ zum Thema ›Streit um Gott‹ erschlossen. An der Tagung nahmen insgesamt 16 Schüler/innen teil.

191   Aus: Vamos Caminando – Machen wir uns auf den Weg!, (Gruppe Bambamarca) Tübingen ²1980.
192   Vgl. Lieder, Songs und Gospels (Schneider-Buch 7893), München/Wien 1978, 104.

Blocktagungen sind seit Jahren fester Bestandteil meiner Religionskurse in der Sekundarstufe II. Der Unterricht im Dreiviertel- bzw. Eineinhalbstundentakt führt immer wieder an die Grenzen schulischen Lernens. Strukturierte Unterrichtssequenzen, meist kognitiv ausgerichtet, stehen im Vordergrund, affektive und kreative Prozesse des Lernens – gerade im Religionsunterricht sehr wichtig – kommen häufig zu kurz. Die zweitägigen Schülertagungen außerhalb der Schule bieten zumindest einmal im Halbjahr die Möglichkeit, neben dem ›Kopf‹ auch ›Herz und Hand‹ zur Geltung zu bringen. Wird in der Schule ›Religion‹ vorwiegend nur reflektiert, bieten solche Freizeiten – falls von den Schüler/innen ausdrücklich gewünscht – auch die Möglichkeit zu Meditation, Andacht, Gesang u.ä. Selbstverständlich muß die Teilnahme an solchen Veranstaltungen freiwillig sein.

Die *Intentionen* der Blockveranstaltung zum Symbol »Hand« entsprechen den Rahmenzielen 6, 2, 4, 9, 1, 8 und 13.
Rahmenplanung:

1. *Plenum: Film ›Die Hand‹* (ca. 3 Stdn.)
2. *Arbeitsteilige Gruppenarbeit: Projektphase* (ca. 5 Stdn.)
a) Gips- und Tonarbeiten zum Thema ›Hand‹ (M 41)
b) Collagen zum Thema ›Hand‹ (M 43)
c) Handpantomimen (M 42)
d) Bild- und Musikmeditation zum Bild ›Hand Gottes im Kreis‹ (M 30)
3. *Plenum: Vorstellung und Diskussion der Ergebnisse der Gruppenarbeit* (ca. 1 1/2 Stdn.)
4. *Gruppenarbeit mit anschließender Plenumsdiskussion:*
Die Hand als Symbol für Gott (ca. 3 Stdn.)
Interpretation zweier ›Gotteserfahrungstexte‹: T. Moser und Ps 139 (M 39 und 40) auf dem Hintergrund der Arbeit in der Projektphase

Der Film ›Die Hand‹ erwies sich auch für Oberstufenschüler/innen als hervorragend geeignetes Initialmedium der Tagung (vgl. Rahmenziel 6). Die Schüler/innen sprachen im Anschluß an die Situation des unterdrückten kreativen Männchens im Film einfühlsam über Situationen des Ausgeliefertseins und diskutierten kontrovers und heftig über die Frage, ob die mächtige, gängelnde, zerstörende und quälende Hand im Film Gott symbolisiere. Im Gespräch wurden Alternativen verbalisiert: Mit Gott verbinde man eher Tätigkeiten wie heilen, schützen, erhalten, integrieren und helfen. Die *Projektphase* diente der kreativen Auseinandersetzung mit dem Film. Erfahrungen in Anlehnung bzw. Absetzung zum Film konnten thematisiert werden. Die dokumentierten Bilder vermitteln den besten Eindruck von der Gestaltungsfreude und -fähigkeit der Jugendlichen. Besonders eindrucksvoll waren die *Gipsarbeiten*. Als Material dienten Gipsbinden, wie sie die Chirurgen verwenden (in jeder Apotheke erhältlich). Die Hände wurden vorher mit Vaseline eingerieben, so daß man die geformten Hand-Masken leicht entfernen konnte. Die dokumentierten Schüler/innen-Arbeiten symbolisieren Gemeinschaft und Schöpfung (M 41).
In der *Collagen-Gruppe* wurden Zeitschriften mit vielfältigem Bildmaterial (›Stern‹, ›Spiegel‹, ›Zeitmagazin‹ u.a.) ausgewertet. Nach einer langen Phase des Schneidens und Sammelns klebten die Schüler/innen beeindruk-

kende Bilder u.a. zu den Themen ›Bewahrung‹ und ›Welterhaltung/Weltzerstörung‹ (M 43). Die Gruppe, die *pantomimisch* mit Händen experimentierte, arbeitete zum Teil mit bloßen Händen, zum Teil mit weißen Handschuhen (als besseren Kontrast wählten sie dann schwarze Kleidung). Die Ergebnisse wurden photographisch festgehalten. In insgesamt 36 verschiedenen Handpantomimen kam die ganze Breite der Handsymbolik zum Ausdruck. Die abgedruckten Photos symbolisieren Gewalt, Segen und Flehen/Verzweiflung (M 42). Die vierte Gruppe stimmte sich ein mit einer *Meditation* des vom Kirchentag bekannten Bildes (M 30). Das Bild wurde zunächst etwa fünf Minuten lang still betrachtet.

Folgende Assoziationen wurden im Anschluß geäußert: »Die Hand sieht schlank aus. Graziös. Aber auch majestätisch. Die Handhaltung ist ungewöhnlich (probieren aus) ... Die Hand kommt aus dem Nichts. Ein sehr helles Nichts! Der innere Rand erscheint wie eine Brunnenöffnung ... Ist das eine lockende Hand? Oder eine weisende Hand. Sie weist den Weg. Was bedeuten die drei Kreise? Wasser, Feuer, Wind? Rot ist die Farbe des Feuers, der Begeisterung. Vielleicht bedeuten die Farben auch Glaube, Liebe und Hoffnung. Die Hand ist die Hand Gottes. Der weiße Kreis könnte die Herrlichkeit Gottes darstellen. Oder das Reich Gottes (›Dein Reich komme‹). Die Hand durchstößt die sie umgebenden Kreise und wendet sich direkt dem Betrachter zu ... Die Hand ist ein Symbol für Gott. Diese legt aber auch nicht auf eine bestimmte Gottesvorstellung fest. Das Symbol verletzt nicht das Bilderverbot.«

Diese Eindrücke und die eigenen Erfahrungen mit Händen wurden anschließend in einer ›Handmeditation‹ verarbeitet, die keiner weiteren Erläuterung bedarf (Eigenkomposition der Schüler):

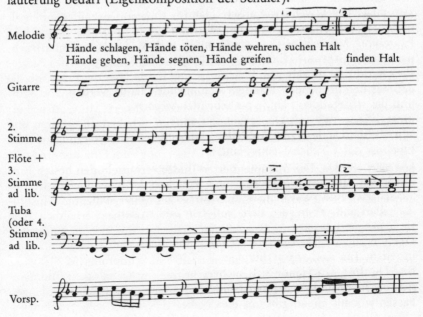

Text des Refrains: Hände schlagen, Hände töten, Hände wehren, suchen
Halt, Hände geben, Hände segnen, Hände greifen, finden Halt.
Wenn wir die Hand gebrauchen, handeln wir.
Kreatives ist es, was die Hand erschafft.
Sie beschützt Kinder, Alte, Freunde, Partner – und Feinde?
Wir zerstören mit unseren Händen täglich Glück, Frieden, Leben und
Freiheit.
Auch Gott handelt an uns.
Gottes Hand hat uns alle erschaffen.
Sie erhält und bewahrt einen jeden von uns.
Gott will, daß auch wir seine Schöpfung nicht zerstören.

Eine beschützende Hand kann Halt geben und Geborgenheit vermitteln,
sie ist da, um uns zu bewahren.
Doch oft spüren wir Verlassenheit.
Wo sind die schützenden Hände, denen wir vertrauten,
in Situationen der Krankheit, Qual und Gewalt,
des Krieges und der Gefahr?
Was kann uns im Leid helfen?
Beschützende Hände bedeuten auch das Vertrauen darauf,
im Leid nicht allein zu sein,
einen Weg zu finden aus der Ausweglosigkeit
und den Mut zu finden, diesen Weg zu gehen.
So können wir auch im Fallen aufgefangen werden.
Menschen drohen uns, wir können uns nicht wehren,
sie schlagen uns, wenn wir unsere Hände
nicht wie Marionetten von ihnen führen lassen.
In unserer Auswegslosigkeit strecken wir unsere Hände aus
und flehen Gott um Hilfe an.
Er kann die Kraft geben,
daß aus den drohenden Händen versöhnende Hände werden,
und die schlagenden Hände zu liebenden werden.
Gott, können wir mit Dir verbunden sein?
Wir suchen Deine Hand und halten sie fest.
Doch ist das wirklich Deine Hand?
Du sagst, unsere Hände sind Dein Werkzeug.
Doch was tun unsere Hände?
Sie schaffen und zerstören, sie beschützen und bedrohen,
sie helfen und verweigern sich, sie loben und strafen,
sie lieben und hassen.
Doch in allem wirken unsere Hände zusammen.
In jedem Tun sind wir verbunden.
Bist Du dort, wo Hände sich suchen,
sich berühren und aneinander handeln?
Fassen wir uns an, so gibt uns dies Nähe,

Gemeinschaft, Geborgenheit und Kraft,
aber zugleich kann es uns erdrücken,
unfrei, abhängig und gleichgültig machen.
In allem wirken unsere Hände zusammen.
In jedem Tun sind wir verbunden.
Sind Deine Hände unser Handeln?
Können wir so im Umgang miteinander Deine Hand finden?

Alternative zur Musikmeditation
Auf einer anderen Schüler/innen-Tagung erarbeitete eine Gruppe eine Klangsymphonie zum Thema »Hand«. Instrumente waren: Klavier, Flöten, Gitarren und diverse Küchengeräte. In einem Eingangsgespräch wurde überlegt, welche Stimmungen mit Händen ausgedrückt werden können. Nach einer Phase des Ausprobierens fand die Uraufführung statt. 1. Satz: Bedrohung – Zittern – Bitte. 2. Satz: Lockruf – Begeisterung.

Bei der Vorstellung der Ergebnisse im *Plenum* zeigte sich, daß die überwiegende Zahl der Schüler/innen Kontrastmedien zum Film gestaltet hatte. Insgesamt bestätigten die Schüler/innen-Arbeiten die Ambivalenz des Symbols »Hand« eindrucksvoll. Daß sich diese Ambivalenz auch auf die Gotteserfahrung übertragen läßt, zeigten die Texte von T. Moser und Ps 139 in der Schlußphase der Tagung. In Anlehnung bzw. Abgrenzung zu diesen Erfahrungstexten artikulierten die Schüler/innen eigene Gottesvorstellungen und brachten sie in einer Schlußrunde in einer eigenen Handpantomime zum Ausdruck.

3 Zur Didaktik religiöser Symbole

3.1 Voraussetzungen der Symboldidaktik

3.1.1 Zur Entwicklung des Symbolverständnisses

Die meisten Unterrichtsversuche, über die im letzten Teil berichtet wurde, fanden in *einer* Altersstufe statt. Mit Hilfe der von E.H. Erikson beschriebenen Entwicklungsstufen lassen sich bestimmte *altersbedingte psychosoziale Krisen* bei den Jugendlichen entdecken, nämlich eine spezifische Ausprägung des Identitätsproblems, dem bestimmte religiöse Symbole korrespondieren.[1] Die Haus- und Wegsymbolik, gerade in der polaren Spannung von Zuhausesein und Aufbrechen, aber auch die Handsymbolik, sofern sich in ihr das Identitätsproblem spiegelt, entsprechen den lebensgeschichtlichen Erfahrungen dieser Altersstufe. Zum mindesten verhelfen die Symbole den Jugendlichen dazu, sich ihrer Erfahrungen und Konflikte bewußt zu werden, sie auszusprechen und verschärft wahrzunehmen. *Im Umgang* mit diesen Symbolen treffen wir aber schon in *einer* Klasse auf *unterschiedliche Symbolverständnisse.*

Es fiel beispielsweise auf, daß ein Schüler einer 9. Realschulklasse selbst die Symbolsprache eines Kurzfilms beharrlich ›wörtlich‹ verstand und dadurch den Interpretationsvorgang immer wieder blockierte, weil sich seine Mitschüler bemühten, ihn auf eine ›höhere‹ Stufe des Verständnisses zu führen. Die meisten Schüler der Klasse verstanden den Hinweischarakter und die Doppelsinnigkeit religiöser Symbole. Wenige waren zur Symbolkritik fähig. Ein Schüler zeigte bereits Ansätze zur »zweiten Naivität« (P. Ricoeur); Frank konnte sehr kritische Beiträge bei der Interpretation von Symbolen geben, zugleich (etwa in einer Meditation) den Symbolsinn ursprünglich aneignen. Es sind hier also unabhängig vom Alter mehrere Stufen des Symbolverständnisses anzutreffen. Wie ist dieser Sachverhalt zu erklären?

Beide genannten Aspekte der Entwicklung sind für die Symboldidaktik gleichermaßen wichtig; denn wenn es um *Lernprozesse* geht, kann ein wenig ausgebildetes Symbolverständnis ein erfahrungsnahes Erfassen des Symbolsinns hindern. So haben wir also (1) zu fragen, welche religiösen

---

1 Vgl. dazu genauer: *P. Biehl,* Symbol und Metapher. Auf dem Wege zu einer religionspädagogischen Theorie religiöser Sprache, in: JRP 1 [1984], 1985, 29–64, hier: 52–57. Vgl. auch: *H.-J. Fraas,* Die Konstitution der Persönlichkeit und die Symbole des Glaubens, RpB 21/1988, 157–178.

Symbole den lebensgeschichtlichen Erfahrungen am besten entsprechen und die Konflikte zu bewältigen helfen, und (2) muß erörtert werden, in welchen Stufen das Symbolverständnis verläuft und wie es möglichst optimal zu fördern ist. Der erste Aspekt wird mit Hilfe psychoanalytischer Kategorien beschrieben; der zweite Aspekt wird mit Hilfe des von J. Piaget begründeten und inzwischen weiterentwickelten strukturgenetischen Ansatzes bearbeitet.[2] Der psychoanalytische und der kognitive Ansatz müssen also verschränkt werden, und zwar schon bei der Beschreibung der frühen Symbolentwicklung bei Kindern. Dabei konzentriert sich das Interesse heute auf zwei Phasen der Symbolentwicklung: (1) auf die Phase der sog. Übergangsobjekte und (2) auf das Symbolspiel des Kindes.

3.1.1.1 Zur Symbolentwicklung bei Kindern

Für die gesamte religiöse Entwicklung ist die Frage von Bedeutung, wie Symbole im Kindesalter gebildet werden.

Vom vierten bis zwölften Monat kann man bei jedem Kleinkind beobachten, daß Dinge aus seiner nächsten Umgebung, die leicht zur Hand sind, eine unvergleichliche Bedeutung erhalten: eine Handvoll Wolle, ein Tuchzipfel, später ein Stofftier oder Teddy. Das Kind kann daran saugen, sich damit streicheln; sie überstehen aber auch Wut und Aggression des Kindes.

Das Kind schafft sich in der Phantasie die Objekte, die es den inneren Bedürfnissen entsprechend braucht, um die Trennung von der Mutter zu verarbeiten. Es hat die »Illusion«, die Mutter sei bei ihm; zugleich gewinnt es eine größere Autonomie, weil es ja jetzt selbst erschaffen und kreativ gestalten kann, was vorher die Mutter schenken mußte. Diese sogenannten Übergangsobjekte ähneln den Eigenschaften einer guten Mutter, sie zeigen Verläßlichkeit und bewegliche Anpassung. So ist einerseits die Konstanz wichtig – sie sind unzerstörbar und jederzeit zur Verfügung –, andererseits eignen sie sich zur flexiblen Verwendung. Es handelt sich um formbare Medien, die ihre Bedeutung durch die Phantasie des Kindes gewinnen. Es tut sich also ein Zwischenbereich auf zwischen den festumrissenen Objekten der Außenwelt und der flexiblen Phantasie des Kindes. Deshalb nennt der englische Kinderanalytiker D.W. Winnicott die genannten Dinge »Übergangsobjekte«.[3]
Sie verlieren ihre Gegenständlichkeit immer mehr; eine Geste, ein Ritus, eine vertraute Melodie oder Geschichte, das Abendgebet können ihre Funktion übernehmen. Das Kind kann mit seiner Hilfe das Getrenntsein

2 Vgl. den vorzüglichen Überblick bei *F. Schweitzer*, Lebensgeschichte und Religion, München 1987, 185-201.
3 Vgl. *D.W. Winnicott*, Vom Spiel zur Kreativität, Stuttgart ²1979, 10ff; vgl. auch 49ff zum Spiel.

von der Mutter erleben und gleichzeitig das Alleinsein durch die symbolische Gegenwart der Bezugsperson verwandeln.

Die frühen Übergangsobjekte werden bei normaler Entwicklung also durch ›reifere‹ ersetzt, wie alltägliche und religiöse Rituale sowie höhere Symbolformen der Kultur und Religion. Für das Kleinkind hat dieser erste Kontakt mit der gegenständlichen Welt, die noch nicht als vom eigenen Selbst getrennt erlebt wird, die Funktion, ohne traumatische Folgen mit der großen Erschütterung fertig zu werden, die der Übergang aus der Symbiose in die Getrenntheit von der Mutter bedeutet. Die Übergangsobjekte helfen, diese Trennung zu verarbeiten, indem sie den Doppelwunsch nach Verbindung und Trennung zum Ausdruck bringen. Sie ermöglichen einen eigenen Erlebnisbereich zwischen psychischer Innenwelt und realer Außenwelt.[4] Dieser Zwischenbereich stellt nicht eine Vorstufe dar, die es zu überwinden gilt, sondern – wie bei allen psychischen Strukturbildungen – einen bleibenden Grundzug psychischen Erlebens bei der Beschäftigung mit der Außenwelt.[5] Für Winnicott ist Symbolisierung der Ausdruck für den Konflikt, der durch die Wahrnehmung verschiedener Wirklichkeiten entsteht und der zur *kreativen* Bewältigung herausfordert. Das In-Beziehung-Setzen der subjektiven Vorstellung und der objektiven Wahrnehmung stellt eine lebenslange Aufgabe des Menschen dar; und jeder Mensch ist genötigt, durch die Symbolbildung eine Art *Freiraum* zwischen Anlagen, Trieben und Umwelt zu schaffen, in dem die Erfahrung des Selbst und damit Identitätsbildung erst ermöglicht wird. Auch bei höheren Symbolformen finden wir die *Brückenfunktion* der Übergangsobjekte zwischen innerer und äußerer Wirklichkeit wieder. In der nächsten Phase der Symbolbildung werden die Gegenstände bereits als Teil der Außenwelt wahrgenommen. Sie fordern zum eigenaktiven Handeln heraus und fördern so die weitere Individuation.

S. Freud beobachtet einen etwa 1 1/2jährigen Jungen bei einem Spiel, das er über mehrere Wochen immer wieder aufnimmt. Mit einem langgezogenen »O-O-O« wirft er Gegenstände weit von sich weg und überläßt es den Erwachsenen, sie wieder zu suchen. Schließlich beobachtet Freud, wie der Junge unter lautem »O-O-O« eine Fadenrolle wegwirft und mit einem daran befestigten Faden wieder zu sich herzieht, sie mit einem freudigen »da« wieder begrüßt.[6]

Der Junge hat Verschwinden und Wiederkommen der Mutter mit den ihm erreichbaren Gegenständen symbolisch selbst in Szene gesetzt. Er hat unliebsame Erlebnisse, der eben zuweilen verschwindenden Mutter, denen er passiv ausgesetzt war, in aktives Tun verwandelt und so verarbeitet. Damit ist ein weiterer wichtiger Schritt auf dem Weg der Loslösung von der Mut-

---

4   Vgl. *D. Funke*, Vom ›Ding‹ zum Symbol, WzM 38 (1986) 29-44, hier: 38.
5   Vgl. *D. Funke*, Im Glauben erwachsen werden, München 1986, 65, vgl. 60ff.
6   Vgl. *G. E. Schäfer*, Wege zur Realität – Bildung des Selbst im Realitätskontakt, in: *G. Bittner* (Hg.), Selbstwerden des Kindes, Fellbach 1981, 135.

ter und zur Entwicklung eines eigenen Selbst getan. An diesem Wegwerf-
und Wiederbringspiel läßt sich sehr gut beobachten, wie sich Grunderfahrung, Symbol und szenisches Arrangement entsprechen. Um die Symboli-
sierungsfähigkeit des Kindes optimal zu fördern, müssen ihm jeweils geeignete Medien angeboten werden.

Zwischen 1 1/2 und 2 Jahren können Kinder mit Hilfe eines differenzierten ›Zeichens‹ nicht anwesende Personen, Gegenstände oder Ereignisse anwesend sein lassen. Ein 16 Monate altes Mädchen beobachtet einen Spielkameraden, der schreit
und mit den Füßen aufstampft. So etwas hat es noch nicht gesehen. Zwei Stunden
später ahmt es diese Szene lachend nach (J. Piaget spricht von »aufgeschobener
Nachahmung«). Ein anderes Kind sieht eine Katze auf einer Mauer. Später legt es
eine Muschel auf eine Schachtel und sagt dabei »miau«.[7]

Die nachgeahmte Geste wird jetzt von Gegenständen begleitet, die zu
Symbolen werden (Piaget spricht von Symbol- und Funktionsspielen).
Später genügt eine verbale Erwähnung, um nicht-aktuelle Ereignisse zu
vergegenwärtigen. Das Kind lernt im Symbolspiel einen freien Umgang
mit den Bedeutungsträgern. Es genügt schon eine geringe Ähnlichkeit mit
dem Bezeichneten, um fast alle Dinge an alle Dinge und alle Dinge an das
Ich assimilieren zu können. Hier werden die wichtigsten Voraussetzungen
für den späteren *Umgang* mit religiösen Symbolen geschaffen. Piaget selbst
will – seinem kognitiven Ansatz entsprechend – primär die Entwicklung
zum begrifflichen Denken der Wissenschaft erklären. Er sieht darüber hinaus jedoch auch die Entwicklung zu höheren Symbolformen, zu denen er
mythologische, religiöse und künstlerische Symbole rechnet.[8] Hier wären
genaue Untersuchungen für die Religionspädagogik lohnend. Aber wichtige Konsequenzen lassen sich schon jetzt nennen.
Die psychoanalytischen und kognitiven Ansätze stimmen darin überein,
daß die Symbolbildung der Sprachentwicklung vorausliegt. Sowohl beim
Übergangsobjekt als auch beim Symbolspiel wird einem an sich bedeu-
tungslosen Objekt allein durch die innere Aktivität des Kindes eine symbolische Bedeutung beigemessen, die in der Phantasie verfestigt ist, dort
auch zurückgenommen und durch eine andere Deutung verändert werden
kann. Ist die religiöse Erfahrung in der Kindheit weitgehend ausgefallen,
läßt sie sich nicht allein durch kognitive Vermittlung von Sprachsymbolen
stiften. Diese müssen vielmehr mit der ›Sprache‹ der Gesten, des Tanzes,
des Spiels und der Bilder in Verbindung gebracht werden.

---

7 Vgl. *J. Piaget*, Nachahmung, Spiel und Traum, Stuttgart 1969, 85ff.
8 Vgl. *J. Piaget*, Erkenntnistheorie der Wissenschaften vom Menschen, Frank-
furt/M. u.a. 1973, 278ff.

3.1.1.2   Stufen des Symbolverständnisses

Piaget hat die Entwicklung der Symbolfähigkeit und des Symbolverständnisses in die frühe Kindheit zurückverfolgt, aber nicht selbst Stadien dieser Entwicklung beschrieben, weil er vorrangig an der Denk- und Moralentwicklung interessiert war.[9] Hier führt *J. W. Fowler* weiter, der im Anschluß an Piaget und Ricoeur Stufen der »Symbolfunktion« – so faßt er Symbolfähigkeit und -verständnis zusammen – ausgearbeitet hat.[10] Zum Teil entsprechen sie dem Ansatz zu einer Stufentheorie, wie ihn R.L. Fetz nach einer Untersuchung zur Himmelssymbolik vorgelegt hat.[11]

1. *Das magisch-numinose Verstehen*   Nach Fowler werden im Vorschulalter Symbole noch nicht von dem unterschieden, was sie darstellen. Der erste und der zweite Sinn der Symbole sind auf magische Weise verbunden. So kann ein bildlich dargestelltes Tier die gleiche Angst wie ein lebendiges Tier einjagen. Ohne die Frage nach der Realität zu stellen, kann sich das Kind mit seiner Phantasie auf Bilder, Geschichten, Märchen einlassen und in ihnen leben. Das Symbol kann – wie Piaget für diese Stufe gezeigt hat – ein abwesendes Objekt anwesend sein lassen. Fetz spricht von einer »archaischen« Stufe, weil wissenschaftliche Weltvorstellungen noch fehlen und die Kinder noch nichts von der Kugelgestalt der Erde wissen. Gott wohnt in der als »Firmament« vorgestellten Himmelsdecke.[12] In dieser Stufe ist die Symbolwelt des Kindes also gleichzeitig seine Realwelt.

2. *Das eindimensional-wörtliche Verstehen*   Der Hinweischarakter der Symbole wird nicht erfaßt, ein zweiter oder mehrfacher Sinn nicht wahrgenommen. Symbolische Aussagen werden ›wörtlich‹, ›buchstäblich‹ genommen. Das ›wörtliche‹ Verständnis religiöser Symbole führt notwendig zu *mythologischen* Vorstellungen. – Wird ein religiöses Symbol, wie das des Himmels, ›wörtlich‹ verstanden und werden gleichzeitig wissenschaftliche Weltvorstellungen angeeignet, kommt es nach Fetz zu einer *»hybriden Vermengung«*. Diese Phase beginnt spätestens dann, wenn zwei unterschiedliche Deutungssysteme so miteinander vermengt werden, daß deren jeweilige Eigenbedeutung verkannt wird oder zu kurz kommt. So wird für eine bestimmte Zeit der religiöse »Himmel« mit dem physikalischen »Weltall« vermengt. Wie auf der archaischen Stufe wird noch nicht wirklich zwischen dem sinnlichen Zeichen des Symbols und der realen Raumorganisation unterschieden; aber die Raumerfahrung der Lebenswelt wird durch rudimentäre Formen des wissenschaftlichen Weltbilds ersetzt. Daher bevorzugen die Kinder jetzt die Formulierung »Gott ist im Weltall«.[13]

---

9   Vgl. *H.-G. Heimbrock*, Entwicklung und Erziehung. Zum Forschungsstand der pädagogischen Religionspsychologie, in: JRP 1 (1984), 1985, 67-85, hier: 75ff.
10   Wir folgen der Darstellung *Schweitzers*, a.a.O., 192-194.
11   Vgl. *R.L. Fetz*, Die Entwicklung der Himmelssymbolik. Ein Beispiel genetischer Semiologie, in: JRP 2 (1985), 1986, 206-214 (Lit.).
12   Vgl. ebd., 209.
13   Vgl. ebd., 210.

Damit fällt aber der ursprüngliche Sinn des religiösen Symbols, der an dem nicht-willkürlichen Band zwischen erstem und zweitem Sinn hängt, dahin.

3. *Das mehrdimensional-symbolische Verstehen* Auf dieser Stufe wird der Hinweischarakter der Symbole erkannt; die Doppel- bzw. Mehrsinnigkeit der symbolischen Rede wird bewußt und die übertragene Bedeutung symbolischer Aussagen verstanden. Weil nach Fowler auf dieser Stufe die Symbole als solche verehrt werden, kann es noch keine Symbolkritik geben. Es werden nur die von der Tradition vorgegebenen Symbole anerkannt. Bestimmend ist also eine Kirche oder eine religiöse Gruppe als Symbolgemeinschaft. Weil die sinnstiftende Kraft in den Symbolen selbst gesehen wird, nicht in dem, worauf sie verweisen, bleibt das Symbolverständnis *konventionell* auf das Vorgegebene bezogen.

4. *Das symbolkritische Verstehen* Symbole können jetzt von dem, was sie bedeuten, abgetrennt und in Begriffe übersetzt bzw. auf Vorstellungen reduziert werden. Sinnstiftende Kraft kommt nur der Bedeutung zu, die die Symbole ›transportieren‹, nicht den Symbolen als solchen. Sie werden nur noch anerkannt, wenn sie sich so übersetzen lassen, daß ihre Bedeutung sich in einem anderen Bezugssystem nachvollziehen läßt. Mit dieser Stufe ist eine Tendenz zur *Entmythologisierung* verbunden. – Fetz kennt statt der Stufen 3 und 4 bei Fowler nur *eine* Stufe, nämlich die »*ausdifferenzierte*« *Stufe religiöser Symbolerkenntnis*. Sie wird bei der von ihm untersuchten Himmelssymbolik erreicht, wenn die Gleichsetzung der symbolischen Aussage »Gott ist im Himmel« mit einer realen Raumordnung endgültig aufgegeben wird. Etwa ab sechzehn Jahren kommt die begründete Antwort »Himmel ist ein Symbol«.[14] Das deckt sich mit unseren Beobachtungen und spricht dafür – bei etwas anderer Beschreibung als bei Fowler –, die Stufe »ausdifferenzierte« Symbolerkenntnis als dritte Stufe des Symbolverständnisses anzusehen. Jugendliche durchschauen jetzt die semantische Struktur des Symbols und reflektieren auf die Eigenbedeutung religiöser Symbolik; sie erkennen ihr ein Eigenrecht neben der andersartigen Denk- und Vorstellungsweise der Wissenschaft zu. Eben darin liegt die Fähigkeit zur »Ausdifferenzierung«, die spezifisch für die Moderne ist.[15] In vormodernen Kulturen mußte der Unterschied zwischen religiöser Symbolik und wissenschaftlichem Weltbild nämlich noch nicht ausgetragen werden. Fetz stellt als Kehrseite dieser Entwicklung bei den Befragten fest, daß der Bedeutungsgehalt des Symbols »Himmel« sehr arm ist. Die Jugendlichen können jeweils nur eine Bedeutung (z.B. Freiheit) benennen, aber nicht die Komplexität eines echten religiösen Symbols zur Sprache bringen.

5. *Das nachkritische Verstehen* Diese Stufe bei Fowler entspricht

---

14 Vgl. ebd., 212.
15 *P. Alheit* hebt als weiteren Aspekt der Moderne, der zu einer Verschiebung der Symboldeutung geführt hat, die »Biographisierung« hervor (Religion, Kirche und Lebenslauf, ThPr 21 [1986] 130-143).

der von Ricoeur so genannten »zweiten Naivität«. Dieser versteht darunter eine ursprüngliche Wiederaneignung religiöser Symbole, die das kritische Realitätsbewußtsein in sich aufnimmt. Es ist also nicht eine Rückkehr zu einem infantilen Umgang mit den Symbolen möglich, sondern eine »zweite Unmittelbarkeit«, die durch die Kritik hindurchgegangen ist.[16] Symbole gelten jetzt nach Fowler als unersetzliche Form der Darstellung; sie werden nicht mehr wie in der vorigen Stufe als auf Begriffe reduzierbar angesehen. Sinnstiftend ist nun das Symbol *und* das, worauf es verweist. Dementsprechend wandelt sich die Selbstwahrnehmung. Das Selbst wird nicht mehr als bloß rational angesehen, sondern als ein vielschichtiges Gefüge bewußter und unbewußter Zusammenhänge.[17]
Die beiden ersten Stufen durchlaufen alle Menschen; viele kommen aber ihr Leben lang über die Stufe eines ›wörtlichen‹ Verständnisses der Symbole nicht hinaus. M. Mezger führt das Unverständnis der biblisch-christlichen Inhalte beim Erwachsenen darauf zurück, daß sie möglicherweise auf der Verstehensstufe eines Vierjährigen stehengeblieben sind.[18] Da Fowlers Stufen nicht als Ergebnis eines Reifungsprozesses zu verstehen sind, sondern von Erfahrungs- und Lernprozessen abhängen, wird keine Stufe mit Notwendigkeit erreicht, sondern nur, wenn entsprechende Erfahrungen und Lernangebote gemacht werden. Dann ist aber auch damit zu rechnen, daß die Stufen für längere Zeit beibehalten und die Struktur nur mit neuem Inhalt gefüllt wird. Daher treffen wir bei den Schülern einer Klasse mehrere Symbolverständnisse nebeneinander an.[19] *Es ist eine der Aufgaben der Symbolkunde, das Symbolverständnis so weit zu fördern, daß möglichst die Stufe des kritischen Symbolverständnisses erreicht wird.*

Aufgabe weiterer empirischer Untersuchungen wird es sein, die Stufenfolge zu überprüfen und zu einer differenzierteren Beschreibung zu kommen. Die Unterscheidung der Stufen 3 und 4 bei Fowler, die bei der Untersuchung von Fetz keinen Anhalt hat, ist m.E. problematisch. Nach unseren Beobachtungen ist *das mehrdimensional-symbolische Verstehen* nicht notwendig an einen konventionellen Umgang mit religiösen Symbolen gebunden. Ich würde daher – abweichend von Schweitzer – die dritte Stufe bei Fetz der dritten Stufe bei Fowler zuordnen, sie aber etwas anders beschreiben. In dieser Stufe wird der Hinweischarakter sowie die Doppelsinnigkeit der Symbole erkannt, die Eigenständigkeit religiöser Symbo-

---

16 Vgl. *P. Biehl*, Erfahrungsbezug und Symbolverständnis, in: *P. Biehl / G. Baudler*, Erfahrung – Symbol – Glaube (Rph 2), Frankfurt/M. 1980, 56ff, hier: 92.
17 *Fowler* nennt noch eine sechste Stufe, in der eine noch weiterreichende Wiederaneignung der Symbole stattfindet. Sie gewinnt nach *Schweitzer* (a.a.O., 194) aber keine klaren Konturen.
18 Vgl. *M. Mezger*, Mit Schülern von Gott reden – was heißt das?, in: *W. G. Esser* (Hg.), Die religionspädagogische Grundfrage nach Gott, Freiburg 1969, 75-93, hier: 76 (unter Berufung auf *A. Görres*).
19 Vgl. *Schweitzer*, a.a.O., 195. Da die Untersuchung von *Fetz* speziell an dem Verhältnis der religiösen Symbole zum naturwissenschaftlichen Weltbild interessiert war, haben wir eine Untersuchung nach derselben Methode (klinische Interviews) zum Symbol »Hand« vorbereitet.

le reflektiert. Die *Stufe des symbolkritischen Verstehens* würde sich dann auf die von Ricoeur beschriebene Einsicht beziehen, daß das religiöse Symbol die Tendenz zum Idol hat und Symbolverstehen daher immer ideologiekritisches Verstehen einschließt. Das umfaßt die von Fowler genannte Tendenz zur Entmythologisierung. Unter dieser Voraussetzung halte ich Schweitzers Tabelle[20] – auch in der Zuordnung zu den entsprechenden Stufen bei Erikson – für sachgemäß. In der zweiten Spalte ordnet er – wie in der Praktischen Theologie häufig versucht – »klassische« religiöse Symbole den psychosozialen Krisen nach Erikson zu. Die ersten beiden Spalten beziehen sich also auf die (altersbedingten) lebensgeschichtlichen Konflikte, die die religiösen Symbole bewußtmachen und zu bewältigen helfen. Die dritte Spalte bezieht sich auf den eben erörterten kognitiv-strukturellen Aspekt des Symbolverständnisses.

Psychosoziale Krisen (nach E. Erikson)	religiöse Symbole	Stufen der Symbolfunktion (J. Fowler)
1 Grundvertrauen gegen Grundmißtrauen	das Numinose (Gott, Muttergottheiten) das (verlorene) Paradies und die Hoffnung auf das Reich Gottes	
2 Autonomie gegen Scham u. Zweifel	Gut u. Böse, Gnade, Gehorsam u. Exodus, Symbole des Essens u. Trinkens	magisch-numinos
3 Initiative gegen Schuldgefühl	liebender u. strafender Vater Vatergottheit Sünde u. Erlösung, Umkehr	
4 Werksinn gegen Minderwertigkeitsgefühl	Beruf(ung) Schöpfungsauftrag, Werke	eindimensional-wörtlich
5 Identität gegen Identitätskonfusion	Glaube, gemeinsame Überzeugungen, der (im Leiden) solidarische Gott, Entfremdung u. Erlösung	mehrdimensional-symbolisch
6 Intimität gegen Isolierung	Gemeinschaft christologische Themen	symbolkritisch
7 Generativität gegen Stagnation	Schöpfung, Beruf(ung), Fürsorge für das Kommende	nachkritisch
8 Integrität gegen Verzweiflung u. Ekel	das Heilige, die letzten Dinge	

(Die nach unten offenen Klammern sollen andeuten, daß diese Stufen das ganze Leben erhalten bleiben können.)

3.1.2 Sozialisationsbedingte Zugänge zu religiösen Symbolen

Die Frage, welche Bedeutung religiöse Symbole für Jugendliche gewinnen können, hängt nicht nur von ihrer Entwicklung ab, sondern ebenso davon, welche Symbole die Gesellschaft ausbildet, in der sie leben, und welchen »Sitz im Leben« religiöse Symbole in ihr haben. Das Symbolsystem der gegenwärtigen Gesellschaft wird vornehmlich durch Massenkommunikation

20 *Schweitzer,* a.a.O., 196 (Abb. 13); Wiedergabe mit freundlicher Genehmigung des Christian Kaiser Verlags, München.

(Fernsehen, Werbung, Comic) vermittelt, während die christlichen Symbole die öffentliche Kommunikation kaum noch erreichen.[21]

Darüber hinaus treffen die Jugendlichen auf Symbole im Lebenszyklus (z.B. bei Taufe, Konfirmation, Hochzeit, Beerdigung), in der religiösen Volkskultur (christliche Feste, Brauchtum, Volkslied), in der urbanen Stadtlandschaft und in der Arbeitswelt (»Wolkenkratzer«, Computer), in der Politik (Fahnen, Demonstrationen, symbolische Aktionen), vor allem aber in der Friedens- und Alternativbewegung (Friedenstaube, Baum) sowie in der jugendlichen Subkultur (Rock- und Popszene, Rockergruppen, Jugendreligionen).

Es wäre sehr aufschlußreich zu untersuchen, welche Bedeutung Symbole in der Jugendkultur haben. Wir gehen einen anderen Weg und fragen nach den *sozialisationsbedingten Einstellungen* Jugendlicher. Die Symbole der heutigen Lebenswelt wirken auf das Sozialisationsgeschehen ein; dieses beeinflußt wiederum die Wahrnehmung und Aneignung von Symbolen. Das Sozialisationsgeschehen ist einbezogen in die umfassenden Modernisierungsprozesse von Gesellschaft und Kultur.

Th. Ziehe hat einige Phänomene benannt, um die kulturelle Modernisierung zu beschreiben. Er nennt zunächst *drei Suchbewegungen,* die er als Verarbeitungsversuche der kulturellen Modernisierung ansieht: *die Suche nach dem Ich* (Subjektivierung), *die Suche nach dem Sein* (Ontologisierung) *und die Suche nach dem Künstlichen* (Ästhetisierung).[22]
Bei der *Tendenz zur Subjektivierung* steht die Suche nach Erlebnissen der Nähe, nach unverstelltem emotionalen Ausdruck, nach Authentizität im Vordergrund. Diese Tendenz fand ihren sozialen Ort in den letzten 15 Jahren in unterschiedlichen Bewegungen (in den Subkulturen der Hippiebewegung, in Wohngemeinschaftsmodellen, Selbsterfahrungskonzepten, neuen Gesundheitsorientierungen usf.). Ist das Gegenbild, von dem sich diese Suchbewegung absetzt, die ›Kälte‹, so ist es bei der *Ontologisierungstendenz* die ›Sinnlosigkeit‹. Das suchende Interesse ist auf die Gewißheit und Sinnfestigkeit gerichtet, die die Ordnung des Kosmos oder der Natur oder das Heilige versprechen. Die Tendenz kann sich religiös oder esoterisch-magisch äußern; sie ist auf fundamentalistisch-ontologische, nicht auf subjektiv-psychologische Argumentation ausgerichtet (neoreligiöse Gruppen, Interesse für Esoterik).[23] Das hinter unserer Subjektivität Waltende gerät wieder in den Horizont des Fragens; man sucht ›vormoderne‹ Sinngewißheit.
Die *Tendenz zur Ästhetisierung* ist dagegen als ›postmodern‹ zu bezeichnen. Ihr Gegenbild ist die Öde und Langeweile. Gesucht wird das gesteigerte Leben; das Leben selbst wird zum ästhetischen Projekt (Phänomene der Verkünstlichung der

21   Vgl. *H.-J. Benedict,* Fernsehen als Sinnsystem?, in: *W. Fischer / W. Marhold* (Hg.), Religionssoziologie als Wissenssoziologie, Stuttgart 1978, 117-137, hier: 119.
22   Vgl. *Th. Ziehe,* Angst vor Hingabe... Hunger nach Intensität, religio 1/1987, 35-39, hier: 35-37. Vgl. *ders.,* Vorwärts in die 50er-Jahre? Lebensentwürfe Jugendlicher im Spannungsfeld von Postmoderne und Neokonservatismus, in: *D. Baacke / W. Heitmeyer* (Hg.), Neue Widersprüche. Jugendliche in den achtziger Jahren, Weinheim/München 1985, 199-216. Vgl. *D. Baacke,* Jugendkulturen und Popmusik, ebd., 154-174, bes. 166f.
23   Vgl. Kursbuch 86: Esoterik oder die Macht des Schicksals, Berlin 1986.

Welt, der ›Semiotisierung‹, d.h. der Aufwertung der Welt der Zeichen, wie sie bei Graffitimalern, den Wandspruchphilosophen und bei den ›Computerfreaks‹ zu sehen ist). Diese Tendenz finden wir auch schon bei Zwölf- bis Sechzehnjährigen, die viel Wert auf Geschmacksdemonstration legen.

Die kulturelle Modernisierung schlägt sich nicht nur in diesen Suchbewegungen, sondern auch in *auffallenden Veränderungen der sozialen Wahrnehmung* nieder. Sie »entnimmt der Alltagswelt gewissermaßen eine Grammatik, mit deren Hilfe wir dann Deutungs- und Handlungsstile ausprägen«, die in unserem Milieu als »ganz normal« gelten.[24] Solche »Relevanzkriterien« sind heute vor allem *Selbstbezüglichkeit* und *Fiktionalität*. Die Fiktionalität der sozialen Wahrnehmung stellt Ziehe in drei Phänomenen dar: (1) der *Emblematisierung,* (2) der *Allegorisierung* und der Perzeptionsverschiebung in Richtung auf eine (3) *Bild/Ton-Dominanz*.

Bei der ersten Tendenz werden Kleidungsstücke, Haarfrisur, Accessoirs, Aufkleber als Repräsentation von Stil und Geschmack einer Gruppe oder eines einzelnen in ihrer Zeichenhaftigkeit aufgeladen. ›Aufgeladen‹ ist die *Emblematik* insofern, als sie für das Ganze stehen soll.[25] In der *Allegorie* steht ein Zeichen lediglich als ›Beispiel‹ für eine ganz allgemeine Bedeutung.[26] Das gibt ihr eine gewisse Flächigkeit, die in naiver oder in ästhetisch-ironischer Weise aufgenommen werden kann. Die Comic- und TV-Helden sind allegorische Gestalten, deren immer gleicher Bedeutungswert vertraut ist und eine angenehme Orientierung stiften kann. Diesen Gestalten wächst ein *pseudo-mythischer* Einfluß zu.[27]

Die Jugendlichen sind in diese Tendenzen der sog. Massenkultur einbezogen. *Wie beeinflußt ein solches ›Sozialisationsklima‹ Bildung, Aneignung und Verstehen von Symbolen?* Die Auswirkungen sind entgegen der Meinung mancher Kulturkritiker nicht nur negativ. *Die Sehnsucht nach unmittelbarem und lebendigem Selbstausdruck,* danach, das Innere zum Sprechen zu bringen, ist auf eine Versprachlichung angewiesen, die eine Verwandlung des instrumentellen in den medialen Sprachgebrauch erforderlich macht. Symbole eröffnen einen Weg in das Innere, schützen es aber zugleich. Das *Sinn- und Gewißheitsbedürfnis,* das sich etwa an dem starken Interesse jüngerer Leute an den Kirchentagen widerspiegelt, kann sich religiös äußern und korrespondiert mit dem Angebot religiöser Symbole und Riten, besonders der Schöpfungssymbole und der Symbole, die Inbegriff neuer Spiritualität sein können. Da die religiösen Symbole zugleich eine ästhetische Dimension haben und ästhetische wie religiöse Erfahrung das Leben intensiviert, ist auch das *Bedürfnis nach einem intensiv gelebten Leben* eine produktive Voraussetzung für das Symbolverstehen. *Nun werden diese Bedürfnisse nach Selbstausdruck, nach Authentizität und Intensität des*

24 *Ziehe,* Angst vor Hingabe, a.a.O., 37.
25 Vgl. ebd., 38.
26 So steht die Justitia mit den verbundenen Augen für die gerechte Wahrheitsfindung.
27 Zur Bild/Ton-Dominanz vgl. oben 1.1.

Lebens, wie sie in religiösen Symbolen ›aufgehoben‹ sind, *durch ›kulturelle Sinnangebote‹ mit Warencharakter immer schon angesprochen und durch ›Ersatzbefriedigungen‹ verdeckt.* Konsumieren, Verkaufen und Kaufen sind heute ›religiös‹ besetzt, und Shopping-Gehen wird wie ein religiöses Ritual begangen. In dieser Situation gewinnen auch religiöse Symbole ›Warencharakter‹, werden zum Fetisch oder Idol. Religiöse Symbole werden nicht in ihrer Bedeutungsfülle, sondern nur verkürzt wahrgenommen; sie werden danach ausgewählt, ob sie zu den jeweiligen Suchbewegungen passen, werden schnell verbraucht und beliebig durch andere ersetzt, wobei die Herkunft (westlich, fernöstlich) keine große Rolle mehr spielt. Die *Selbstbezüglichkeit und Fiktionalität der Wahrnehmung* hat ebenfalls einen **ambivalenten** Charakter. Zunächst bezeichnen beide Begriffe in ihrer wechselseitigen Beziehung das Feld, in dem religiöse Symbole ihren ›Sitz im Leben‹ haben. Selbstbezüglichkeit und Fiktionalisierung haben zu dem öffentlichen Interesse an Symbolen, Mythen und Märchen beigetragen. *Selbstbezüglichkeit* als Ausdruck der Sehnsucht, angenommen und in seiner Bedeutsamkeit bestätigt zu werden, kann aber auch zu einer Wahrnehmungs*verengung* führen, in der die *Vorgabe* der Symbole an Sinn nicht aufgenommen wird. Die *Gefühle,* die die sinnlichen Zeichen der Symbole auslösen, werden wichtiger als das, worauf sie verweisen.

Fiktionalisierung als Form der Ästhetisierung des Lebens kann zu einem Wirklichkeitsverlust, zur Abkoppelung einer Scheinwelt vom Alltag führen. Emblematisierung, Allegorisierung und Bild/Ton-Dominanz sind *einerseits* Ausdruck des Hungers nach *Besonderheit, Überhöhung* und *Steigerung; andererseits* stellen sie durch die Disposition zur *Eindeutigkeit, Flächigkeit* und *Aufdringlichkeit der Sinneseindrücke* eine »Ergriffenheitssperre«[28] dar, die zu einer Ablehnung religiöser Symbole führen kann. Die Tendenz zur Emblematisierung der Selbstdarstellung, die bei vielen Jugendlichen zu beobachten ist, stellt in ihrer Eindeutigkeit eine Art *Schutzfilter* gegen die Komplexität der Symbole dar. Die allegorischen Figuren der Comic-Strips, TV-Serien und Videoclips, die zu Kultfiguren werden können, wirken in ihrer Oberflächlichkeit wie eine Sperre gegen die »Tiefe« religiöser Symbole. Die künstlich durch Bild/Ton-Medien gesteigerte Intensität des Lebens kann zu einer Immunisierung gegenüber der unaufdringlich überzeugenden Wahrheit der Symbole führen. An der Doppeldeutigkeit der von Ziehe genannten Phänomene wird erkennbar, daß die didaktische Vermittlung religiöser Symbole nicht auf eine offene Bedürfnisstruktur stößt, sondern daß diese verdeckt und – im günstigsten Fall – durch *Übergangsformen zur religiösen Symbolik* besetzt ist, in denen das, was die Jugendlichen letztlich angeht, verschlüsselt ist.

Ziehe hat in anderem Zusammenhang, bei der Frage nach dem Symbolgebrauch des »neuen Sozialisationstyps«, versucht, die Affinität dieser Jugendlichen zu »to-

---

28 *Ziehe,* Angst vor Hingabe, a.a.O., 39.

talen« Musikerlebnissen zu erklären. Die Beatmusik setzt gerade an »Frühstadien der Symbolorganisation« (Lorenzer) an, indem sie den »Totalitätsgehalt« der primär-narzißtischen Protosymbole aufweckt. Daher darf man die nichtverbale Symbolik nicht vorschnell als »repressionsfördernd« disqualifizieren; ihr kommt vielmehr eine »wichtige Brückenfunktion für die *Neueinführung* diskursiver Symbole« zu.[29] Künstlerisch-spielerische Ausdrucksformen haben eine *therapeutische* Funktion, weil sie den Bezug zu den Protosymbolen bzw. Übergangsobjekten herstellen und eine *Erweiterung* der verfügbaren symbolfähigen Interaktionsformen initiieren können.

Es ist zu fragen, ob die dargestellten doppeldeutigen Phänomene – Emblematisierung, Allegorisierung, Bild/Ton-Dominanz – *nicht ebenfalls eine Brückenfunktion bei der Einführung religiöser Symbole haben können, wenn die produktiven Möglichkeiten elementarer Kommunikation, die ihnen zugrunde liegen, restituiert werden.* Die Phantasien, in denen die Jugendlichen festgehalten werden, haben einen doppelten Bezug, einmal zu frühkindlichen Inhalten und zum anderen zu »ästhetischen Situationen«. Diese Situationen sind vor allem durch *Musikerlebnisse*, verbunden mit freundschaftlichen Beziehungen, bestimmt; man phantasiert und träumt zusammen. Es kommt aber nicht zur Aneignung und Erweiterung von Wirklichkeit mit Hilfe von Symbolen, zu gemeinsamen Handlungen oder Produktionen.[30] Es finden sich in diesen Musikerlebnissen durchaus Momente, die ursprünglicher religiöser Erfahrung verwandt sind. Vor allem können diese Erlebnisse die *Funktion* religiöser Symbole haben: Sie können trösten, ermutigen, das Leben erweitern – aber auch faszinieren, in den Bann schlagen. Es ist also jeweils genauer zu fragen, welche Phänomene für die Jugendlichen die Bedeutung von Symbolen haben[31], ob sie affektiv bzw. religiös besetzt sind, ob die Jugendlichen lebendigen Umgang mit ihnen haben oder ob die innere Lebendigkeit durch diesen Umgang blockiert wird. Auch Songs, Schlager und Stars können für die Jugendlichen die Bedeutung eines lebendigen Symbols haben, wenn sie in Beziehung zu bestimmten Gefühls- oder Verhaltensmustern des Alltags stehen oder diese gerade überschreiten.[32]

Wir treffen in den religiösen Lernfeldern also auf eine Immunisierung gegenüber religiösen Symbolen, auf eine teilweise Aneignung in »Verbraucherorientierung« und auf Übergangsformen, die eine Brückenfunktion zu religiösen Symbolen haben können. Die didaktische Vermittlung religiöser Symbole vollzieht sich demnach durch »Anknüpfung und Widerspruch« (Bultmann).

29   *Th. Ziehe*, Pubertät und Narzißmus, Frankfurt/M. und Köln ³1979, 241. Ziehe spricht von einer pubertären Symbolisierungsschwäche.
30   Vgl. *H. Hartwig*, Jugendkultur, Reinbek 1980, 233; vgl. 247f.
31   Vgl. *J. Heumann*, Was Jugendlichen heilig ist, religio 1/1987, 32-34.
32   Vgl. *G. Baudler*, Einführung in symbolisch-erzählende Theologie, Paderborn 1982, 70.

3.2   Umrisse einer kritischen Symbolkunde

3.2.1   Symbolkunde oder Symboldidaktik?

Unter »Symbolkunde« verstehen wir ein eigenständiges Aufgabenfeld des
Religionsunterrichts oder des Konfirmandenunterrichts, für das eine Symboldidaktik zu entwickeln ist. Beide Begriffe sind also keine Gegensätze
und zeigen keine unterschiedlichen Tendenzen an. Umstritten ist aber, ob
der Begriff »Symbolkunde« sich mit den Grundsätzen der gegenwärtigen
Symboldidaktik verträgt.

Der *Begriff »Kunde«* hat in der pädagogischen Bewegung unseres Jahrhunderts in
der Auseinandersetzung mit der Vorherrschaft fachwissenschaftlichen Denkens
eine *programmatische* pädagogisch-didaktische Bedeutung erhalten. In der »Kunde« sollte ein elementarer Zugang zur komplexen Wirklichkeit gewonnen werden,
in dem die Ganzheit und der Inhalt des Lebens erhalten bleiben. Dieser *ganzheitliche* Zugang richtete sich besonders auf die komplexen Sinnzusammenhänge des
kulturellen Lebens.[33] Werden durch den Zusatz *»kritisch«* die Tendenzen der
volkstümlichen Bildung, die sich auch mit dem Begriff verbunden haben, abge-
wehrt, korrespondiert er als pädagogischer Programmbegriff mit den Grundsätzen der Symboldidaktik.

Er macht deutlich, daß Symbolkunde einerseits ein fest umrissenes Aufgabenfeld und andererseits *Unterrichtsprinzip* ist, aber selbstverständlich
nicht alle Aufgaben des Unterrichts umfaßt. Symbolkunde zielt auf das
Verstehen gegenwärtiger und überlieferter religiöser Symbole – unter Umständen durch probeweise Inanspruchnahme der Symbole zur Deutung eigener Erfahrungen und ganzheitlicher Teilhabe –, nicht aber auf die bewußte Übernahme eines bestimmten Symbolsystems. *Symbolverstehen
vollzieht sich in der Dialektik von Sinnvorgabe und kritischer Reflexion,
Engagement und Distanz;* es verbindet also den ganzheitlichen Zugang mit
kritischer Interpretation. Auch dieser Sachverhalt spricht *für* den genannten Titel.
Im Religions- und Konfirmandenunterricht stellt die Kommunikation mit
Hilfe von Symbolen, die durch gemeinsame Erfahrungen gedeckt sind, die
höchste Form *erfahrungsbezogenen* Lernens dar; sie kann aber nicht immer erreicht werden. Daneben geht es um das Verstehen von Symbolen, die
früher das Leben bestimmt haben, aber auch um die kritische Analyse der
Symbole, die heute in der Gesellschaft und Kultur lebendig sind.
Denkt man von den Disziplinen der Theologie her, so hat die Symbolkunde die größte sachliche Nähe zur *Glaubenslehre.* Es gehört zu den klassischen Aufgaben dieser Disziplin, die grundlegenden Symbole des christli-

33 Vgl. *G. Kiel,* Art. Kunde, in: Neues Pädagogisches Lexikon, hg. von *H.-H.
Groothoff / M. Stallmann,* Stuttgart/Berlin 1971, 626-628.

chen Glaubens in kritischer Beziehung zu den Symbolen, die eine bestimmte Gesellschaft kennzeichnen, neu auszulegen. Ein spezielles Gebiet der Glaubenslehre, die Konfessionskunde, hat sogar die Bezeichnung »Symbolik« als älteren Namen.[34] Ein wichtiger Anstoß für die Religionspädagogik, die *Glaubenslehre als Symbolkunde* zu entfalten, ist durch W. Lohffs vielbeachtetes Buch »Glaubenslehre und Erziehung« (1974), das an das Symbolverständnis Tillichs anknüpfte, ausgegangen. Die besonderen didaktischen Möglichkeiten der Symbolkunde bestehen darin, daß sie bei thematischer und methodischer Vielfalt einen Zugang zum *Zentrum* der Glaubenslehre eröffnet. Die Symbolkunde ist also *mehr* als eine kreative Methode zur Auslegung biblischer Texte (wie z.B. das Bibliodrama), obwohl sie in diesem Zusammenhang immer genannt wird und diese Möglichkeiten auch umfaßt. Sie ist jedoch *weniger* als ein Gesamtkonzept für den Religions- oder Konfirmandenunterricht, obwohl sich einige religionspädagogische Probleme (z.B. Vermittlungsproblem, Problem der religiösen Sprache), die den Unterricht *insgesamt* betreffen, mit dem Symbolansatz besser lösen lassen. Es ist daher genauer nach der Aufgabe einer kritischen Symbolkunde zu fragen. Zum besseren Verständnis beginne ich mit Hinweisen zu Entwicklungstendenzen der gegenwärtigen Symboldidaktik.

3.2.2 Entwicklungstendenzen und Ansätze der Symboldidaktik seit 1980

Die Symboldidaktik entwickelte sich aus einer inneren, sachlichen Notwendigkeit der Problemgeschichte. Die didaktischen Prinzipien der Bibel-, Problem- und Schülerorientierung, die nacheinander die religionspädagogische Diskussion bestimmt hatten, konnten in ein Gesamtkonzept *integriert* werden, weil sie sich gemeinsam auf *Erfahrungen* beziehen ließen. Von Erfahrung kann aber nur im Zusammenhang von Überlieferung und Sprache geredet werden. Wahrnehmungen und Erlebnisse werden ja erst zu Erfahrungen, wenn sie durch Zeichen, Symbole und Texte vermittelt werden.[35] *Erfahrungsbezug und Symbolverständnis bedingen sich daher in der Religionspädagogik wechselseitig.* Das große Echo, das die Symboldidaktik seit 1980 gefunden hat, läßt sich jedoch mit praktischen Bedürfnissen und inneren Notwendigkeiten der Problemgeschichte allein

---

34 Vgl. *E. Wolf*, Art. Konfessionskunde, in: RGG³ 3, 1749-1753. »Symbol« wird hier im Sinn des formulierten Lehrbegriffs einer Konfessionskirche verstanden. In der Alten Kirche wurden die Glaubensbekenntnisse als »Symbole« bezeichnet.
35 Vgl. *P. Ricoeur*, Erzählung, Metapher und Interpretationstheorie, ZThK 84 (1987) 232-253, hier: 248: »Es gibt kein Verständnis von sich, das nicht durch Zeichen, Symbole und Texte *vermittelt* wird; das Verständnis von sich fällt in letzter Instanz mit der Interpretation zusammen, die auf diese vermittelnden Begriffe angewandt wird.«

nicht erklären. Ihre Entwicklung entsprach einer breiten Strömung in der gegenwärtigen Gesellschaft und Kultur (vgl. 3.1.2) sowie in der Theologie und in anderen Wissenschaften. Vor allem die *ökologische Krise* stellt eine Herausforderung dar, weil sie zugleich eine fundamentale *Wahrnehmungskrise* ist. Angesichts der Subjekt-Objekt-Spaltung des neuzeitlichen Denkens wird zunehmend – gerade von Naturwissenschaftlern – eine ganzheitliche Wahrnehmung der Wirklichkeit durch Teilhabe gefordert.[36] Eine solche Wahnehmung ist notwendigerweise unschärfer als analysierende Verfahren, dafür aber ursprünglicher, anschaulicher und beziehungsreicher. *Symbole verbinden Subjekt und Objekt.* Sie ermöglichen eine ganzheitliche Wahrnehmung, wenn sie ihrerseits ganzheitlich erschlossen werden, z.B. durch Erzählung, Spiel, Meditation oder symbolische Aktion. Ganzheitliche Wahrnehmung durch Teilhabe mit Hilfe von Symbolen *und* analysierendes, begriffliches Denken sind jedoch nicht gegeneinander auszuspielen, sondern wechselseitig aufeinander zu beziehen. In der gegenwärtigen Situation bedürfen wir des meditativen Verstehens religiöser Symbole ebenso wie der Strenge des Begriffs. »Der erste Schritt in eine neue Wahrnehmung wird darin bestehen, daß wir lernen, mit unaufgeklärten Grundwidersprüchen unseres bisherigen Weltverständnisses bewußter umzugehen«[37], statt sie zu verdrängen oder eine verlorene Unmittelbarkeit zu suggerieren. Darüber hinaus war zu hoffen, daß sich durch den Symbolansatz zugleich einige der eingangs genannten spezifischen Probleme der *evangelischen* Religionspädagogik besser bewältigen lassen.

Die evangelische Kirche ist eine Kirche des Wortes – erkennbar an der Bibel, die als großes Buch auf dem Altar liegt, und an der Kanzel, die den Kirchenraum beherrscht. Daneben gehört die Orgel zu den Symbolen, die evangelische Frömmigkeit kennzeichnen.[38] Dementsprechend ist die Gemeinde im Gottesdienst vor allem *hörende* Gemeinde; die anderen Sinne werden kaum in Anspruch genommen. Daher hat F. Steffensky einen »gestischen Analphabetismus« des deutschen Protestantismus beklagt, der ein Grund dafür sei, daß es in ihm kaum Volksfrömmigkeit gebe.[39] Verkümmert nun das »Wort« auch noch zu theologisch richtigen Begriffen, wird angesichts dieses Verlusts an Sinnlichkeit und Leibhaftigkeit das Problem von Anschauung und Konkretion zu einem religionspädagogischen »Dauerproblem«.
Wie die Unterrichtsversuche zeigen, stellt sich beim Symbolansatz dieses Problem bei der Vermittlung theologischer Inhalte nicht in der bisherigen Schärfe.

Da das Symbol ein sinnlich-anschauliches Element hat, ist ihm Anschauung ursprünglich mitgegeben. Es ist in sich selbst eine anschauliche Vermittlungskategorie (vgl. 3.3.1) und fordert dazu heraus, eigene Erfahrungen »anzulagern«, so daß seine Bedeutungsfülle zunimmt, die wiederum

36 Vgl. z.B. *A. M. K. Müller*, Wende der Wahrnehmung, München 1978, 10.266.
37 Ebd., 269.
38 Vgl. *Y. Spiegel*, Glaube wie er leibt und lebt, Bd. 1, München 1984, 52.
39 Vgl. *F. Steffensky*, Feier des Lebens, Stuttgart 1984, 81.

die Erfahrungen erweitert. Didaktisch besonders fruchtbar ist der Sachverhalt, daß *Symbolsprache und Körpersprache* (Gestik, Spiel) eng verwandt sind.[40] Durch diese Verbindung kann wieder bewußt werden, daß religiöse Erfahrung ganzheitliche Erfahrung ist. Der Symbolansatz kann nicht nur helfen, den Erfahrungsbezug zu realisieren; vielleicht gelingt es ihm schrittweise auch, daß religiöse Vorstellungen wieder die Schicht der unmittelbar-sinnlichen Bedürfnisse erreichen. Besonders die elementaren Symbole sprechen alle Sinne an. Das hat allerdings zur Voraussetzung, daß religiöse Lernprozesse so angelegt werden, daß der Körper in ihnen auch vorkommt. Eine entsprechende Veränderung der »Lernkultur« ist wahrscheinlich in der Grundschule, im Konfirmandenunterricht und in der Erwachsenenbildung leichter zu erreichen als gerade im Religionsunterricht der Sekundarstufen.

Den besonderen Möglichkeiten der Symboldidaktik entsprechen bestimmte *Gefährdungen*. So kann gerade der Beziehungsreichtum und die Bedeutungsfülle der Symbole zum Problem werden. Symbole ziehen sich wechselseitig an, verketten sich, bringen durch diesen dynamischen Prozeß immer neue Bedeutungen hervor. Die Frage ist, wie dieser Prozeß, der durch die Tendenz der Symbole zur Offenheit und Unbestimmtheit verstärkt wird und sich in eine endlose Bildfolge und Bedeutungsfülle aufzulösen scheint, *begrenzen* läßt. Diese didaktische Frage verweist zugleich auf ein anthropologisches und theologisches Grundproblem: Wo finden wir trotz der Offenheit und des Unterwegsseins Wahrheit, Weg-Wahrheit (vgl. Joh 14,6)? *Symboldidaktische Ansätze sind (1) daraufhin zu befragen, wie in ihnen das Problem der Wahrheit religiöser Symbole ins Spiel gebracht wird.* Wenn nicht sparsam mit Symbolen umgegangen und alles zum Symbol wird, verlieren sie ihre Bedeutung für die *Strukturierung* von Erfahrungen. Für einen theologisch verantwortlichen Umgang mit Symbolen ist die kritische Rück-Sicht auf den Wahrheitsanspruch, wie er im Symbol des Kreuzes oder in der theologischen Grundmetapher »Jesus ist Christus« zum Ausdruck kommt, unerläßlich (vgl. 1.3.3).

Obwohl die in den Symbolen gesammelten Erfahrungen nicht in eindeutige Begriffe überführt werden können – sie wären dann als arbiträre Zeichen mißverstanden, verlieren ihre mehrschichtige Bedeutung und den Bezug auf die Tiefenschichten des Menschen –, fordern sie in religiösen Lernprozessen immer wieder zu begrifflich strenger Interpretation heraus. Gerade wegen ihrer ambivalenten Wirkungen und ihrer Tendenz zur Idolisierung ist *eine kritische Urteilsbildung theologisch und didaktisch geboten.* Teilnahme und Distanz, Meditation und Kritik, Vorgabe und Reflexion sind in den Lernprozessen einander zugeordnet. *Symboldidaktische Ansätze sind also (2) danach zu befragen, ob sie dazu anleiten, Formen einer ganzheitlichen Erfassung des Symbolsinns und Formen diskursiver Urteilsbil-*

---

40 Vgl. *M. Douglas*, Ritual, Tabu und Körpersymbolik, Frankfurt/M. 1981, 2 u.ö.

dung beieinanderzuhalten. Eine weitere Gefährdung der Symboldidaktik liegt in ihrer Überschätzung angesichts unserer gesellschaftlichen und kulturellen Situation. Wenn ihr angesichts des sich in der säkularen Kulturwelt ausbreitenden Gefühls der Entfremdung und des Sinnverlustes zugemutet wird, religiöse Ursprungsvergewisserung und Ganzheitserfahrung stiften zu können, überschätzt sie nicht nur ihre eigenen Möglichkeiten, sondern verfehlt vor allem den Charakter der biblisch-christlichen Symbole. Sie wollen danach beurteilt werden, ob sie sich mit dem Kreuz Jesu vertragen, verheißen nicht neue Sinnmitte und Unmittelbarkeit, sondern Befreiung mitten *in* der Entfremdung. Da die gesellschaftlich vermittelten Symbole mit ihrer Tendenz zur Enteignung der wirklichen Bedürfnisse und zur Verdrängung des Leidens immer schon wirksam sind, werden die christlichen Symbole in Lernprozessen vor allem als *Kontrastsymbole* zur Geltung kommen, in denen die entfremdete Gestalt der Bedürfnisse aufgedeckt und die Alltagserfahrungen unterbrochen werden, so daß möglicherweise das »Mehr noch« der biblischen Verheißung *an* ihnen erscheinen kann. *Symboldidaktische Ansätze sind also (3) danach zu beurteilen, ob der Widerspruch zwischen den grundlegenden Symbolen unserer Gesellschaft und den christlichen Symbolen didaktisch zum Austrag kommen kann.*
Will man die Entwicklung seit 1980 schon jetzt strukturieren, so ergeben sich *drei Grundtypen.* Der *erste Typ* wird durch *Hubertus Halbfas* vertreten. Für ihn haben die religiösen Symbole – auch abgesehen von ihrer lebens- und zeitgeschichtlichen Geltung – als »Urbilder« eine menschheitliche Bedeutung. Angesichts des Verlusts von Ganzheit und Sinn des Lebens durch Intellektualisierung in unserer Kultur machen die dem Menschen »ewig gegebenen« Symbole (M. Eliade) »ein umfassendes und zugleich unerschöpfliches« Angebot zur Lösung der Sinnfrage.[41] Indem der Mensch sich von der tendenziellen Ganzheitsrichtung des Symbols erfassen läßt, »partizipiert er an dessen Stiftungspotential«.[42] Will die Didaktik hierfür die angemessenen Bedingungen bereitstellen, darf sie sich nicht an einer am Konflikt oder Problem orientierten Engführung der Praxis beteiligen, sondern muß durch praktischen Umgang mit ganzheitlichen Sinn einzuüben helfen.[43] Halbfas fordert mit Nachdruck die Entwicklung eines »inneren Symbolsinns«, die Entwicklung des »dritten Auges«, also eines genuin religiösen Sinns. Er bezeichnet diesen inneren Symbolsinn ausdrücklich als »metawissenschaftlich«, weil er eine rational nicht vermeßbare Tiefenschicht erschließen soll. Dementsprechend kann auch die Symboldidaktik nicht ein rational geplanter Entwurf sein, sondern Hinführung zur Einübung in den Symbolsinn. Stilleübungen im Sinne der Montessori-Pädagogik, Lernen als Weg in die Stille sind geeignet, die integrierende und orientierende Kraft der religiösen Symbole zu entbinden. Ist das Symbolver-

---

41   *H. Halbfas*, Das dritte Auge, Düsseldorf 1982, 121.
42   Ebd., 122.
43   Vgl. ebd., 120.

ständnis bei Halbfas durch C.G. Jung und M. Eliade geprägt, so empfiehlt er in *theologischer* Hinsicht eine Rückwendung zum Mittelalter. Angesichts des Niedergangs des religiösen Lebens und der hermeneutischen Kultur in der Gegenwart greift er auf die mystische Theologie Meister Ekkeharts, auf die Lehre vom vierfachen Schriftsinn und auf die scholastische Lehre von der ›Analogie des Seins‹ zurück.[44] Zuzustimmen ist Halbfas in dem Grundsatz, daß ein didaktisch angemessener Umgang mit Symbolen erfordert, zunächst den Symbolsinn wahrzunehmen, bevor er durch Interpretation umschrieben werden kann. Daß der vorgegebene Symbolsinn in die Reflexion eingeholt und durch Interpretation immer wieder neu eingelöst werden muß, tritt bei Halbfas hinter dem Gedanken der »Einübung« zu weit zurück. Theologische Kriterien, mit deren Hilfe nach der Wahrheit religiöser Symbole gefragt werden könnte, sind in diesem symboldidaktischen Ansatz nicht erkennbar. Der Widerspruch zwischen der gesellschaftlichen Situation und den religiösen Symbolen soll gar nicht zur Geltung gebracht werden, weil dadurch das Symbol »aus der religiös-ganzheitlichen Sicht auf einen partiellen Aspekt der Konfliktlösung reduziert würde«.[45]

Während bei Halbfas die durch Tradition überkommenen religiösen Urbilder verabsolutiert werden und zuwenig Kritik an religiösen Symbolen und an ihren ambivalenten Wirkungen geübt wird, orientiert sich der entgegengesetzte *zweite Grundtyp* – *Yorick Spiegel* ist hier vor allem zu nennen – allein an der *Wirkung* der Symbole in der gegenwärtigen Situation.[46] Spiegel ebnet die Unterschiede zwischen religiösen und nicht-religiösen »Sinn-Bildern« ein, weil er konsequent nach der *Wirkungsmacht* der Symbole fragt, die uns sprachlich und optisch begegnen. Religiöse und andere lebensdienliche Sinn-Bilder können schützen, stärken und trösten; sie üben aber auch eine beengende und krankmachende Macht aus. Spiegel weist im Gegensatz zu Halbfas ausdrücklich auf die Notwendigkeit der Symbol*kritik* hin. Er analysiert und interpretiert Reklamebilder, Kultbilder, politische Parolen, Dichterworte, wissenschaftliche und biblische Texte auf einer Ebene und macht die Frage nach den ambivalenten Wirkungen und nach der *Entwicklungsfähigkeit* zum Kriterium dafür, ob Sinn-Bilder hilfreich sein können. Er fragt, ob die Sinn-Bilder schöpferisch so weiterentwickelt werden können, daß sie die Dynamik des Lebens nicht stillegen, sondern fördern. Diese Frage ist in der Tat von großer religionspädagogischer Bedeutung. Der Entwicklungsgesichtspunkt muß aber nicht in der Weise verabsolutiert werden, daß von der theologischen Wahrheitsfrage

---

44 Vgl. ebd., 125f.137ff.
45 Ebd., 130. Das gilt für Halbfas sinngemäß auch für gesellschaftliche und soziale Konflikte, vgl. *J. Scharfenberg*, Symboldidaktik zwischen Tradition und Situation. Gedanken zu: Hubertus Halbfas, Das dritte Auge. . ., in: JRP 1 (1984), 1985, 211-215. Halbfas hebt neuerdings den gesellschaftskritischen Bezug stärker hervor.
46 Vgl. *Y. Spiegel*, Glaube wie er leibt und lebt, Bd. 1-3, München 1984.

Abschied genommen wird. Im Grunde werden die Symbole damit beliebig und austauschbar. Allein ihre Wirkung entscheidet über ihre Wahrheit, nicht die Qualität der Wirklichkeit, die sie repräsentieren. Insgesamt kommt Spiegel aber den Erfordernissen einer kritischen Symbolkunde näher als Halbfas, weil er den Ausgangspunkt bei den heute wirksamen Symbolen sucht und angesichts innerer und sozialer Konflikte nach ihrem Beitrag zu einer Lösung fragt. Obwohl viele Bilder und Texte für die Arbeit in den Sekundarstufen geeignet sind, will Spiegel keine Symboldidaktik entwerfen. Daher sind didaktische Kriterien bei der Beurteilung nicht anzulegen.[47]

Zwischen beiden Positionen steht ein *dritter Typ,* dem das Buch »Mit Symbolen leben« von *J. Scharfenberg* und *H. Kämpfer* und dieser »Entwurf« zuzuordnen sind.[48] Die Autoren fragen nach einem gemeinsamen hermeneutischen Schlüssel, mit dem sich die (religiösen) Symbole in der Lebenswelt der Schüler und die christlichen Symbole der Überlieferung erschließen lassen. Erweist sich die *Frage* nach Identität, Wahrheit, Liebe, Freiheit, Gerechtigkeit als ein gemeinsamer Schlüssel, mit dem sich gegenwärtige und überlieferte Symbole erschließen lassen, dann können mit seiner Hilfe christliche Symbole und die Symbole der heutigen Lebenswelt in ein *spannungsvolles* Verhältnis gebracht werden. Bei diesem Umgang mit Symbolen in religiösen Lernprozessen ist jeweils kritisch zu fragen, ob die Symbole den Prozeß der Identitätsbildung Jugendlicher fördern und *zugleich* dem Wahrheitsanspruch der biblischen Verheißung gerecht werden. Der Ansatz von Scharfenberg ist ursprünglich für die seelsorgerliche Praxis entwickelt. Er betont wie Spiegel die therapeutische, konfliktbearbeitende Funktion religiöser Symbole. Aber schon Erikson hatte den Konfliktbegriff aus dem primär innerpsychologischen Kontext herausgenommen und ihn auf einen komplexeren Zusammenhang bezogen, ihm einen normativen und entwicklungsmäßigeren Status verliehen.[49] Dementsprechend gebrauchen auch Spiegel und Scharfenberg den Begriff in einem weiten Sinne, so daß er auf die religionspädagogische Praxis und nicht nur – wie Halbfas meint – auf die klinische Praxis anwendbar ist. So beziehen Scharfenberg und Kämpfer ausdrücklich soziale Konflikte und Konflikte im Verhältnis zur Natur in ihr Konzept mit ein.

Halbfas versteht die Symboldidaktik als Überwindung der problemorientierten Didaktik, an der er selbst in der Epoche von »Aufklärung und Widerstand« (1971) mitgewirkt hat. Bevor er seine Symboldidaktik erstmals

---

47   Diesem Grundtyp würde ich *J. Heumann,* Symbol – Sprache der Religion, Stuttgart u.a. 1983 zuordnen.
48   Ebenso gehören zu diesem Ansatz: *Baudler,* Einführung, a.a.O. (s.o. Anm. 32); *H.-G. Heimbrock,* Lern-Wege religiöser Erziehung, Göttingen 1984; *E. Feifel,* Entwicklungen in der Symboldidaktik, in: *A. Schneider / E. Renhart* (Hg.), Treue zu Gott – Treue zum Menschen, Graz u.a. 1988, 295–309.
49   Vgl. *E.H. Erikson,* Einsicht und Verantwortung, Frankfurt/M. 1971, 122.

entfaltet, rechnet er in scharfer Weise mit dem problemorientierten Unterricht ab.[50] Seine Grundschuldidaktik wird 1983 bewußt als Symboldidaktik entfaltet. Diese Einschätzung teile ich nicht, weil ich die Möglichkeiten eines themenorientierten Unterrichts anders beurteile als Halbfas und eine kontinuierliche, in sachlichen Notwendigkeiten begründete Entwicklung der Religionspädagogik sehe. So sind z.B. Themen wie Arbeit/Freizeit, Armut, Frieden für den Religions- und Konfirmandenunterricht weiterhin unerläßlich und nach den didaktischen Prinzipien eines themenorientierten Unterrichts zu erschließen. Solchen thematischen Einheiten stehen fachspezifische Kurse mit biblischen und kirchengeschichtlichen Themen zur Seite.

3.2.3   Aufgaben und Inhalte der Symbolkunde

Die religionspädagogische Notwendigkeit, eine kritische Symbolkunde zu entwickeln, ergibt sich aus dem Sachverhalt, daß Kinder und Jugendliche bereits Symbole ausgebildet haben, bevor sie in Lernprozessen alternative Symbole kennenlernen (vgl. 3.1.1). Diese in der Sozialisation ausgebildeten Symbole enthalten Material aus dem Unbewußten sowie aus der gegenwärtigen Kultur und Gesellschaft (vgl. 3.1.2). Im Rahmen der Wirkungsgeschichte des Christentums sind die Symbole zumindest indirekt durch das christliche Symbolsystem mit beeinflußt; aber auch andere Gemeinschaften haben ihre religiösen Symbolsysteme. Die in der Sozialisation ausgebildeten Symbole haben in der Lebensgeschichte der Schüler eine höchst *ambivalente Wirkung*: Sie können lebendig machen oder die Lebensdynamik blockieren; sie können trösten, ermutigen, schützen oder ängstigen, orientieren oder zur Idolisierung beitragen, eine Hilfe zur Identitätsausbildung sein oder zur Rollenkonfusion (E.H. Erikson) führen, die Kommunikation fördern oder isolieren. Jedoch auch von den Symbolen, die den Schülern in ihrem gegenwärtigen Lebensumfeld begegnen oder die an sie in Lernprozessen herangetragen werden, gehen *zwiespältige Wirkungen aus:* Teils faszinieren sie uns, wir räumen ihnen Macht ein und verehren sie, weil sie unser Lebensgefühl zum Ausdruck bringen; teils integrieren sie den einzelnen in Gruppen; teils spielen sie nur noch aus Gewohnheit eine Rolle in unverstandenen Ritualen. Da verschiedene Symbolsysteme unterschiedlicher Herkunft verkürzt wahrgenommen werden, haben wir mit Symbol*spannungen* zu rechnen. Da das christliche Symbolsystem mit den gesellschaftlichen Symbolen verbunden ist, können sie wie diese unwahr und krankhaft werden. Aus allen diesen Gründen muß eine *induktive Didaktik*, die bei den Lebenserfahrungen und dem gesellschaftlichen Umfeld der Schüler ansetzt, in einem eigenen Aufgabenfeld den spannungsvollen Umgang mit den Symbolen – der sich meist unbewußt vollzieht – themati-

50   Vgl. *Halbfas*, a.a.O., 19ff.

sieren und zu einer (ideologie-) kritischen Reflexion anleiten. Die *Zielvorstellungen* der Symbolkunde sind jedoch nicht allein aus einer Analyse dieser Ausgangslage abzuleiten, sondern sind in Auseinandersetzung mit theologischen Entwürfen systematisch zu entwickeln, wie das im ersten Teil (vgl. besonders 1.3.3) geschehen ist.

Angesichts der ambivalenten Wirkungen der Symbole haben wir nicht nur zu fragen, wie sie jeweils wirken und ob sie noch tragfähig sind, die lebensgeschichtlichen Erfahrungen angemessen zum Ausdruck zu bringen, sondern wir haben im Rahmen der Gesamtintentionen zu fragen, durch welche Alternativ- oder Gegensymbole die positiven Wirkungen verstärkt, Idolisierungen abgebaut, Immunisierungen aufgebrochen, verkürzte Aneignung erweitert und Übergangsformen überboten werden können. Bei dieser Arbeit ist zugleich das Symbolverständnis zu fördern (vlg. 3.1.1.2). Es sind unterschiedliche *Strukturierungsformen*[51] der Symbolkunde möglich: Den meisten dargestellten Unterrichtsversuchen liegt eine *thematisch-konzentrierte* Strukturierung zugrunde. Zum Teil werden *Vorformen des Projektunterrichts* erkennbar (vgl. z.B. die Gips- und Tonarbeiten zum Symbol »Hand«); sie können fachübergreifend gestaltet werden und sind handlungsorientiert. Es ist jedoch auch eine *lehrgangsartige* Struktur möglich, wenn beispielsweise Längsschnitte durch die Bibel gelegt werden (z.B. »Haus Gottes«, »Weggeschichten«). *Thematisch* und *methodisch* ist eine große Vielfalt für die Symbolkunde charakeristisch. Im zweiten Teil ist die Darstellung so angelegt, daß möglichst viele methodische Möglichkeiten erkennbar werden. Die thematische Breite konnte nicht annähernd dokumentiert werden. Ähnliche Unterrichtseinheiten liegen zu den Symbolen »Baum«[52], »Wasser«[53], »Labyrinth«[54], »Licht« und »Brot« vor. Als Thema können wir ebenfalls eines der großen christlichen Feste wählen. Die Festsymbole zeigen eine Doppelung von biblischen und außerbiblischen Traditionen: Christkind und Weihnachtsmann, Stern und Tanne, leeres Grab und Osterhase. Schon diese Aufzählung ist anstößig, aber diese Symbolmischungen bestimmen das, was Menschen an Festtagen erleben.[55]

Ostern werden z.B. durch die biblischen Texte, die kirchlichen Lieder sowie durch die politischen Reden (etwa bei Ostermärschen) Assoziationen geweckt, die um die Stichworte Aufbruch, Neubeginn und Befreiung kreisen. Mit der religiösen Dimension des Osterfestes verbinden sich politische Aspekte und ein biologischer

51   Vgl. W. *Klafki*, Formen der Strukturierung von Lehrplänen, in: *Ders. u.a.* (Hg.), Probleme der Curriculumentwicklung, Frankfurt/M. 1972, 255-272, hier: 272.
52   Vgl. P. *Biehl*, Zugänge zu christlichen Grunderfahrungen mit Hilfe elementarer Symbole. Zum Beispiel: Das Symbol des Baumes, EvErz 35 (1983) 255-272.
53   Vgl. F. *Johannsen*, Was der Regenbogen erzählt. Wasser – ein biblisches Symbol (GTB 758), Gütersloh 1987.
54   Vgl. P. *Moll*, irrgarten – labyrinth – spirale, bb 37 (1986) Heft 3.
55   Vgl. M. *Josuttis*, Der Pfarrer ist anders, München ²1983, 62.

Aspekt (z.B. in Gestalt der Fruchtbarkeitssymbole von Ei und Hase).[56] Die Bedeutung dieser unterschiedlichen Symbolkomplexe ist in der Symbolkunde zu erschließen.

Thema könnte das *Exodussymbol* in den Befreiungsbewegungen der südlichen Hemisphäre sein. Denkbar wäre in diesem Zusammenhang, daß wir eines der Hungertücher zum zentralen Medium wählen und seine Symbolsprache erschließen.[57] Wir können der »Lebensgeschichte« visueller Symbole nachgehen, indem wir Schüler mit den religiösen, literarischen und sozialen Bedingungen der Kultur vertraut machen, in denen sie entstanden sind. So läßt sich beispielsweise die *Geschichte des Kreuzsymbols* oder des *Christusbildes* an exemplarischen Beispielen verfolgen; sie sind Spiegel der Frömmigkeitsgeschichte und der Christologie ihrer Zeit.[58] Um die Symbolsprache der christlichen Kunst verstehen zu können, ist ein »Grundkurs« über die symbolische Bedeutung der Formen und Farben erforderlich.[59] Eine fruchtbare didaktische Möglichkeit der Symbolkunde liegt darin, daß die Verflochtenheit der christlichen Religion mit der Kultur (bildende Kunst, Literatur, Musik) und mit anderen Religionen anschaulich werden kann. Wie C. Westermann exemplarisch an der Schöpfungsgeschichte gezeigt hat, gibt es eine gemeinsame Symbolsprache der Menschheit. Über den Symbolvergleich ist ein neuer Zugang zu anderen Religionen möglich.

Aus dem Bereich der *Bibel* werden die großen Symbolgeschichten, wie Verlorenes Paradies, Brennender Dornbusch, Jakobs Kampf am Jabbok, Versuchung, Tischgemeinschaft und Speisung, immer wieder zum eigenständigen Thema des Unterrichts werden. Die Gleichnisse Jesu sind von besonderer Bedeutung, weil in ihnen das Symbol »Reich Gottes« auf die alltägliche Welt bezogen wird, und zwar in einer Weise, die exemplarisch für das Weltverständnis des christlichen Glaubens geworden ist. Im Konfirmandenunterricht kann die Einführung in das Sakramentsverständnis nach den didaktischen Prinzipien des Symbolansatzes erfolgen. Je nach Altersstufe können Symbole der Jugendkultur und der sog. Massenkultur thematisiert werden. Den Erfahrungen, die diese Symbolkomplexe repräsentieren, können direkt die in den christlichen Symbolen verdichteten Erfahrungen gegenübergestellt werden.

So repräsentiert eine Comic-Figur wie Superman eine grundsätzliche Unzerstörbarkeit und Unverletzbarkeit des menschlichen Lebens und gerade nicht die Er-

---

56 Vgl. *A. Stock / M. Wichelhaus*, Ostern in Bildern, Reden, Riten, Geschichten und Gesängen, Zürich u.a. 1979.
57 Vgl. das Misereor-Hungertuch aus Haiti oder aus Indien.
58 Vgl. *H. Jursch*, Das Christusbild in seinen Wandlungen, in: *H. Ristow / K. Matthiae* (Hg.), Der historische Christus, Berlin (DDR) ²1961, 647-674; vgl. *H. Schwebel*, Das Christusbild in der Bildenden Kunst der Gegenwart, Bd. 1, Gießen 1980.
59 Vgl. *I. Riedel*, Formen, Stuttgart 1985; *dies.*, Farben, Stuttgart 1983.

fahrung von Kraft in der Schwachheit. H.-G. Heimbrock schlägt vor, die Comic-Figur mit den Erfahrungen von Allmacht und Ohnmacht in biblischen Symbolen zu konfrontieren, wie sie etwa in der Versuchungsgeschichte oder in der Gethse-maneszene zu finden sind.[60]

Die *Gesamtaufgabe* der Symbolkunde besteht darin, die Symbole der Lebenswelt der Schüler so mit biblisch-christlichen Symbolen zu konfrontieren, daß jeweils ein bestimmtes *Erfahrungsmuster* erkennbar wird. Das bedeutet nicht, daß in jeder Unterrichtsphase biblische Texte herangezogen werden müssen. Andererseits können die biblischen Alternativ- oder Gegensymbole, die in den dargestellten Unterrichtsversuchen möglichst funktional einbezogen worden sind, als solche nur wahrgenommen werden, wenn sie immer wieder in ihren eigenen Kontexten im Zusammenhang von *Geschichten* interpretiert worden sind. In der Sekundarstufe II kann anhand der zentralen christlichen Symbole (»Schöpfung«, »Sünde«, »Rechtfertigung«, »Hoffnung«) eine elementare Einführung in die *Glaubenslehre* gegeben werden.

Bei der Glaubenslehre wird besonders deutlich, daß ein didaktisch sinnvoller Zugang nicht auf dem Wege der Reduktion komplexer fachwissenschaftlicher Strukturen und Probleme zu gewinnen ist, sondern daß in Korrespondenz zur Theologie in der Religionspädagogik ein eigenständiger Ansatz entwickelt werden muß. Die Symbolkunde läßt sich als »Sprachlehre« des christlichen Glaubens verstehen, die eine erfahrungsnahe Glaubenslehre vorzubereiten hilft.

Das *Ziel* der Arbeit mit Symbolen besteht darin, daß der Streit um die Auslegung der Wirklichkeit ausgelöst wird: Welchen Symbolen können wir wirklich vertrauen? Welche Symbole erweisen sich am Ende als wahr, die Symbole des »Habens«, der Macht, der Herrschaft, des Konsumismus *oder* die Symbole des »Seins«, der Liebe, der Hoffnung, des Glaubens? Durch diese Auseinandersetzung wird der *Wahrnehmungshorizont* für das Verständnis des Evangeliums eröffnet. Folgende *Intentionen* lassen sich mit der kritischen Symbolkunde verfolgen:
(1) Angesichts der Erfahrungsarmut und »Sprachnot« kann den Jugendlichen Sprache geliehen und ihre Ausdrucksfähigkeit gesteigert werden, so daß sie Ängste, Wünsche und Hoffnungen wieder aneignen und mitteilbar machen können.
(2) In einem Projekt zum Alltagshandeln kann untersucht werden, welche Rolle dabei Rituale und Symbole spielen.
(3) Die lebensgeschichtlich und gesellschaftlich bedeutsamen Symbole können bewußt gemacht und kritisch auf ihre Wirkungen hin befragt werden.
(4) Durch Formen symbolischer Kommunikation kann die Symbolisie-

60 Vgl. *H.-G. Heimbrock*, Religiöse Erfahrungen in Comics?, in: *Ders.* (Hg.), Erfahrungen in religiösen Lernprozessen, Göttingen 1983, 141-155.

rungsfähigkeit als eine Art religiöser Grundqualifikation gefördert werden.

(5) An ausgewählten Beispielen kann (erfahrbar und) erkennbar werden, daß religiöse Symbole innere und soziale Konflikte zum Ausdruck bringen und eine bestimmte Lösung zu ihrer Bewältigung anbieten.

(6) Anhand von ausgewählten Märchen, Mythen, biblischen und dichterischen Texten können religiöse Symbole in einem interkulturellen Vergleich erschlossen und sowohl anthropologisch als auch theologisch interpretiert werden.

(7) Anhand von Symbolgeschichten kann jungen Menschen die Möglichkeit gegeben werden, sich mit dem Symbolangebot des christlichen Glaubens probeweise zu identifizieren, um selbst zu entdecken, ob sie auf ihre Frage nach Identität und Engagement eine Antwort finden.

(8) Durch eine erfahrungsnahe Erschließung von Symbolen können Zugänge zum Verständnis christlicher Feste, der Sakramente und fundamentaler christlicher Erfahrungen gewonnen werden.

(9) Durch systematische Verknüpfung dieser Einsichten werden Grundlinien der christlichen Glaubenslehre erkennbar und eine theologische Urteilsbildung gefördert.

(10) Ein kreativer, leibhafter Umgang mit religiösen Symbolen aus Bibel, Literatur, Kunst und Musik ermöglicht die schrittweise Entwicklung einer Ausdrucks- und Sprachfähigkeit für religiöse Erfahrungen.

Überschreitet die letzte Intention schon die Möglichkeit der Symbolkunde in der Schule, so ist darüber hinaus im Blick auf das *Gesamtcurriculum* religiösen Lernens hervorzuheben, daß ohne eine elementare Reflexion auf das Verhältnis von Sprache und Wirklichkeit mit Hilfe des Verständnisses von Symbolen und Metaphern in unserer Situation religiöse Texte nicht sachgemäß interpretiert und religiöse Erfahrungen nicht angemessen gedeutet werden können. Eine solche *Elementarkunde in religiöser Sprache* (bzw. im medialen Sprachgebrauch) ist von der Grundschule an im Sinne eines Spiralcurriculums aufzubauen.[61] Wir haben den Symbolansatz so weit skizziert, wie er im Rahmen einer Symbolkunde – für Konfirmanden und Schüler erkennbar – im Unterricht unmittelbar relevant werden kann. Seine didaktisch fruchtbaren Möglichkeiten sollten sparsam genutzt werden, damit sie sich nicht zu schnell »verbrauchen«. Darüber hinaus hat der Symbolansatz weitreichende Bedeutung für die Bearbeitung bestimmter *religionspädagogischer Grundprobleme*, und zwar für die Entwicklung einer religionspädagogischen Theorie der religiösen Sprache, der religiösen und ästhetischen Erfahrung, für das Problem der Vermittlung theologischer Inhalte im Rahmen einer Elementartheologie sowie für die Erörterung der didaktischen Prinzipien eines erfahrungsbezogenen Unterrichts. So lassen sich in der Tat einige religionspädagogische Grundprobleme mit Hilfe der

---

61 Bei Halbfas finden sich in den Lehrerhandbüchern für die Grundschule Anregungen für eine solche Elementarkunde, die für spätere Schulstufen oft noch geeigneter sind.

Symboltheorie besser lösen als etwa mit Hilfe der Säkularisierungsthese.[62]
Wir wollen im folgenden das Vermittlungsproblem und die didaktischen
Prinzipien im Blick auf die dargestellten Unterrichtsversuche erörtern.

3.3 Hermeneutische und didaktische Prinzipien des Umgangs mit Symbolen

3.3.1 Die Wirkungsweisen der Symbole und ihre didaktische Bedeutung

Das Profil einer Symbolkunde wird durch die spezifische Akzentuierung
der Wirkungsweisen der Symbole bestimmt. So betont Halbfas die orientierende und integrierende Funktion, während Spiegel und Scharfenberg
die konfliktbearbeitende Funktion der Symbole hervorheben. Wie die vor-
angegangenen Überlegungen zeigen, sollen die Symbole helfen, Grundkonflikte zu bearbeiten und Grundambivalenzen tragbar zu machen. Eine
spezifisch *didaktische* Wirkungsweise sehe ich aber darin, daß religiöse
Symbole Kindern und Jugendlichen die Möglichkeit eröffnen, ihrem Leben Ausdruck, Deutung und Intensität zu geben, und daß sie eine Vermitt-
lungsfunktion haben.

3.3.1.1 Die expressive Wirkung religiöser Symbole

Symbole erweisen sich didaktisch deswegen als besonders fruchtbar, weil
sich in ihnen das unbedingt Angehende eines Lebenszusammenhangs anschaulich verdichtet. Jugendliche verstehen am besten in der Situation der
Liebe, daß sie Symbole brauchen, um ihre Gefühle zum Ausdruck zu bringen, und daß alles, was sie in dieser Situation betrifft, in diesen Symbolen
verdichtet ist. Man könnte in dieser Hinsicht von einer *fokussierenden Wirkung* sprechen: Das, was den Menschen letztlich angeht, wird wie durch
ein Brennglas auf einen Punkt konzentriert. Das trifft entsprechend für die
Überlieferung auch zu. Die Erfahrungen, die den biblischen Texten zugrunde liegen, haben sich in den christlichen Glaubenssymbolen verdichtet. Mit diesem Moment der Verdichtung, der Konzentration des Lebenszusammenhangs, hängt die *expressive Wirkung* religiöser Symbole eng zusammen. Das Leben wird gesteigert, die bisherigen Erfahrungen werden
überboten.

Daher haben diese Symbole ihren besonderen Ort auch in sog. *Erschließungssituationen* (I.T. Ramsey). Es sind Situationen, von denen wir z.B. sagen: »Ihm geht ein

---

62 Vgl. *P. Biehl*, Evangelium und Religion, in: *K. Goßmann* (Hg.), Glaube im
Dialog, Gütersloh 1987, 88-107.

Licht auf«, »der Groschen fällt«, »es fällt ihm wie Schuppen von denAugen«, »das Eis bricht«. In solchen Situationen wird das Leben plötzlich lebendig, gewinnt Tiefe und Engagement. So können in Erschließungssituationen die bisherigen Lebenserfahrungen in einem neuen Licht erscheinen, in einem neuen Zusammenhang verstehbar werden, neue Qualität gewinnen.

Durch Symbole können solche überwältigenden Erfahrungen – sei es übergroße Freude oder Angst – teilbar und mitteilbar gemacht werden. Damit wird Erfahrung zugleich strukturiert. Wir können Schülern aber auch Symbole anbieten, die kraft ihrer Bedeutungsfülle und offenen Struktur die Möglichkeit haben, Gefühle und Erlebnisse dieser Art wieder wachzurufen. In den Lernfeldern der Sekundarstufen ist die Erfahrungsfähigkeit oft in einer Weise blockiert, daß den Jugendlichen expressive Sprache geliehen werden muß, damit sie Kreativität und Expressivität wieder entdecken können. Bei dieser Arbeit mit Symbolen geht es nicht nur um »Vorfeldarbeit«. Wenn Kinder und Jugendliche befähigt werden, sich ihre Wünsche, Ängste und Hoffnungen, die im Sozialisationsprozeß fortlaufend »enteignet« worden sind, sprachlich, bildnerisch, gestisch und musikalisch wieder anzueignen und zum Ausdruck zu bringen, dann ist damit eine »therapeutische« oder kompensatorische Wirkung der Symbole schon gegeben. Ist die Erfahrungsfähigkeit, die innere Lebendigkeit des Menschen eingeschränkt, ist auch die Wahrnehmung des Heils blockiert, so daß Heilung als Wegbereitung notwendig ist.[63] In den dokumentierten Unterrichtsversuchen kommt die expressive Funktion beim Symbol »Hand« am stärksten zur Geltung. Körpersprache und Symbolsprache verstärken sich hier wechselseitig. Die Schüler entdecken die Ausdruckskraft ihrer Hände, indem sie mit ihnen spüren, fühlen, tasten, Ton oder Gips gestalten, ein Handschattenspiel oder ein Fadenspiel inszenieren. Sie bringen darin sich selbst zur Sprache, verleiblichen ihre Gefühle von Schmerz, Trauer, Freude, Gefesselt- und Befreitsein. Das Symbol kann so schöpferische Potentiale der Ich-Gestaltung und des Selbstausdrucks entbinden.

Bei der Erschließung von *Psalm 139* können *Vorformen des Bibliodramas*, die sich unter den Bedingungen der Schule realisieren lassen, mit dem Symbolansatz verschränkt werden.

Die Schüler dürfen sich nach dem Lesen des Psalms zwei beliebige Worte auswählen, zu denen sie Ausdrucksformen finden (z.B. »auflegen«, und »umschließen« in V. 5; »greifen« bzw. »fassen« und »bilden« in den V. 10,15f). Die beiden Worte werden der Gruppe pantomimisch gezeigt; man versucht, sich in die Artikulationsweise hineinzufühlen und sie mitzumachen. Eine zweite Arbeitsaufgabe kann darin bestehen, die geographischen und die mehr körperlichen Orte im Psalm aufzusuchen, aufzuschreiben und eine »Landkarte« zu malen, in der möglichst alle Orts-

---

63   Zum Verhältnis von Heilung und Heil vgl. *G. Ebeling*, Das Verständnis des Heils in säkularisierter Zeit, in: *Ders.*, Wort und Glaube, Bd. 3, Tübingen 1975, 349ff.

angaben vorkommen. Die Bilder können mit Worten kommentiert und in der Kleingruppe vorgestellt werden. Von dem Verlauf dieser Arbeit hängt es ab, ob in einem weiteren Schritt zu der Dreierkonstellation des Psalms (Ich – Du – Feinde) Szenen entworfen und gespielt werden, so daß die Geborgenheit wie die Grundangst des Beters nachempfunden werden kann.[64] Statt nach den Orts- oder Zeitangaben oder den Subjekten der Handlung und ihren Tätigkeiten zu fragen, kann ein Text auch von den religiösen Symbolen her erschlossen werden. In der Art, wie der biblische Text bewegt, anverwandelt, transportiert wird, wie seine Details resymbolisiert werden, besteht zweifellos eine enge Verwandtschaft zwischen Bibliodrama und der ausdrucksfördernden Arbeit mit Symbolen.

Auch die anderen Unterrichtseinheiten sind so gestaltet, daß durch bestimmte Übungen sehr bald eine enge Verbindung zwischen dem Symbol und der Situation der Klasse oder Gruppe ermöglicht wird. So stellt das Spiel »Wenn ich ein Haus wäre« eine solche Verbindung her, aber auch das Sichhineinversetzen in ein markantes altes Haus oder die Erinnerung an die eigenen Erlebnisse mit Höhlen und Bauten. Beim Symbol »Baum« bietet es sich an, den Lebensrhythmus eines Baums durch musikalische Untermalung nachzuempfinden oder die Widerfahrnisse eines Baums in einer Pantomime darzustellen oder in meditativer Form über einzelne Baumelemente nachzudenken und diese körperlich auszugestalten.
Diese Arbeit, die eine existentielle Beteiligung schafft, befähigt die Schüler, sich auf eine indirekte Weise mit Hilfe des Symbols selbst mitteilen zu können (vgl. z.B. die Gestaltung des eigenen Lebenswegs).
Die ausdrucksfördernde Kraft der elementaren Symbole läßt sich von der Grundschule bis zur Erwachsenenbildung beobachten. Hier ein Beispiel aus der *Grundschule*.
Ein 4. Schuljahr betrachtet ein Poster mit einer tristen Wüstenlandschaft und äußert seine Assoziationen. Dabei kommen eigene Erfahrungen von Alleinsein, Ausgesetztsein, Isolation zur Sprache. Ein Poster mit einem bunten Gartenmotiv wird hinzugefügt und schafft durch den Kontrast einen neuen Sprechanlaß. Gemeinschaft, Lebensfreude, Glück werden assoziiert. In Gruppenarbeit ordnen die Schüler sechs unterschiedliche Photos, die Menschen in Situationen von Einsamkeit, Trauer und von Gemeinschaft zeigen, den Postern zu. Sie singen gemeinsam das Lied »Wo ein Mensch Vertrauen gibt«, in dem die Symbole »Wüste« und »Garten« wieder aufgenommen werden; es sind Haltungen und Handlungsweisen beschrieben, die Wüsten in Gärten verwandeln können. Die Schüler überlegen anhand des Liedertextes, wie »Pappwassertropfen« zu beschriften sind (Vertrauen, Zuneigung usf.), die zwischen den Postern befestigt werden sollen. Sie dichten neue Strophen für das Lied, in denen ihre Erfahrungen zum Ausdruck kommen.[65]

---

64   Vgl. hierzu ausführlich: *G. M. Martin*, Bibliodrama – ein Modell wird besichtigt, in: *A. Kiehn u.a.* (Hg.), Bibliodrama, Stuttgart 1987, 44-64.
65   Die Unterrichtsstunde wurde von *I. Wiedenroth*, Braunschweig, gehalten.

Melodie: Fritz Baltruweit   Text: Hans-Jürgen Netz

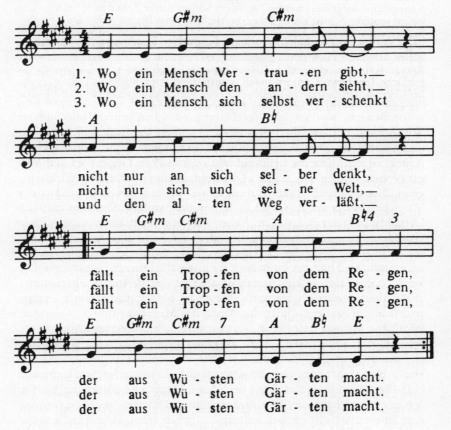

1. Wo ein Mensch Ver - trau - en gibt,—
2. Wo ein Mensch den an - dern sieht,—
3. Wo ein Mensch sich selbst ver - schenkt

nicht nur an sich sel - ber denkt,
nicht nur sich und sei - ne Welt,—
und den al - ten Weg ver - läßt,—

fällt ein Trop - fen von dem Re - gen,
fällt ein Trop - fen von dem Re - gen,
fällt ein Trop - fen von dem Re - gen,

der aus Wü - sten Gär - ten macht.
der aus Wü - sten Gär - ten macht.
der aus Wü - sten Gär - ten macht.

Aus: 52 Lieder der Hoffnung (av-edition, München)
Textrecht: Hans-Jürgen Netz, Düsseldorf
Musikrecht: Dagmar Kamenzky Musikverlag, Hamburg

Durch das Lied werden die Erfahrungen mit »Wüste« und »Garten« nicht nur aufgenommen und in Beziehung gesetzt, sondern in bestimmter Weise gedeutet und Handlungsmöglichkeiten erschlossen. Die Klasse, die die Bedeutung des Symbols »Wüste« wahrgenommen und eigene Erfahrungen dazu zum Ausdruck gebracht hat, könnte einen neuen Zugang zu »Wüstengeschichten« des Alten und Neuen Testaments (z.B. Exodus und die Versuchung Jesu) finden.

3.3.1.2   Die Brückenfunktion religiöser Symbole

Der didaktischen Brückenfunktion der Symbole kommt im Zusammenhang des hier entwickelten Ansatzes besondere Bedeutung zu (vgl. 3.2.1), sollen doch mit Hilfe eines gemeinsamen hermeneutischen Schlüssels – der Frage nach Identität, Wahrheit, Freiheit – biblische und gegenwärtige Symbole erschlossen werden. Diese Arbeit setzt eine vorgängige Vermittlung durch die Symbole selbst voraus. Verschiedene Vermittlungen sind schon bedacht worden: die Vermittlung zwischen innerer und äußerer Wirklichkeit bei den Übergangsobjekten und die Vermittlung von Subjekt und Objekt im Prozeß ganzheitlichen Erkennens. Unter didaktischem Aspekt ist vor allem die Brückenfunktion zwischen Gegenwart und Vergangenheit wichtig: Als Träger und schöpferisches Element der Wirkungsgeschichte biblischer Texte verbinden sie uns mit den Erfahrungen der Menschen in der Bibel (vg. 1.3.3). Stiften die Symbole Kontinuität in der Diskontinuität der Zeiten, dann haben wir mit gemeinsamen menschlichen Grunderfahrungen zu rechnen, die sich in den Symbolen verdichten. Dieser Sachverhalt ist in der Diskussion um die Symboldidaktik besonders umstritten, weil hier ein Einfallstor für ungeschichtliches Denken gesehen wird.[66] Ohne eine solche Annahme aber ist das Verstehen überlieferter Texte nicht denkbar.[67] Sie muß aber nicht notwendigerweise zu ungeschichtlichen Aussagen über das Wesen des Menschen führen; Grunderfahrungen können vielmehr auf das verweisen, was die Menschheit in geschichtlichen Ereignissen – meist aufgrund schmerzhafter Erfahrungen – an Einsichten in die Bedingungen wahrer Menschlichkeit gewonnen hat.[68] Die Grunderfahrungen (z.B. die ambivalenten Erfahrungen von Liebe und Haß, Vertrauen und Wut, Güte und Zorn, Dauer und Wandlung) sind in der uns überschaubaren Geschichte relativ konstant geblieben, werden aber lebensgeschichtlich und kulturell unterschiedlich zum Ausdruck gebracht. In den Symbolen, die diese Grunderfahrungen verkörpern, hat sich gleichsam um einen archetypischen Kern immer neue geschichtliche Erfahrung angelagert. Daher spricht Ricoeur von einer »Überdeterminierung« der Symbole. Können Symbole kraft ihrer Brückenfunktion eine Bezie-

---

66   Vgl. die Kritik von *D. Zilleßen*, Symboldidaktik, EvErz 36 (1984) 626-642, hier: 632ff. Ich kann mir allerdings nicht vorstellen, daß ich zu dem Mißverständnis Anlaß gegeben habe, die Grunderfahrungen verwiesen auf etwas »Objektivierbares« (632). Sie werden erst mit Hilfe der Symbole gewonnen.
67   Vgl. R. Bultmanns These vom Vorverständnis. *P. Stuhlmacher* sieht die Möglichkeit »eines wirkungsgeschichtlich reflektierten Brückenschlages zwischen der biblischen Zeit und unserer Gegenwart«, und zwar auch dort, wo kein erkennbarer Zusammenhang mit der biblischen Sprachtradition mehr besteht. Biblische Texte lassen sich nämlich anhand der elementaren Lebensfragen von Wahrheit, Liebe, Freiheit und Gerechtigkeit aufschlüsseln (Exegese und Erfahrung, in: *E. Jüngel u.a.* [Hg.], Verifikationen, Tübingen 1982, 67-89, hier: 75f).
68   Vgl. *E. Schillebeeckx*, Christus und die Christen, Freiburg 1977, 715-724.

hung zwischen biblischen und gegenwärtigen Erfahrungen stiften, dann ist es auch didaktisch angezeigt, diese Möglichkeit in Anspruch zu nehmen und von den Symbolen her Lernprozesse zu entwickeln. Daß das Symbol Brücke zwischen innerer und äußerer Erfahrung ist, läßt sich am Beispiel »Hand« gut verdeutlichen. Die Hand setzt die Gedanken des Kopfes und die Bilder der Seele in sichtbare Zeichen um. Indem die Schüler anhand der genannten Übungen diesen Zusammenhang bewußt wahrnehmen, erfahren sie zugleich, daß der Mensch Körper *ist.* Da sich die Handsymbolik in den meisten Kulturen und Religionen findet, haben wir in ihr eine Brücke zu den entsprechenden Erfahrungen anderer Zeiten und Gegenden. Das trifft ebenso für das Symbol »Haus« und »Haus Gottes/Tempel« zu. Die Schüler gewinnen anhand der Frage nach dem Haus Gottes im Alten Testament Einsichten in entscheidende Wendepunkte der israelitischen Frömmigkeitsgeschichte. Gehen wir dem Zusammenhang von Kreuz und Weltenbaum als Symbolik des »Zentrums« nach[69], wird erkennbar, wie die christliche Gemeinde uralte mythische Motive neu in Brauch genommen hat. Die Symbole stellen eine Brücke zwischen den eigenen Erwartungen, Träumen und der kollektiven Sehnsucht der Menschheit dar, wie sie in Mythen und Märchen erzählt werden. Diese Möglichkeit, mit Hilfe der Symbole eine Brücke zu anderen Religionen zu schlagen, wird in den dargestellten Unterrichtsversuchen nicht genutzt. In dieser Hinsicht sind bei Halbfas schon für die Grundschule mehr Anregungen zu finden.

Der religionsgeschichtliche und interkulturelle Vergleich hat allerdings auch den jeweiligen *gesellschaftlichen* Kontext zu beachten; er stellt daher vor schwierige didaktische Probleme. Die durch die Wahrnehmung der expressiven Funktion erreichte *existentielle Beteiligung* der Schüler sollte nicht durch zu umfangreiche, kognitiv orientierte Phasen des Unterrichtsprozesses aufgegeben werden. Die Verbindung zur bildenden Kunst und zur Musik wird dagegen immer wieder didaktisch fruchtbar gemacht, weil damit eine einseitige Vorliebe für vorgegebene Texte überboten wird und die Schüler dazu angeregt werden, ihre Texte selbst zu schreiben. Die Fähigkeit der Symbole, eine Brücke zwischen den Zeiten zu stiften, wird vornehmlich dazu in Anspruch genommen, die Lebenserfahrungen der Zeitgenossen mit den Erfahrungen, die den biblischen Texten zugrunde liegen, zu verschränken. Diesem spezifischen Vermittlungsproblem ist gleich noch genauer nachzugehen. Didaktisch gesehen kann die Brückenfunktion der Symbole in höheren Altersstufen dadurch wirksam werden, daß entsprechende *Kontexte* gebildet werden (vgl. oben S. 72). In ihnen legen die symbolischen Möglichkeiten des einen Textes/Bildes die symbolischen Kräfte des anderen frei. So entsteht ein Netz von Zwischenbedeutungen, dank derer die einzelnen Texte/Bilder/Melodien *mehr* bedeuten, als sie für sich genommen bedeuten würden. Solche Kontexte fordern zu einer *produktiven Rezeption* heraus, in der es sich entscheidet, welchen Bedeutun-

---

69 Vgl. *M. Eliade*, Ewige Bilder und Sinnbilder, Frankfurt/M. 1986, 46ff.

gen Schüler und Lehrer gemeinsam nachgehen und auf ihr Leben hin ver-
längern. Soweit die Schüleraussagen dokumentiert werden konnten, wird
erkennbar, daß diese Offenheit der Kontexte, die dem »subjektiven Faktor«
viel Spielraum gibt, nicht zur Beliebigkeit führt. Durch das Überschneiden
der Texte/Bilder entsteht ein metaphorischer Prozeß (P. Ricoeur), dessen
Dynamik Innovationen freigibt, aber auch bestimmte Strukturvorgaben
enthält, die die Rezeption mit bestimmen.
Die didaktische Wahrnehmung der Brückenfunktion der Symbole und ihrer Verkettungen in Kontexten trägt dazu bei, daß der *Wirklichkeitsbezug*
der christlichen Symbole erkennbar wird. Angesichts der didaktischen Situation, auf die wir heute in religiösen Lernprozessen treffen, bietet die
Ausführung der beiden bisher genannten Wirkungsweisen die Voraussetzung dafür, daß christliche Symbole *Konflikte zu bearbeiten helfen.* Anders
als in der seelsorgerlichen Praxis lassen sich Konflikte im Unterricht nur
thematisieren, wenn es sich um Grundkonflikte handelt, die die gesamte
Gruppe betreffen, wie der Ablöseprozeß vom Elternhaus oder das Identitätsproblem. Durch die Verbalisierung der ambivalenten Erfahrungen mit
dem Nachhausekommen und das Durchspielen neuer Möglichkeiten wird
eine Hilfe angesichts des Konflikts der Trennung angeboten (vgl. S. 95ff). Das
Identitätsproblem war ein leitender Gesichtspunkt bei der Anlage aller
Unterrichtsentwürfe.

3.3.2   Didaktische Prinzipien und methodische Möglichkeiten

Unterricht nach dem Symbolansatz ist zugleich *schülerorientierter, bibel-
orientierter* und *gesellschaftskritischer* Unterricht; ja es wird unterstellt, daß
es gerade durch den Symbolansatz möglich ist, die drei didaktischen Prinzipien angemessen zu verschränken. In allen Unterrichtsversuchen nehmen die Bedürfnisse, Erfahrungen und Perspektiven der *Jugendlichen* einen breiten Raum ein. Sie sind nicht nur »Anknüpfungspunkt«, sondern
selbst Inhalt der Lernprozesse. Es sind gerade solche religiösen Symbole
ausgewählt, von denen zu erwarten ist, daß sie wie »Rorschach-Tests« die
Jugendlichen herausfordern, ihre eigenen Erfahrungen zu mobilisieren
und ihre eigenen Deutungen zum Ausdruck zu bringen. Die Symbole wirken wie ein »Katalysator« im Blick auf die vorausliegenden Erfahrungen
und Konflikte der Jugendlichen. Entscheidend an dem didaktischen Prinzip der Schülerorientierung ist, daß im Umgang des Lehrers mit den Schülern und der Schüler untereinander ein Klima wechselseitiger Anerkennung geschaffen wird; ohne ein solches Klima und die »*Tendenz* zur Selbst-
erfahrungsgruppe« (D. Stoodt) bleibt der Umgang mit religiösen Symbolen wahrscheinlich ohne Resonanz. Wird die Berücksichtigung der Schülerinteressen in den kritischen Stellungnahmen zur Symboldidaktik zuge-
standen, so sieht man in dem Fehlen der *Gesellschaftskritik* eine »Tendenz-

wende« in der Religionspädagogik.[70] Das läßt sich für die hier vorgelegte Konzeption nicht behaupten. Die kritische Auseinandersetzung mit den quasireligiösen »Verheißungen« der Werbung und den Symbolen des Konsumismus sind Inhalt der Symbolkunde. Dieser Gesichtspunkt wird in allen Unterrichtsentwürfen berücksichtigt, und zwar nicht nur anhand einzelner Medien (z.B. in den Filmen »Der Weg« oder »Die Hand«), sondern in der Gesamtintention, die auf eine kritische Auseinandersetzung mit den gesellschaftlich vermittelten Symbolen gerichtet ist. Die *Bibelorientierung* der vorgelegten Entwürfe bemißt sich nicht an dem zahlenmäßigen Vorkommen biblischer Texte, obwohl gerade von den Symbolen wie »Weg«, »Baum«, »Licht«, »Wüste« eine Fülle zentraler Texte in den Blick kommen kann. Die angemessene Berücksichtigung dieses didaktischen Prinzips kommt vielmehr darin zur Geltung, daß die Bibel *insgesamt* der nicht hintergehbare Interpretationshorizont für die theologische Auslegung von Erfahrung und Wirklichkeit anhand religiöser Symbole und Metaphern ist. Mit Hilfe dieser Vorgabe, die sich in den Symbolen konzentriert, können Situationen, Probleme und Konflikte theologisch sachgemäß gedeutet werden. Damit die Symbole ihre Brückenfunktion möglichst optimal in Lernprozessen erfüllen können, sollten diese nach folgenden *didaktischen Kriterien* angelegt werden:

(1) Die vorgängigen Erfahrungen der Schüler sind ausdrücklich zu thematisieren und auf die Frage nach dem Ganzen ihres Lebens bzw. der uns angehenden Wirklichkeit zu konzentrieren (fokussierende Funktion).
(2) Die Lernprozesse sind so zu strukturieren, daß die Symbole ihre wirklichkeitserschließende Kraft entfalten können; dazu ist es erforderlich, sie so auf die Situation der Schüler zu beziehen, daß eine fruchtbare didaktische *Spannung* erzeugt wird.
(3) Die den Schülern aus der Lebenswelt bekannten Symbole sind ausdrücklich zur Geltung zu bringen, damit eine Auseinandersetzung mit den christlichen Symbolen stattfinden kann; daher sollten diese möglichst früh in den Lernprozeß eingeführt werden, so daß die angesprochenen Lebenszusammenhänge überraschend in einem neuen Licht erscheinen können.
(4) Ein didaktisch angemessener Umgang mit Symbolen erfordert, daß die Erschließung des Symbolsinns durch Formen ganzheitlicher Kommunikation der Symbol*interpretation* vorausgeht.

Die beiden letzten Kriterien bedürfen der Erläuterung. Die Schwächen eines unsachgemäß konzipierten problemorientierten Unterrichts bestanden darin, daß biblische Texte oft im Sinne eines Frage-Antwort-Schemas oder als »Problemlösungspotential« am Schluß in die Unterrichtseinheit einbezogen wurden. Christliche Symbole beenden aber nicht das Fragen durch »richtige« Antworten, sondern erschließen Wirklichkeit, eröffnen

---

70 Vgl. *F. Rickers*, Religionspädagogik zwischen 1975 und 1985, ThPr 21 (1986) 343-368, hier: 359. Weil das Symbol zum Idol werden kann, ist eine kritische Symbolkunde aus theologischen, pädagogischen und aus politischen Gründen geboten!

das Verstehen, provozieren durch Erinnerung kritische Fragen und antizipieren verheißene neue Möglichkeiten. Daher sollten sie auch didaktisch überraschend, im Sinne des »fruchtbaren Moments« (F. Copei), in den Lernprozeß eingebracht werden, und zwar so frühzeitig, daß sie ihre produktive Kraft auch voll entfalten können.

Rudolf Tammeus hat dementsprechend versucht, den Zugang zur Wegsymbolik durch das Ich-bin-Wort Joh. 14,6 zu eröffnen; es begleitete den Unterricht wie ein Leitmotiv und erschloß sich im Laufe der Arbeit in dem Maße, in dem die Schüler selbst die Metapher als Deutewort in Anspruch nahmen.

Im themenorientierten Unterricht erfolgt die theologische Urteilsbildung im Blick auf (sozial-)ethische Themen anhand theologischer *Kategorien.* Solche Lernprozesse erreichen ihre optimale Form ebenfalls, wenn sie erfahrungsbezogen und handlungsorientiert angelegt sind. Sie können aber durchgängig eine diskursive Struktur haben. Religiösen Symbolen dagegen wird man erst gerecht, wenn auch didaktisch ihrer Interpretation eine ganzheitliche Erschließung des Symbolsinns, der zu verstehen und zu lernen gibt, vorausliegt. *Methodisch* bieten sich dafür unterschiedliche Formen an, wie Erzählung, alle Formen des Spiels, Bibliodrama, Pantomime, Tanz, Meditation, symbolische Aktion. Wegen ihrer herausragenden Bedeutung soll die *Symbolmeditation* näher beschrieben werden.
Symbol und Meditation haben eine Affinität zueinander. Der Sinnvorgabe der Symbole entspricht eine vorreflexive, ganzheitliche Erfassung dieses Sinns in der Meditation. Gemeint ist nicht die Tiefenmeditation östlicher Religionen, sondern die *intentionale* (»westliche«) *Meditation,* die einen »Gegenstand« (Wort, Bild, Ton, Symbol) authentisch zu erfassen sucht. Kinder meditieren »spielend«: selbstvergessen beim Spiel, im gesammelten Hören auf eine Erzählung, beim Anschauen eines Bildes, beim intensiven bildhaften Gestalten oder Musizieren.[71] Auch im Leben des Erwachsenen stellt sich eine meditative Haltung immer wieder »von selbst« ein, vielleicht in dem kurzen Moment der Unterbrechung und des Schweigens bei intensiver geistiger Arbeit. Soll diese Haltung kontinuierlich gefördert werden, sind entsprechende Entspannungs- und Konzentrationsübungen (wie z.B. das Autogene Training) erforderlich, die zu einer vertieften Körperwahrnehmung und Erlebnisverarbeitung führen können.

In einer *Vorbereitungsphase* bemühen wir uns darum, daß jeder seine Haltung findet, in der er sich am besten konzentrieren kann; wir üben eine bewußte Entspannung des ganzen Körpers und ein bewußtes Atmen. Die eigentliche *Meditationsphase* ist anfangs sehr kurz (ca. 10 Min.). In der *Abschlußphase* werden die Erfahrungen in Bildern, Ton, kurzen Texten oder im Kleingruppengespräch ausgetauscht. Das Sichhineinversetzen in die Gefühle anderer muß erst gelernt werden; denn es ist ungewohnt, daß es hier kein »richtig« oder »falsch« gibt und man sich gleichwohl über subjektive Wahrheit intersubjektiv verständigen kann.

71 Vgl. *G. Stachel,* Erfahrung interpretieren, Zürich u.a. 1982, 189f.

Die Meditation kann Selbstzweck haben oder dem erfahrungsnahen, *spielerisch-analogisierenden Umgang* mit religiösen Symbolen dienen.[72] Auch wo Lehrer oder Schüler intentionale Meditation ablehnen – diese Freiheit sollte *jedem* eingeräumt werden –, kann ohne vorbereitende Entspannungsübungen eine meditative Wahrnehmung des Symbolsinns mit stärkerer Innenaufmerksamkeit geübt werden. Bild- und Schriftmeditation hat es in der evangelischen Religionspädagogik immer gegeben. Behandeln wir das Symbol »Haus«, so können wir mit einer Doppeldiameditation (Spinnennetz – beleuchtetes Haus im Dunkeln) beginnen[73]; oder wir führen ein interaktionelles Schreibspiel zu einem Poster »Haus mit erleuchtetem Fenster« (M 15) durch.[74] Beim Symbol »Licht« zünden wir im verdunkelten Klassenzimmer eine Kerze an, machen Schattenspiele mit dem Diaprojektor, beobachten einen Sonnenaufgang, meditieren über Dias oder Photos zum Thema »Licht und Schatten« und schreiben vielleicht Geschichten, die davon sprechen, wie wir aus Angst zum Mut kommen. Zum Symbol »Hand« haben wir eine Bildmeditation in schriftlicher Form durchgeführt (s.o. S. 147).

3.3.3 Zum Problem der Vermittlung und der Resymbolisierung

Wenn die Symboldidaktik keine kurzlebige Modeerscheinung bleiben soll, dann muß sie sich gerade im Blick auf das Problem der Vermittlung gegenwärtiger Lebenserfahrungen und theologischer Inhalte als produktiv erweisen. Da bei Paul Tillich das Symbolverständnis eng mit seiner Methode der Korrelation verbunden ist, lag es zunächst nahe, das Vermittlungsproblem mit dieser Methode anzugehen und die Symboldidaktik als *Korrelationsdidaktik* zu entwickeln. Diesen Weg ist Georg Baudler konsequent weitergegangen.[75] Er will die Resymbolisierung nicht durch eine direkte Übertragung christlicher Symbole in den Alltag erreichen, sondern die biblischen Symbole in Korrelation zu den Alltagssymbolen erschließen. Sein klassisches Beispiel ist das anthropologische Symbol des Pulsschlags, das die Erfahrung des gefährdeten Lebens repräsentiert; es wird in Korrelation zum biblischen Symbol der »Schöpfung« gebracht.[76] Nun läßt sich ein so

---

72 Vgl. *J. Scharfenberg*, Meditation als Lebens- und Lernhilfe, in: JRP 1 (1984), 1985, 95-105; vgl. *O. Haendler*, Meditation als Lebenspraxis, Göttingen 1977; vgl. *G. Martini*, Malen als Erfahrung, Stuttgart/München 1977, 113ff.
73 Diathemen 1, Nr. 5; Diathemen 9, Nr. 13 (Burckhardthaus-Verlag). Vgl. *Th. Erler / W. Lamke*, Meditieren – bis man eine Lösung des Widerspruchs gefunden hat, EvErz 35 (1983) 485-492, hier: 487.
74 Poster Nr. 9 der Aktion »im gespräch«, Edition Rau (Photo: *H. Greger*). Zum Schreibspiel vgl. *H. Barth / T. Schramm*, Selbsterfahrung mit der Bibel, München/Göttingen 1977, 154ff.
75 Vgl. *G. Baudler*, Korrelationsdidaktik: Leben durch Glauben erschließen (UTB 1306), Paderborn u.a. 1984, 49.
76 Vgl. *ders.*, Einführung, a.a.O. (s.o. Anm. 32), 55.

zentraler Begriff in der Religionspädagogik nicht unabhängig von der systematisch-theologischen Diskussion verwenden, die seine Problematik herausgearbeitet hat.

In diesem Rahmen sind dazu nur zwei Hinweise möglich. Die Arbeit der Theologie gleicht nach Tillich einer Ellipse mit zwei Brennpunkten: »Der eine Brennpunkt stellt die existentielle Frage dar und der andere die theologische Antwort. Beide stehen im Raum derselben religiösen Grundhaltung, aber sie sind nicht identisch.«[77] Demensprechend gibt die Theologie eine Analyse der menschlichen Situation, aus der die existentiellen Fragen hervorgehen, und bezieht die Symbole der christlichen Botschaft als Antworten auf diese Fragen.[78] Um den offenbarungstheologischen Vorrang zu wahren, unterscheidet Tillich auf der Seite der *Antwort* Form und Inhalt: Der *Inhalt* der Antwort wird aus der Offenbarung, ihre *Form* aus der Struktur der Fragen abgeleitet.[79] Kann man in dieser Weise zwischen Form und Inhalt unterscheiden, um eine normative Vorgabe abzusichern, vor allem, wenn es sich um Symbole handelt? Erweist sich nicht überhaupt das Schema von Frage und Antwort als zu eng, um einen Lebens- und Glaubens*vorgang* und ein entsprechendes Verstehen zu kennzeichnen? Weil wir auch in der Sache das Vermittlungsproblem etwas anders als Tillich beschreiben, verzichten wir auf den von ihm geprägten Korrelationsbegriff.

» Vermittlung« vollzieht sich in einer *doppelten Verstehensbewegung*, die jeweils von den Symbolen ausgeht; beide Bewegungen sind wechselseitig aufeinander bezogen. In der *ersten Bewegung* geht es darum, mit Hilfe anthropologischer Grunderfahrungen, die in den Lebenssymbolen verdichtet sind, *elementare Zugänge* zu den biblisch-christlichen Glaubenssymbolen zu gewinnen. Die *zweite Bewegung* geht von diesen Symbolen und ihrem *Angebot* zum Verstehen unserer selbst und der Welt aus; sie lassen kraft ihrer Verheißungen ein überraschendes Licht auf unsere Lebenserfahrungen fallen.[80] Die theologische Begründung für dieses religionspädagogische Vorgehen besteht darin, daß *eine Entsprechung zwischen Glauben und Leben* besteht und daß es der Systematischen Theologie gelingt, diese Entsprechung in intensiver Reflexion aufzudecken. »Das Ausgehen einmal vom Glauben, das andere Mal vom Leben entspricht der Testsituation, in der sich die Rechenschaft über den Glauben befindet als eine Rechenschaft dessen, der selbst ständig der Lebenserfahrung ausgesetzt ist.«[81]

77   P. *Tillich*, Systematische Theologie, Bd. 2, Stuttgart ³1958, 21.
78   Vgl. ebd., 76.
79   Vgl. P. *Tillich*, Systematische Theologie, Bd. 1, Stuttgart ³1956, 78f. Zur Korrelationsmethode insgesamt vgl. z.B. M. *von Kriegstein*, Paul Tillichs Methode der Korrelation und der Symbolbegriff, Hildesheim 1975, 33ff.
80   Vgl. C. *Bizer*, Verheißung als religionspädagogische Kategorie, WPKG 68 (1979) 347-358. Die Betonung des Verheißungscharakters biblischer Symbole ist entscheidend; denn strenggenommen geht es bei dem Vermittlungsproblem um die Frage, wie die *Zukünftigkeit* Gottes sich mit der Gegenwart unserer Welt »vermittelt«, also nicht um die Vermittlung von Tradition und Situation (vgl. C. *Link*, In welchem Sinne sind theologische Aussagen wahr?, EvTh 42 [1982] 518-540, hier: 525.531).
81   G. *Ebeling*, Dogmatik des christlichen Glaubens, Bd. 1, Tübingen 1979, 106.

Diese doppelte hermeneutisch-didaktische Bewegung steht zweifellos der Korrelationsmethode Tillichs nahe; sie vermeidet aber das unzulängliche Frage-Antwort-Schema. Die Grunderfahrungen werden auch nicht durch Situationsanalyse in existentialer Begrifflichkeit beschrieben, sondern mit Hilfe elementarer Symbole erschlossen. In didaktischer Hinsicht ist die erste Bewegung elementarer, denn sie stellt zugleich die Verstehensvoraussetzung für die zweite Bewegung dar; daraus ergibt sich aber kein »Stufenschema«; es sollten vielmehr beide Aspekte in einer Unterrichtseinheit berücksichtig werden.

(1) Die *erste Verstehensbewegung von den Lebenserfahrungen der Schüler zu den christlichen Symbolen* nimmt in den dargestellten Entwürfen einen breiten Raum ein, weil es sich jeweils um eine Einführung in die Arbeit mit Symbolen handelt. Wenn Schüler oder Konfirmanden ihre eigenen Wegerfahrungen artikulieren und ihr Leben als »Weg« oder »Fluß« darstellen, wird nicht dies oder das im Leben, sondern das Leben selbst zum Problem; es wird als Ganzes thematisch. Gerade der Wegcharakter des Lebens kann den *Transzendenzbezug*, der mit der Lebensbewegung selbst verbunden ist, hervortreten lassen. Wir sind nämlich genötigt, »das Leben in seinem Gegeben- und Aufgegebensein auf das hin zu transzendieren, was ihm Grund, Sinn, Ziel, Identität, Freiheit, Wahrheit verleiht, oder wie immer sonst man diesen Überstieg des Lebens über sich selbst hinaus inhaltlich bestimmen mag.«[82] Symbol und Leben durchdringen sich wechselseitig. Das Wegsymbol bringt nicht nur das Leben in seinem Transzendenzbezug, sondern auch in seinem ambivalenten Charakter zum Ausdruck: abgebrochene Wege, Kreuzwege, Umwege gehören zum Lebensweg in der Entfremdung. Wenn Schüler im Anschluß an den Kurzfilm »Der Weg« über beschädigte Identität und über den fragmentarischen Charakter des Lebens sprechen, wird die menschliche *Grundsituation der Bedürftigkeit* erkennbar. Sie ist der Schlüssel zum Verständnis der biblischen Verheißung, obwohl diese das Bedürfnis überbietet. Gerät das Gespräch durch das Aufbrechen der Frage nach dem wahren Leben in den Horizont dieser Verheißung, wird damit diese Frage nicht stillgelegt. Im Gegenteil! Der Protest gegen ein entstelltes Leben zugunsten eines wahren, menschenwürdigen Lebens wird verschärft; dieser Protest richtet sich auch gegen die gesellschaftlich bedingten Ursachen beschädigter Identität. Die biblische Verheißung führt zu einer verschärften Wahrnehmung menschlicher Konflikte und Spannungen. Die Ermutigung, die von ihr ausgehen kann, bezieht sich darauf, daß Menschen *trotz* beschädigter Identität ihren Weg weitergehen können (vgl. Gen 32, 22-32). Eine solche *Entsprechung von Glauben und Leben* wird erkennbar, wenn wir die eigenen Wegerfahrungen mit den biblischen Symbolen »Exodus« oder »Auferstehung« konfrontieren, wie es in den meisten Unterrichtsversuchen geschehen ist. Die Wegsituation, von der her sich die *Emmausgeschichte* erschließen läßt, ermöglicht eine solche Verschränkung.

82 Ebd., 108.

Der Weg der Jünger von Emmaus nach Jerusalem beschreibt den Vorgang der Überwindung einer alten Erfahrung und das Entstehen einer neuen; aufgund dieser neuen Erfahrung gehen sie ihren Weg wieder zurück; aber der Ort des Kreuzes ist jetzt zugleich der Ort der Auferstehung.[83] Der biblische Text *gewinnt* dadurch, daß mit Hilfe der an ihn herangetragenen Erfahrungen immer neue »Lesarten« eröffnet werden. Umgekehrt kann eine intensive Auseinandersetzung mit der biblischen Wegsymbolik zu einem Erfahrungs*gewinn* für den Zeitgenossen führen. Die Erfahrung, die – verstärkt durch unterschiedliche Medien (Bild, Lied) – in den meisten Klassen zum Ausdruck gebracht wurde, war die, daß der Auferstandene Menschen seine Nähe schenkt – Nähe, in der er ihnen *Mit-Sein auf dem Wege* und Geborgenheit *in* der Verlassenheit gewährt.[84] Sprachlich wird diese Erfahrung durch die zahlreichen Wendungen des Mit-Seins und Bei-ihnen-Bleibens (Lk 24,15. 29.30.32) zum Ausdruck gebracht. Die Nähe wird in und mit Zeichen bekundet (Brotbrechen als Bekundung der Liebe).

Bei dieser Bewegung des Verstehens liegt es zunächst nahe, solche Lebenssymbole auszuwählen, die auch in der biblischen Überlieferung eine entsprechende Rolle spielen, also Symbole aus dem Bereich der Natur oder des menschlichen Miteinanders. Das Lebensgefühl des heutigen Jugendlichen wird jedoch in stärkerem Maße durch Symbole unserer technischen Zivilisation und der Jugendkultur zum Ausdruck gebracht. Schon R. Barthes hatte den Eiffelturm als Symbol der Moderne angesehen.[85] Gerade im Blick auf die Symbolik von »Weg« und »Reise« ist der Jugendliche eher als Motorradfahrer oder Eisenbahnreisender denn als Wanderer anzusprechen. Eine Beziehung solcher Symbole zu gegenwärtigen christlichen Symbolen läßt sich herstellen, wenn herausgearbeitet wird, daß Symbole unseres Zeitalters die *Funktion* religiöser Symbole übernommen haben. In diesem Fall markiert also *Religion* den positiven Bezug zwischen gegenwärtigen und biblischen Erfahrungen. Insgesamt geht es bei diesem Verstehensweg darum, gegenwärtige Lebenssymbole auf ihre religiöse Dimension hin zu interpretieren und mit christlichen Symbolen in Beziehung zu setzen, so daß das Leben im Lichte dieses Symbolverständnisses ausgelegt werden kann.

(2)   Die *zweite Verstehensbewegung* geht von den christlichen Symbolen und ihrem Verheißungsüberschuß aus. Bei diesem Weg werden diese Symbole von vornherein als *Alternativ- oder Gegensymbole* gegenüber einem Leben, das selbstvergessen dahingelebt wird, ins Spiel gebracht. Es soll aufgedeckt werden, daß gesellschaftlich vermittelte »Ersatz-Transzendenzen« (M. Machovec) den Transzendenzbezug des Lebens faktisch schon besetzt haben. *» Vermittlung« vollzieht sich auf diesem Wege als provozie-*

---

83   Vgl. *A. Grözinger*, Praktische Theologie und Ästhetik, München 1987, 100.
84   Vgl. *G. Koch*, Die Auferstehung Jesu Christi, Tübingen 1959. Die Nähe hat gewährenden Charakter, sie nimmt hinein und erweist sich darin als Geborgenheit. Jesu Mit-Sein ist Sein in der Liebe, die Freiheit gewährt (237).
85   Vgl. *G. Schiwy*, Der Eiffelturm als Symbol, Kunst und Kirche 1/1986, 10-13. Zum religionspädagogischen Problem vgl. *R. Sauer*, »von allem vermag man zu lernen...«, in: *V. Hertle* (Hg.), Spuren entdecken, München 1987, 129-138.

rende Verfremdung oder produktive Unterbrechung alltäglicher Erfahrungen sowie als Streit um Auslegung und Veränderung dieser Wirklichkeit. Die provozierende, alternatives Denken und Handeln auslösende Kraft der christlichen Symbole (wie »Reich Gottes«) soll hier ausdrücklich zur Geltung kommen. Dazu ist es erforderlich, daß im Unterricht an exemplarischen Modellen die Möglichkeiten, die Reichweite und die Grenzen einer Motivierung und Orientierung gegenwärtigen Handelns mit Hilfe christlicher Symbole untersucht werden. Es geht also nicht nur darum, »Baum« oder »Wasser« als Symbole des Lebens zu verstehen, sondern auch zu entsprechenden symbolischen Aktionen zu verlocken, wie sie etwa in ökumenischen Initiativen praktiziert werden.[86] In Jugendgruppen und Schulklassen können kleinere Modelle im sozialen Nahbereich selbst entwickelt werden. Symbolverstehen vollzieht sich hier über die Teilhabe an gemeinsamen Handlungsvollzügen. In einigen Unterrichtsversuchen zum Symbol »Haus« wurden unter der Perspektive biblischer Verheißungen nicht nur die »Verheißungen« der Bausparkassen kritisch untersucht; es wurde anhand kleiner Projekte überlegt, wie ein Mehr an Zuhausesein fragmentarisch *vorwegrealisiert* werden kann. Das Vermittlungsproblem – dargestellt in den beiden komplementären Verstehensbewegungen – ist also komplexer, als die Argumentationsfigur der Korrelation von Frage und Antwort erkennen läßt. » *Vermittlung« ist eine fundamentalhermeneutische Kategorie, die* – wie besonders die letzten Beispiele zeigen – *das Praktischwerden der von den christlichen Symbolen inspirierten Erneuerung im sozialen Feld umfaßt.*[87] Wird einseitig die erste Bewegung des hermeneutischen Prozesses betont, besteht die Gefahr, daß die *Unterscheidung* zwischen Religion und Evangelium übersehen wird. Wird das zweite Moment des Prozesses überbetont, droht die *Verschränkung* von Evangelium und Religion verlorenzugehen. *Werden beide Bewegungen des hermeneutischen Prozesses abwechselnd und zugleich in religiösen Lernprozessen berücksichtigt, kann das dialektische Verhältnis von Evangelium und Religion sachgemäß zur Geltung kommen.* In der Fundamentalentscheidung von Evangelium und Religion wird nämlich die Rechtfertigung allein aus Glauben als kritisches Prinzip erkennbar.[88] Die anspruchsvollste didaktische Möglichkeit der Symbolkunde besteht darin, zu Formeln erstarrte christliche Lehrinhalte wieder zu *resymbolisieren*, also den Weg von den Formeln zum Leben zurückzufinden. Ursprünglich sind die christlichen Symbole verbindlicher Ausdruck einer gemeinsamen Erfahrung und einer geglückten Kommunikation. Haben sie diesen »Sitz im Leben« gemeinsamen Erlebens, Feierns

---

86 Vgl. z.B. *G. Liedke*, Im Bauch des Fisches, Stuttgart 1979, 200ff.
87 In dieser Hinsicht ist *F. Schupp*s Verständnis der christlichen Symbole und Symbolhandlungen als antizipierend vermittelnder praktischer Zeichen ›wahren‹, ›heilen‹ Lebens am weitesten gekommen (vgl. *ders.*, Glaube – Kultur – Symbol, Düsseldorf 1974, 7f.270ff).
88 Vgl. *Biehl*, Evangelium und Religion, a.a.O. (s.o. Anm. 62), 97ff.

und Deutens verloren, sind sie auf »richtige« theologische Sätze reduziert, dann verlieren sie zugleich ihre impliziten didaktischen Möglichkeiten, nämlich *spielend* Lernen zu eröffnen. Symbolen ist wie Gleichnissen jedes ›gesetzliche‹ Denken fremd. Sie eröffnen von sich her eine Welt und laden ein, sie zu erkunden.[89]
Bei der Frage, ob der Weg von den Formeln zum Leben wieder zu finden ist, sind die Barrieren deutlicher als die produktiven Möglichkeiten. Im Religionsunterricht und selbst im Konfirmandenunterricht haben wir es nicht mit homogenen Gruppen zu tun, die gemeinsam religiöse Erfahrungen in Symbolen zum Ausdruck bringen. Didaktisch gesehen kommt es bei der Resymbolisierung – sie ist von einer Remythologisierung scharf zu unterscheiden – darauf an, daß die »erstarrten« (neutralisierten) Symbole in die *Erschließungssituation* zurückgeführt werden, damit es wieder zu einer »originalen Begegnung« (H. Roth) mit den Erfahrungen kommt, die zu ihrer Bildung geführt haben. Wenn wir an die zentralen christlichen Symbole denken, kann die Erschließungssituation nur durch Erzählung erreicht werden. Erzählung und Symbol zusammen haben die Kraft, die historische Distanz zu überwinden und den Zeitgenossen in die von ihnen repräsentierte »Sache selbst« zu verstricken.[90] Um das Kreuz als zentrales Symbol immer wieder vergegenwärtigen zu können, hat die Urgemeinde schon sehr früh die Passionsgeschichte erzählt. Da Symbole nur in einem sich wandelnden gesellschaftlich-kulturellen Kontext, also in situationsbezogener Vermittlung, vorkommen, ist es bei der Resymbolisierung erforderlich, die *ursprünglichen* Symbole in den geschichtlichen *Anfängen* des Christentums wiederzuentdecken. Bei elementaren Symbolen kann eine Rückübersetzung in die Erschließungssituation dadurch gelingen, daß mit Hilfe eines entsprechenden didaktischen Arrangements ihre anthropologische Dimension in einer strukturell analogen Situation der Gegenwart erschlossen wird. Der *Vorgang der Resymbolisierung* besteht darin, daß das zum Signal erstarrte Symbol durch den Bezug auf entsprechende Erfahrungen gleichsam wieder zum Leben erwacht, wenn es zur Deutung dieser Erfahrungen neu in Anspruch genommen wird. Es geht also zugleich um die Wiederherstellung von Erfahrung und Lebenspraxis mit Hilfe von Symbolen. Durch einen kreativen Umgang mit christlichen Symbolen kann ihre ursprüngliche Kraft, Wirklichkeit zu bilden und Konflikte zu bearbeiten, wieder entbunden werden. Voraussetzung dafür ist, daß der mehrfache Sinn des Symbols wiederentdeckt, also die Entwicklung vom Symbol zum arbiträren Zeichen oder Signal rückgängig gemacht wird. Das kann gelingen, weil das Symbol, auch wenn es »wörtlich« verstanden wird, seine

89   Es war daher ein hermeneutischer und didaktischer Irrweg, die Gleichnisse Jesu durch die Unterscheidung zwischen Bild- und Sachhälfte und die Suche nach einem Vergleichspunkt auf Lehrsätze über das Reich Gottes zu reduzieren.
90   Vgl. *G. Stachel*, Zeigen und Erzählen, in: *Hertle* (Hg.), a.a.O. (s.o. Anm. 85), 97-107, hier: 99.

kommunikative Verbindung nicht verliert. Im schöpferischen Umgang müßte also – unter bestimmten didaktischen Bedingungen (spielender, meditativer Vollzug) – »erprobt« werden, ob das Symbol seinen mehrfachen Sinn wieder freigibt. In einer erfahrungsnahen Interpretation kann einem arbiträren Zeichen mehr an Sinn zugeschrieben werden, als es auf den ersten Blick enthält, um dann umgekehrt festzustellen, ob es als Symbol die entgegengebrachte Vor-Erfahrung erweitert. *Die Resymbolisierung bringt die »erstarrten« Symbole wieder in eine größere Nähe zu dem Vorgang, dem sie entstammen, nämlich der »Erfahrung mit der Erfahrung«.*[91]

Allerdings würden die Möglichkeiten religiöser Lernprozesse überschätzt, wollte man von ihnen eine Resymbolisierung im Blick auf die *öffentliche* Kommunikation – etwa im Raum der Kirche oder der Gesellschaft – erwarten. Resymbolisierung durch kreativen Umgang vollzieht sich jeweils in der konkreten Gruppe, die die Symbole neu in Brauch nimmt und sich mit ihrer Hilfe im Gespräch über den Erfahrungsgewinn vergewissert. Diese Möglichkeit ist jedoch nicht gering einzuschätzen. Sie bedeutet für Kinder und Jugendliche, die fast ausschließlich in einem instrumentellen Sprachgebrauch geübt werden, das Wiedergewinnen von Wirklichkeit und eigenen Lebensmöglichkeiten. Wenn etwa Kinder die Symbole und Metaphern der *Psalmen* in Anspruch nehmen, um ihre eigenen Ängste und Hoffnungen zur Sprache zu bringen, und wenn sie durch diese Sprachformen angeleitet werden, intensiv wahrzunehmen, wie schön und kostbar das Leben ist, dann geraten die eigenen Träume mit der Ausdruckskraft der Psalmen in einen fruchtbaren Dialog.[92] *Resymbolisierung und Wiederaneignung innerer und äußerer Wirklichkeit entsprechen sich.*

Die Rede von der »Hand Gottes« ist für die Kinder und Jugendlichen zunächst eine nichtssagende Formel; sie ist wie das Auge oder Ohr Gottes höchstens negativ besetzt, wenn sie als »Erziehungsmittel« eingesetzt wurde. Die Schüleräußerungen in dem Unterrichtsbeispiel (2.3) zeigen, daß eine Resymbolisierung möglich ist. Sie setzt voraus, daß »Hand« für die Jugendlichen zum Symbol geworden ist, das tiefere Gefühls- und Erlebnisdimensionen zum Ausdruck bringt, wie das in dem Brief der Studentin Anne deutlich wird.[93] Dabei haben in dem Unterrichtsversuch mehrere Erfahrungen zusammengewirkt (z.B. das Blindenführungsspiel, bei dem die führende Hand des Mitschülers gefühlt wurde). Wenn Schüler dann

---

91 Vgl. zu dieser von *E. Jüngel* geprägten Formel *G. Bader*, »Erfahrung mit der Erfahrung«, in: *H.F. Geisser / W. Mostert* (Hg.), Wirkungen hermeneutischer Theologie, Zürich 1983, 137-153. Zum *Zusammenhang von Erfahrung und Bibel* in religiösen Lernprozessen vgl. zuletzt den Beitrag von *K.E. Nipkow,* der dem hier entwickelten Ansatz sachlich am nächsten steht: Erfahrung und die Bibel, in: *H. Schultze* (Hg.), Erkundungen mit der Bibel, (Comenius-Institut) Münster 1987, 54-81.

92 Vgl. dazu das vorzügliche Buch von *I. Baldermann,* Wer hört mein Weinen? Kinder entdecken sich selbst in den Psalmen (WdL 4), Neukirchen-Vlyun 1986, 59.

93 Vgl. *A. Muschg,* Noch ein Wunsch, Frankfurt/M. 1981, 71f.

über die Ambivalenz der Erfahrung sprechen können, in die Hände Gottes
zu fallen (vgl. Ps 139), und darüber nachdenken, daß die durchbohrte
Hand Jesu das »wahre« Symbol Gottes ist, dann ist eine Stufe des Verstehens erreicht, die auch strenger theologischer Urteilsbildung standhält.[94]
In dieser Weise läßt sich überhaupt erst wieder eine angemessene Sprache
gewinnen, in der Gotteserfahrungen zum Ausdruck gebracht werden können. Vielleicht müssen wir diesen Vorgang noch »anfänglicher« beschreiben: Mit Hilfe elementarer Symbole läßt sich Gott im Gebet (Klage, Lob)
anreden. Durch solche »Rollenzuschreibungen« (er ist Hand, Auge, Fels,
Licht; er ist gerecht, treu, barmherzig) wird allererst ein Gottesverständnis
aufgebaut. Dabei darf vorausgesetzt werden, daß Gott in sich selbst so ist,
wie er von uns erfahren und in symbolischer wie metaphorischer Sprache
benannt wird, nämlich »ein ausgesprochen menschlicher Gott« (E. Jüngel).
Da es sich dabei nicht um existentiale Begriffe, sondern um Symbole und
Metaphern handelt, wird das Verständnis Gottes nicht auf die Funktion
des Selbstverständnisses des Menschen reduziert, wenn es sich auch bildlich seiner bedienen muß. Im Gegensatz zu den Begriffen bringen Symbole
und Metaphern angemessen zur Sprache, wer Gott *ist*, und wahren zugleich sein Geheimnis.[95]
Werden Symbole im Religions- und Konfirmandenunterricht nicht infla-
tionär, sondern sparsam in Anspruch genommen, werden die Möglichkeiten der Symboldidaktik realistisch eingeschätzt und die genannten Grenzen des Ansatzes gewahrt, dann kann in ihr mehr stecken als ein kurzlebi-
ger modischer Trend. Neu ist nicht das Nach-Denken über Symbole, das
der Spur ihrer Vorgabe folgt. Gewachsen ist jedoch die Einsicht, daß die
Emanzipation ohne die schöpferischen Elemente der Symbole und die
Vorgabe an Sinn, der nicht beliebig produzierbar ist, ohne Gehalt bleibt.
Die Symbole erinnern an die Herkunft; das ist auf dem Wege in die Zukunft unerläßlich. Bei einem kreativen Umgang mit Symbolen – das wird
besonders an dem Verheißungscharakter des Evangeliums deutlich – geht
es aber nicht nur darum, bestimmte geschichtliche Erfahrungen wieder zu
entbinden, sondern vor allem darum, daß die *Zukunftsdimension* erschlossen wird. Symbole sind »Antizipationen eines Letzten« (P. Ricoeur), unserer zukünftigen Möglichkeiten, mit denen wir neue Herausforderungen
bewältigen können.
Ob die Symboldidaktik *ein* Ansatz für den Religionsunterricht »von morgen« sein kann, wird vor allem davon abhängen, ob die Symbole ein solches *Lernen für die Zukunft* entbinden, ob die eschatologische Interpretation der biblischen Symbole gelingt. Die Symbole der Bibel wenden sich in

94   Symbolverstehen und theologische Urteilsbildung sind keine Gegensätze,
sondern wechselseitig aufeinander zu beziehen. In *didaktischer* Hinsicht ist die Urteilsbildung jedoch der vom Symbolverstehen *abgeleitete* Schritt.
95   Vgl. *H. Jonas*, Heidegger und die Theologie, EvTh 24 (1964) 621-643, hier:
641.

erster Linie an unsere *Einbildungskraft*, setzen uns Bilder unserer Befreiung vor. Wird dadurch der Einbildungskraft eine neue Dimension eröffnet, dann hat diese »Umkehr« auch Konsequenzen für die *Ethik*, die sich an den Willen richtet.[96] Nicht das »Prinzip Hoffnung«, wohl aber Hoffnung im Sinne der von biblischen Symbolen vermittelten *Zuversicht* liegt der ethischen Wahrnehmung der Verantwortung angesichts der Herausforderungen durch die Zukunft voraus.

96   Vgl. *P. Ricoeur*, Stellung und Funktion der Metapher in der biblischen Sprache, in: *Ders. / E. Jüngel*, Metapher, Sonderheft EvTh (1974), 45-70, hier: 70.

4 Materialien

4.1 Materialien zum Symbol »Haus« (M 1 – M 15)

4.2 Materialien zum Symbol »Weg« (M 16 – M 25)

4.3 Materialien zum Symbol »Hand« (M 26 – M 43)

M 1   Komm, bau ein Haus ...

Refrain wiederholen

2. Lad viele Kinder ein ins Haus, / versammle sie bei unsrem Baum, / laß sie dort
fröhlich tanzen, / wo keiner ihre Kreise stört, / laß sie dort lange tanzen, / wo der
Himmel blüht. / Komm ...

3. Lad viele Alte ein ins Haus, / bewirte sie bei unsrem Baum, / laß sie dort frei erzählen / von Kreisen, die ihr Leben zog, / laß sie dort lang erzählen, / wo der Himmel blüht. / Komm ...

4. Komm, wohn mit mir in diesem Haus, / begieße mit mir diesen Baum, / dann
wird die Freude wachsen, / weil unser Leben Kreise zieht, / dann wird die Freude
wachsen, / wo der Himmel blüht. / Komm ...

Text: F. K. Barth / P. Horst / H.-J. Netz
Melodie: P. Janssens
Aus: Unkraut Leben, 1977
©Peter Janssens Musik Verlag, Telgte – Westfalen

M 2 *Häuser* können (gegensätzliche) menschliche Erfahrungen ausdrücken:

Bild oben: Ansichtskarte Northeim 207 (St. Spiritus)
Bild unten: Ansichtskarte Göttingen 194 (Bild 1)
© Schöning & Co + Gebrüder Schmidt GmbH & Co, Lübeck

Rembrandt, Die Heimkehr des verlorenen Sohnes   **M 3**
(Stich, 1636)
(Details)

© Rijksmuseum-Stichting, Amsterdam

M 4 *Rembrandt,* Die Heimkehr des verlorenen Sohnes
(Stich, 1636)
(Gesamtansicht)

Rembrandt, Die Heimkehr des verlorenen Sohnes (um 1669)   **M 5**

Aus: **M. Hausmann,** Der Mensch vor Gottes Angesicht. Rembrandt-Bilder. Deutungsver-
suche, Neukirchen-Vluyn (Neukirchener Verlag) [4]1982, S. 95
© Eremitage Leningrad

M 6

Holzwege aus Sichtbeton

Verbaute Umwelt: Ohnmachtsgefühle und Bürgerprotest / Von Dr. Hermann Glaser

»Verbaut« ist auch die Welt von gestern in den Bildern von Carl Spitzweg: die Türme der Stadt, die Dächer, die Häuser sperren ein, verschließen den Blick; kaum, daß noch ein Fetzen Himmel zu sehen ist oder daß der Postillon eine Ahnung von draußen hereinbringt. Im Hintergrund des Gärtchens eine hohe Mauer; kein Blick in die Weite. Aber es ist eine Abgeschiedenheit voller kleiner Seligkeiten. Der Alte, der behaglich seine Pfeife raucht und eben Kaffee getrunken hat, das Geschirr steht noch auf dem Tisch, will gar nicht »hinaus«; sein Blick ist auf »inwendige« Dinge gerichtet; dem Kaktus gilt seine ganze Leidenschaft; ist eine Blüte aufgegangen; sie wird begutachtet; der Nachmittag vergeht dabei; wenn es zu Abend läutet, wird der Alte seine schlurfenden Schritte zurück in die Geborgenheit des Hauses lenken.

„Verbaut" ist diese verbaute Welt nicht: eine Enge beengt nicht, wenn sie als „ökologische" Nische erscheint. Ökologische Nische bedeutet (vom Biologischen aufs Allgemeine übertragen): Bedingungen vorfinden oder schaffen, die ein Zusammenleben von Mensch und Mensch, Mensch und Natur,

Architektenwettbewerb

Mensch und Ding ermöglichen bzw. fördern. Ein Exerzierplatz ist genau so wenig eine ökologische Nische wie eine „autogerechte Stadt". Verbaut ist die Welt nicht, wenn ein steter Fluß von Kleinereignissen sie in Bewegung hält; Abwechslung, Zwiesprache, „Ansprache" möglich ist. Ein Marktplatz (wenn er ein solcher und nicht nur eine Abstellfläche für Autos ist) „lebt" in diesem Sinn. Zeit und Raum sind relative Größen; eine kurze Zeit kann uns lang vorkommen, wenn sie „unausgefüllt" bleibt; eine lange Zeit vergeht im Fluge, wenn sie voller „Ereignisse" ist. Die beste Stadt besteht aus lauter Dörfern — „Dorf" idealtypisch verstanden: als Ort überschaubarer Nachbarschaftsbezüge und Gesellligkeitsformen; (und ist zugleich

auch „Stadt" mit der Möglichkeit, sich auf Zeit in die Anonymität zurückziehen zu können). Zum Ausgleich für ein Hochhaus, heißt es sarkastisch, bräuchte man jeweils ein Drittel psychiatrischer Klinik, um die geistig-seelischen Schäden auszukurieren, die Einsamkeit, Beziehungslosigkeit, Verlorenheit hervorrufen.

Auf den Begriff gebracht, heißt dieses Beziehungsnetz „Heimat". Heimat ist der Ort für Identitätsgewißheit: Ich bin dort meiner selbst sicher; in der Heimat bin ich, der ich bin. Oft müssen wir so sein, wie uns andere wollen. Aus politischen Gründen. Aus wirtschaftlichen. Im Arbeitsprozeß. An die Stelle von Identität tritt Außensteuerung. Heimat dagegen ist, wo ich mich als ich entfalten kann, wo du-Beziehung gedeiht, wo man im wir glücklich ist. Heimat ist gelungene Kommunikation und Sozialisation. Und ist der räumliche Bereich dazu — die „Nische", in die man sich einbergen, der „Boden", in den man sich einwurzeln kann. Mag der Boden auch karg sein. Haben wir solche Heimat nicht, empfinden wir Heimweh, Nostalgie (wörtlich, aus dem Griechischen übersetzt, nicht als Produkt sentimentaler Vermarktung verstanden: „Sehnsucht nach Heimat").

»Rettet unsere Städte jetzt!«

Heimat ist in unserer Zeit und Gesellschaft oft „verbaut". Ganz wörtlich gesprochen: durch Beton. Dabei ist es eigentlich nicht der Beton an sich, sondern die Einfallslosigkeit, mit der er verwendet wird. Querschachteln, Hochschachteln. Dazwischen Begleitgrün. Die Hauptplage ist ein „gewaltiger Strom von Beton, der sich täglich, stündlich, in jeder Minute durch unsere Städte ergießt — in den letzten zwei Jahrzehnten waren es allein in der Bundesrepublik zweieinhalb Milliarden Kubikmeter oder achtmal so viel wie das Montblanc-Massiv." (So der damalige

Münchner Oberbürgermeister Hans-Jochen Vogel auf der Hauptversammlung des Deutschen Städtetags 1971 „Rettet unsere Städte jetzt"). Was der Betonarchitektur im besonderen fehlt, ist Abwechslungsreichtum fürs Auge, die „Signalfülle": man muß sich an Gegenständen „festmachen" können, nicht zum „Abgleiten" an kahlen, konturlosen, farblosen Wänden verurteilt sein. Vielgestaltigkeit ist die Außenwelt schöpferischer Innenwelt; und umgekehrt: ohne Außenreize verkümmert Innenwelt. Phantasie, „Freude am anderen", laufen leer, wenn sie nicht ihren Raum haben. Kinder werden auf trostlosen Gevierten nicht

Thema und Autor

Was ist zu tun, um in der Wohnarchitektur jene „Signalfülle" zu gewährleisten, die dem Sichtbeton so oft fehlt? Wie läßt sich eine menschengerechte Bau-Zukunft erreichen, bei der die Stadt nicht übers Riesenhafte ins Tote ausufern? Braucht der Mensch die "unverdorbene" oder die "bestellte" Natur als "Heimat"? Antwort auf diese Fragen versucht unser Artikel "Holzwege aus Sichtbeton".

Autor ist Dr. Hermann Glaser, 52, seit 1963 Leiter des Schul- und Kulturdezernats der Stadt Nürnberg. Von ihm stammt eine Fülle geistes- und kulturwissenschaftlicher Buchpublikationen. Glaser ist Mitglied des deutschen PEN-Zentrums und Träger der Kopernikus-Medaille.

12

spielen lernen, sondern sich nur abreagieren wollen.· Sie brauchen Anregung, Abenteuer — so wie auch ihre Eltern und die Erwachsenen generell. Und eben „Nischen", in denen Formen des Miteinanderlebens gedeihen: zwischen jung und jung, alt und alt, jung und alt, Privatheit und Öffentlichkeit, Entspannung und Engagement.

Moderner Wohnungskomfort, der nicht abgewertet werden soll, wird auch dahingehend gepriesen, daß man für sich sei, wenn man die Tür zumache. Wer freilich nur für sich ist, ist außer sich. Der Mensch bedarf des Menschen. Ist der Kontakt verbaut, hat das Bauen unter dem Gebot des Rationellen in seiner dann vorwaltenden Sterilität die subjektiv menschlichen Belange ausgeschlossen, die Begegnungsmöglichkeit „vergessen" — erfaßt den Menschen in seiner Vereinzelung Ohnmacht. Dennoch nichts gegen Einfriedung, Abgrenzung; der Mensch ist ein Wesen, das nicht nur öffentlich existieren kann; es braucht gleichermaßen die Privatheit. Lob auf den Zaun: Zaun ist nicht gleich Mauer — das Gespräch „über den Zaun" ist kommunikativ; die Mauer gibt lediglich ein Selbstecho wieder.

Erforderlich: »Bestellte« Natur

„Holzweg" ist eigentlich ein Holzabfuhrweg: breit und einladend führt er in den Wald. Wir folgen ihm (wie wir der modernen funktionalistischen Architektur folgten) willig und erwartungsvoll. Plötzlich bricht er in seiner ganzen Breite ab. Holzwege aus Sichtbeton: Stadtplanung und -gestaltung haben mit Komfort gelockt; Zweckhaftigkeit bestach. Die Sinnhaftigkeit des Wohnens ging darüber verloren.

Der amerikanische Soziologe Galbraith hat die Entwicklung der amerikanischen Stadt — denn in den USA ist die fatale Entwicklung noch viel weiter fortgeschritten — einmal wie folgt charakterisiert:

sie führe von „Metropolis" („Hauptstadt", voller vielgestalten Lebens) über „Profitopolis" (der allein am Nutzen orientierten Stadt) zu „Megalopolis" (Riesenstadt) und ende in „Nekropolis" (der Totenstadt, der toten Stadt — wo jeder nur für sich und am anderen vorbei lebe). Heimat liegt in der entgegengesetzten Richtung. Sie ist nicht Außensteuerung, sondern Mitwirkung, nicht Verfügbarkeit, sondern ein Sich-einrichten-können. So wie auch der junge Mensch sein eigenes Zimmer braucht, in dem er frei schalten und walten kann, um sich dabei selbst zu finden, verwirklichen zu können, braucht der Bürger eines demokratischen Staates den Einwirkungs- und Mitwirkungsraum.

Heimat ist Heimat, wenn Natur und Landschaft nicht ausnahmslos zerschlagen werden; wenn sie als solche erlebbar bleiben; die Ökologiebewegung hat sich solchen Natur-Schutzes angenommen. Sie muß freilich erkennen, daß ein sinnvolles Verhältnis zur Umwelt den „Eingriff" durchaus zuläßt, ja im Sinne der Humanisierung von Leben und Gesellschaft notwendig macht — wenn er maßstäblich bleibt und das natürliche Gleichgewicht nicht stört. Natur allein ist noch nicht Heimat; erst gestaltete Natur ist Heimat. Auch industriell gestaltete Landschaft. Die Eisenbahnen etwa, als Realisierung eines großen „Vernetzungstraumes", haben gezeigt, wie man Natur und Technik miteinander verbinden kann. Erst „Bewältigung" von Natur, die Natur nutzt, aber nicht ausbeutet, ermöglicht dem Menschen, reale Demokratie zu begründen. Ohne die Chance industriell erschlossener Bodenschätze

fielen wir aufs Agrarstaatliche zurück: Viele arbeiten auf den Feldern, damit wenige in den Parks lustwandeln können. Wir brauchen eine „bestellte Natur". Den Garten. Terre des Hommes.

Infra-Struktur — postmodern gesprochen (also im Sinne eines Fortschreitens und eines Zurückfallens) — bedeutet kleine, regionale, überschaubare Einheiten; small is beautiful; aber gleichzeitig übergreifende Einheit, Koordinierung, Kooperation. Aus dem Kleinen würde sonst das Kleinliche, Provinzielle im negativen Sinne. Das zukünftige Europa wird nicht eine Union von Vaterländern, sondern ein Vaterland für Regionen sein — oder es wird nicht sein.

Die „Masse Mensch" ist kein Problem, wenn eine Binnengliederung in Nachbarschaftsbereiche vorhanden ist und nicht alles in einem anonymen, konturlosen Brei zusammenfließt. Die Bürgerinitiativen sind in diesem Sinne auch ein Teil eines Gliederungsprinzips; man engagiert sich für etwas naheliegend Begrenztes, überschaubar Unmittelbares; für etwas, das einem nicht gleichgültig ist. Man sollte freilich dabei sehr darauf achten, daß der Blick fürs Allgemeine, für „ferne" Zusammenhänge, für Gesamtheit nicht verloren geht.

Heimat ist ein „Ort" und ein „Topos" (also „Raum" und „Gleichnis"): für die Chance, sich tätig und geistig, allein und zusammen mit den anderen verwirklichen zu können. Dann ist man nicht auf dem Holzweg. Mag der Pfad auch eng, beschwerlich, steinig, steil sein.

Blasmusik und Giebeldächer sind dann keine schiere „Heimat"-Kulisse mehr, wenn man die Musikanten selber eingeladen hat und sich selber zu Füßen der eigenen Giebelfassaden mit den Nachbarn zum Umtrunk niederläßt. Die zunehmende Häufigkeit solcher selbstorganisierter Straßen- und Platzfeste ist wie ein Gradmesser für ein neues Heimatempfinden, das die „Masse Mensch" binnengliedert.   Bild: Grohe

13

© Text: Dr. Hermann Glaser
© Photo: Manfred Grohe
Aus: Deutsches Institut für Fernstudien an der Universität Tübingen (Hg.), Zeitungskolleg
›Heimat Heute‹, Tübingen 1980, S. 12f (Basistexte/Zeitungsartikel)

M 7

Joseph von Eichendorff
Zwei Gesellen

1 Es zogen zwei rüst'ge Gesellen
Zum erstenmal von Haus,
So jubelnd recht in die hellen,
Klingenden, singenden Wellen
Des vollen Frühlings hinaus.

2 Die strebten nach hohen Dingen,
Die wollten, trotz Lust und Schmerz,
Was Rechts in der Welt vollbringen,
Und wem sie vorübergingen,
Dem lachten Sinnen und Herz.

3 Der erste, der fand ein Liebchen,
Die Schwieger kauft' Hof und Haus;
Der wiegte gar bald ein Bübchen,
Und sah aus heimlichem Stübchen
Behaglich ins Feld hinaus.

4 Dem zweiten sangen und logen
Die tausend Stimmen im Grund,
Verlockend' Sirenen, und zogen
Ihn in der buhlenden Wogen
Farbig klingenden Schlund.

5 Und wie er auftaucht' vom Schlunde,
Da war er müde und alt,
Sein Schifflein das lag im Grunde,
So still war's rings in die Runde,
Und über die Wasser weht's kalt.

6 Es singen und klingen die Wellen
Des Frühlings wohl über mir;
Und seh' ich so kecke Gesellen,
Die Tränen im Auge mir schwellen –
Ach Gott, führ' uns liebreich zu dir!

M 9   *Franz Kafka,* Der Aufbruch

Ich befahl mein Pferd aus dem Stall zu holen. Der Diener verstand mich nicht. Ich ging selbst in den Stall, sattelte mein Pferd und bestieg es. In der Ferne hörte ich eine Trompete blasen, ich fragte ihn, was das bedeute. Er wußte nichts und hatte nichts gehört. Beim Tore hielt er mich auf und fragte: »Wohin reitest du, Herr?« »Ich weiß es nicht«, sagte ich, »nur weg von hier, nur weg von hier. Immerfort weg von hier, nur so kann ich mein Ziel erreichen.« »Du kennst also dein Ziel?« fragte er. »Ja«, antwortete ich, »ich sagte es doch: ›Weg-von-hier‹, das ist mein Ziel.« »Du hast keinen Eßvorrat mit«, sagte er. »Ich brauche keinen«, sagte ich, »die Reise ist so lang, daß ich verhungern muß, wenn ich auf dem Weg nichts bekomme. Kein Eßvorrat kann mich retten. Es ist ja zum Glück eine wahrhaft ungeheuere Reise.«

Franz Kafka, Heimkehr

Ich bin zurückgekehrt, ich habe den Flur durchschritten und blicke mich um. Es ist meines Vaters alter Hof. Die Pfütze in der Mitte. Altes, unbrauchbares Gerät, ineinanderverfahren, verstellt den Weg zur Bodentreppe. Die Katze lauert auf dem Geländer. Ein zerrissenes Tuch, einmal im Spiel um eine Stange gewunden, hebt sich im Wind. Ich bin angekommen. Wer wird mich empfangen? Wer wartet hinter der Tür der Küche? Rauch kommt aus dem Schornstein, der Kaffee zum Abendessen wird gekocht. Ist dir heimlich, fühlst du dich zu Hause? Ich weiß es nicht, ich bin sehr unsicher. Meines Vaters Haus ist es, aber kalt steht Stück neben Stück, als wäre jedes mit seinen eigenen Angelegenheiten beschäftigt, die ich teils vergessen habe, teils niemals kannte. Was kann ich ihnen nützen, was bin ich ihnen und sei ich auch des Vaters, des alten Landwirts Sohn. Und ich wage nicht, an der Küchentür zu klopfen, nur von der Ferne horche ich, nur von der Ferne horche ich stehend, nicht so, daß ich als Horcher überrascht werden könnte. Und weil ich von der Ferne horche, erhorche ich nichts, nur einen leichten Uhrenschlag höre ich oder glaube ihn vielleicht nur zu hören, herüber aus den Kindertagen. Was sonst in der Küche geschieht, ist das Geheimnis der dort Sitzenden, das sie vor mir wahren. Je länger man vor der Tür zögert, desto fremder wird man. Wie wäre es, wenn jetzt jemand die Tür öffnete und mich etwas fragte. Wäre ich dann nicht selbst wie einer, der sein Geheimnis wahren will.

Aus: F. **Kafka**, Die Erzählungen, Frankfurt/M. 1961, S. 327.329
© 1936, 1937 by Heinrich Mercy Sohn, Prag
© 1946 by Schocken Books Inc., New York City, USA
© 1964 by Schocken Books Inc., New York City, USA
(Mit freundlicher Genehmigung des S. Fischer Verlages, Frankfurt/M.)

Gerd Heinz-Mohr, Das Gleichnis vom verlorenen Vater   M 10

Kennen Sie das Gleichnis vom verlorenen Vater? Folgende Geschichte erzählte mir einer in einem reichen Lande:
Ein Mann hatte zwei Söhne; und der jüngste sprach zu dem Vater: »Gib
mir, Vater, das Teil deiner Zeit und deiner Aufmerksamkeit, das Teil deiner
Freundschaft und deines Rates, das mir gehört.« Da teilte der Vater ihnen
das Gut: er bezahlte die Rechnungen für seinen Sohn, gab ihn in ein teures
Internat und versuchte sich einzureden, er habe die gebotene Pflicht seinem Sohn gegenüber völlig erfüllt.
Und nicht lange danach sammelte der Vater alle seine Interessen und Pläne
und zog ferne über Land, in das Gebiet der Aktien und Sicherheiten und
anderen Dinge, die einen Jungen nicht interessieren; und daselbst vergeu-
dete er die kostbare Gelegenheit, ein Kamerad seines Sohnes zu sein.
Als er aber die beste Zeit seines Lebens hingebracht und viel Geld verdient
hatte und plötzlich merkte, daß er doch nicht zu rechter Zufriedenheit gekommen war, da erwachte ein gewaltiger Hunger in seinem Herzen; und
es verlangte ihn nach Zuneigung und Freundschaft.
Und er ging hin und trat in einen Verband ein; der wählte ihn zum Vorsit-
zenden und ließ sich in der Öffentlichkeit durch ihn vertreten. Aber niemand brachte ihm wirkliche Freundschaft entgegen.
Da schlug er in sich und sprach: »Wie viele von meinen Bekannten haben
Söhne, die sie verstehen und von denen sie verstanden werden, sie sind
richtig gute Kameraden miteinander; ich aber verderbe hier im Hunger des
Herzens! Ich will mich aufmachen und zu meinem Sohn gehen und zu ihm
sagen: ›Junge, ich habe gesündigt gegen den Himmel und vor dir und bin
hinfort nicht mehr wert, daß ich dein Vater heiße; halte mich wie irgend-
einen deiner Bekannten!‹«
Und er machte sich auf und kam zu seinem Sohn. Da er aber noch ferne von
dannen war, sah ihn sein Sohn kommen, und er ward von Erstaunen ergriffen; doch anstatt ihm entgegenzulaufen und ihm um den Hals zu fallen,
trat er voll Unbehagen ein paar Schritte zurück.
Der Vater aber sprach zu ihm: »Junge, ich habe gesündigt gegen den Himmel und vor dir. Ich bin hinfort nicht mehr wert, daß ich dein Vater heiße.
Verzeih mir, und laß uns Freunde sein!«
Aber der Sohn sagte: »Nein! Ich wünschte, es wäre noch möglich. Aber es
ist zu spät. Damals, als ich Freundschaft und guten Rat brauchte, hattest du
keine Zeit. Die Ratschläge erhielt ich dann von anderen, und sie waren
nicht gut. Was haben du und ich einander noch zu sagen?«
Diese Geschichte erzählte mir einer in einem reichen Lande. Und wie sie
weiterging, konnte er noch nicht sagen.

Aus: **L. Graf/M. Lienhard/R. Pertsch** (Hg.), Geschichten zum Weiterdenken, München/
Mainz ³1985, S. 201
© Christian Kaiser Verlag, München

M 11   Haus zwischen Felsen, Bretagne

Quelle unbekannt

Matthäus 7,24–27 (Abschluß der Bergpredigt)

24
Wer meine Worte hört und sich nach ihnen richtet, wird am Ende dastehen
wie ein Mann, der überlegt, was er tut, und deshalb sein Haus auf einen fel-
sigen Grund baut.

25   Wenn dann ein Wolkenbruch niedergeht, die Flüsse über die Ufer treten und der Sturm tobt und an dem Haus rüttelt, stürzt es nicht ein, weil es
auf Fels gebaut ist.

26   Wer dagegen meine Worte hört und sich nicht nach ihnen richtet,
wird am Ende wie ein Dummkopf dastehen, der sein Haus auf Sand baut.

27   Wenn dann ein Wolkenbruch niedergeht, die Flüsse über die Ufer treten, der Sturm tobt und an dem Haus rüttelt, stürzt es ein, und der Schaden
ist groß.

M 12

Quelle unbekannt

Der Papalagi (der Weiße, Fremde) wohnt wie die Seemuschel in einem festen Gehäuse. Er lebt zwischen Steinen, (. . .). Steine sind rings um ihn, neben ihm und über ihm. Seine Hütte gleicht einer aufrechten Truhe aus
Stein. Einer Truhe, die viele Fächer hat und durchlöchert ist. Man kann nur
an einer Stelle des Steingehäuses ein- und ausschlüpfen. (. . .) An dieser
Stelle ist ein großer Holzflügel, den man kräftig zurückstoßen muß, ehe
man in die Hütte hinein kann.

Aus: **E. Scheurmann**, ›Der Papalagi‹. Die Reden des Südsee-Häuptlings Tuiavii aus Tiavea,
Zürich 1979, S. 33
© Tamar + Staehelin Verlag, CH–8034 Zürich

M 13   *Hilde Domin,* Bau mir ein Haus
(– – –)
Laß uns landeinwärts gehn,
wo die kleinen Kräuter die Erde verankern.
Ich will einen festen Boden,
grün, aus Wurzeln geknotet
wie eine Matte.
Zersäge den Baum,
nimm Steine
und bau mir ein Haus.

Ein kleines Haus
mit einer weißen Wand
für die Abendsonne
und einen Brunnen für den Mond
zum Spiegeln,
damit er sich nicht,
wie auf dem Meere,
verliert.
Ein Haus
neben einem Apfelbaum
oder einem Ölbaum,
an dem der Wind
vorbeigeht
wie ein Jäger, dessen Jagd
uns
nicht gilt.

Aus: **H. Domin,** Nur eine Rose als Stütze, Frankfurt/M. 1959, S. 22
© S. Fischer Verlag GmbH, Frankfurt/M.

Mascha Kaléko, Sehnsucht nach dem Anderswo

Drinnen duften die Äpfel im Spind,
Prasselt der Kessel im Feuer.
Doch draußen pfeift Vagabundenwind
Und singt das Abenteuer!

Der Sehnsucht nach dem Anderswo
Kannst du wohl nie entrinnen:
Nach drinnen, wenn du draußen bist,
Nach draußen, bist du drinnen.

Aus: **M. Kaléko,** In meinen Träumen läutet es Sturm, dtv 1294, München 1977, S. 71
© Deutscher Taschenbuch Verlag GmbH & Co. KG, München

Pieter Brueghel, Der Turm von Babel (1563)   **M 14**

Martin Schwarz, Der Turm von Babel (nach Brueghel d.Ä.)
(1974/75)

Beide Abbildungen aus: **G. Otto / M. Otto,** Auslegen. Ästhetische Erziehung als Praxis des Auslegens in Bildern und des Auslegens von Bildern, Velber (Friedrich Verlag) 1987
Abb. M. Schwarz: © Württembergischer Kunstverein, Stuttgart

M 15   Poster »Haus mit erleuchtetem Fenster«

Poster Nr. 9 der Aktion »im gespräch«
© Edition Rau; Photo: Hans Greger

Felszeichnung aus der Bronzezeit in Litleby, Südschweden   **M 16**

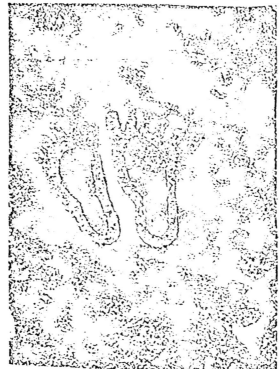

Quelle unbekannt

Eine Erzählgeschichte, ich weiß nicht, von wem.
Ein alter Mann, leicht gegen den Wind gebeugt, geht am Strand entlang.
Vor ihm liegt eine Unendlichkeit von Himmel, Wasser und Sand. Hinter
ihm verliert sich seine Spur in der Ferne. Er hat die Einsamkeit gesucht, um
sich über vieles klar zu werden, über sein Leben. Das Gefühl der Verlassenheit steigt in ihm hoch. Er schreitet kräftig aus.
Nun bleibt er stehen, dreht sich um, stemmt den Rücken gegen den Wind.
Er sieht seiner Spur entlang zurück – bis zu dem kleinen Punkt am Horizont, aus dem sie sich speist.
Neben seiner Spur verläuft eine zweite, von Anfang an, bis zu ihm hin . . .
Der Greis lächelt in sich hinein: »Der Christus, aus meiner Jugendzeit, neben mir?« Er schaut die ganze Spur zurück . . . An mehreren Stellen, sieht
er, verschmelzen die beiden Spuren zu einer . . . »Siehst du«, sagt der
Mann, »wenn es hart auf hart ging, mußte ich doch alleine gehen.« – »Du
irrst«, sagt Christus zu ihm, »dort habe ich dich getragen.«

Christoph Bizer

M 17

Gottfried Orth
Wege

wir gehen, eilen, rennen, schlendern
miteinander
getrennt
gegeneinander
vereint und Hand in Hand.

wir gehen, eilen, rennen, schlendern
aufeinander zu:
»ach, so bist du wirklich!«
aneinander vorbei:
Interesselosigkeit.

wir gehen, eilen, rennen, schlendern
ziellos
ohne Sinn
mit einem Ziel vor Augen
hoffnungsvoll suchend.

einer wanderte seiner Wege
in Palästina
vor vielen, vielen Jahren
er wanderte seiner Wege
um andere gehen zu lehren
auf dem Weg:
wahr und lebendig:
miteinander auch im gegeneinander.

Quelle unbekannt

Heinz-Dieter Knigge   **M 18**
Text-Film-Predigt: Warten – auf wen? (Mt 11,2–6)

(. . .) Ich möchte Ihnen einen polnischen Kurzfilm zeigen mit dem Titel
»Der Weg«, den ich neulich auf einer religionspädagogischen Tagung ken-
nengelernt habe und der mich angerührt hat, der Sie vielleicht auch auf eine
Weise erreicht, wie es durch Worte nicht immer gelingt.
Ein Mensch geht seinen Weg. Er ist nicht eben. Er führt hügelan und hügel-
ab. Sie oder ich könnten diesen Weg gehen.
Eine Kreuzung kommt. Wohin soll ich mich wenden? Nach rechts oder
nach links? Lockende Signale – von beiden Seiten. Entscheidungssituation.
Uraltes Bild: Herakles am Scheideweg. Oft geht es uns ähnlich: Soll ich
mich trennen von meinem Partner oder nicht? Soll ich zur Bundeswehr gehen oder den Wehrdienst verweigern? Das Gesetz trifft mich mit seinem
Du sollst! Du sollst nicht! – Aber so eindeutig ist das Gesetz meistens
nicht. Diese Forderung liegt im Widerstreit mit jener. Was soll ich tun? Dieses Lebensangebot widerspricht jenem. Worauf soll ich hören? Wie mich
entscheiden? Ein Stück rechts gehen. Aber das war keine gute Entscheidung. Also zurück zum Ausgangspunkt. Den linken Weg probieren. Aber
ist der richtig für mich? Also: Nochmals zurück. Diese lockenden Signale!
Diese eindringenden Stimmen von rechts und links! Das mußt Du tun.
Nein dies! Was soll ich machen?
Ich versuche das scheinbar Unmögliche. Ich teile, ich spalte mich. Ich weiß,
so wie ich lebe, kann ich eigentlich nicht weiterleben angesichts unserer
sterbenden Wälder, angesichts des Hungers in der Welt und der verhun-
gernden Menschen: Äthiopien! Angesichts des atomaren Damokles-
schwertes, das über uns allen hängt. Ich sage: Sowohl als auch. Ich teile
mich. Ich gehe den rechten und den linken Weg.
Aber Sehnsucht überfällt mich. Ich möchte heil und unversehrt in einer
heilen Welt leben. Ich sehne mich nach Ganzheit, nach Identität; danach,
daß mein Glauben und mein Leben zusammenpassen. Der, der ich sein
wollte, grüßt den, der ich bin . . . Diese zwei Seelen in meiner Brust! Diese
Sehnsucht nach Harmonie, nach Frieden, nach Vereinigung dessen, was
geheilt und getrennt ist!
Niemand steigt zweimal in denselben Fluß! Kein Weg führt zurück zu den
Träumen von früher, zur Naivität der Kindheit, zu den Idealen der Jugend,
zum Eindeutigkeitswunsch. Die beiden Hälften finden sich wieder. Aber
sie rutschen aneinander herum. Sie passen nicht mehr recht zueinander. Da
kann sich die rechte Hälfte kleiner machen und die linke versuchen, größer
zu werden. Es hilft nichts. Da bleibt eine Unstimmigkeit, eine Narbe, ein
nicht zu verdeckender Bruch!
Wir hinken, wie Jakob, nachdem er mit dem Engel gekämpft hatte. Der
Glaube macht unser Leben manchmal nicht leichter, sondern scheinbar
schwerer. Wir können uns nicht mehr soviel verbergen und vormachen

über uns selbst, wie wir's ohne Glauben vielleicht könnten. Ich denke an
das, was Johannes aus seinem Gefängnis heraus Jesus fragt: »Bist Du, der
da kommen soll?« Und ich denke an Jesu Antwort: »Blinde sehen und
Lahme gehen, Aussätzige werden rein und Taube hören, Tote stehen auf
und Armen wird das Evangelium gepredigt. Und selig ist, wer nicht an mir
irre wird.« Und ich begreife: Jesus ist der, der den hinkenden Menschen an-
nimmt und ganz sein läßt, der uns in unserer Blindheit die Augen öffnet,
der uns gehen läßt, obwohl wir lahm sind, der uns rein macht, obwohl wir
soviel Unreinheit in uns haben, der uns aufweckt aus dem Todesschlaf unserer Verzweiflung und Ohnmacht, der uns sagt, was uns kein Gesetz zu
sagen vermag, der uns das Evangelium predigt: Du hinkender, beschädigter Mensch bist angenommen von Gott mit Deinen Ungereimtheiten, Deinen Inkonsequenzen, Deinen Verletzungen und Widersprüchen, mit Deiner Schuld.
Auf diesen Jesus möchte ich warten und dieser Hoffnung ein Fest feiern.
Und ich werde mir selber sympathisch unter dem Zuspruch Jesu. Und ich
kann andere Menschen gut oder wenigstens besser leiden, die hinken und
humpeln wie ich. Ich brauche sie nicht mehr an der Elle des Gesetzes zu
messen und nach ihr zu beurteilen. Ich kann Widersprüche und Inkonsequenzen ertragen bei mir und bei anderen, ich kann menschlich sein. Ich
wünsche es mir jedenfalls. (...)

M 19

Aus: **P. Tillich,** Meine Suche nach dem Absoluten. Mit Zeichnungen von Saul Steinberg,
Wuppertal 1969, S. 105
© Peter Hammer Verlag, Wuppertal-Barmen

M 19

Aus: **P. Tillich,** Meine Suche nach dem Absoluten. Mit Zeichnungen von Saul Steinberg,
Wuppertal 1969, S. 76
© Peter Hammer Verlag, Wuppertal-Barmen

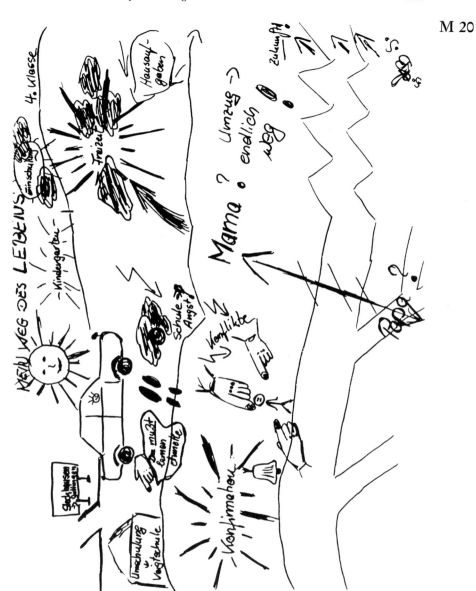

M 21   1: Doppelspirale

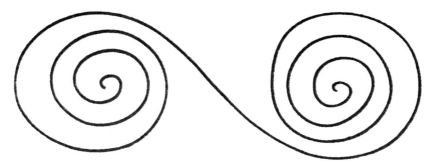

Aus: **Hermann Kern**, Labyrinthe, München ³1987, © Prestel-Verlag, München

2: Ur-Labyrinth, kretischen Typs

Aus: **Hermann Kern**, Labyrinthe, München ³1987, © Prestel-Verlag, München

3: Labyrinth in Chartres, 12. Jh.

Aus: **Hermann Kern**, Labyrinthe, München ³1987, © Prestel-Verlag, München

4: Labyrinth im Rathaus zu Gent, 1533   **M 21**

Aus: **Hermann Kern,** Labyrinthe, München ³1987, © Prestel-Verlag, München

5: Rechteckiger Irrgarten von Giovanni Fontana (Venedig, ca. 1395–1455)

Aus: **Hermann Kern,** Labyrinthe, München ³1987, © Prestel Verlag, München

M 22   *F. Hundertwasser,* Der große Weg (Nr. 224)

© Greuner Janura Verlag, Glarus/Schweiz

»Die Spirale ist das Symbol des Lebens und des Todes. Die Spirale liegt genau dort, wo die leblose Materie sich in Leben umwandelt. Es ist meine
Überzeugung und ich glaube, es ist auch religiös verankert und auch Wissenschaftler können es bestätigen, daß das Leben irgendwie einmal beginnen muß und man sich aus der inneren Masse entwickelt hat, und das geschieht in Form einer Spirale. Ich bin z. B. davon überzeugt, daß der Schöpfungsakt sich in Spiralform vollzogen hat. Es heißt doch in der Bibel, zuerst
war nur lebloses Gestein und dann kam langsam das Leben. Ich glaube, der
Akt des Lebenseinhauchens in eine tote Materie vollzieht sich in Spiralform. Wenn man die niedrigen und höheren Lebewesen beobachtet, wird
man immer wieder auf die Spiralform stoßen. Die fernen Sterne bilden sich
in Spiralformation, auch die Moleküle. Unser ganzes Leben geht in Spiralform vor sich . . .«

F. **Hundertwasser** zu seinem Bild »Der große Weg«, in: Ausstellungskatalog 1975, Glarus/
Schweiz 1975; © Greuner Janura Verlag, Glarus/Schweiz

M 23

Aus: Sehen und Erkennen – Handbilder für den Religionsunterricht, Loccum 1983
© Religionspädagogisches Institut der evangelisch-lutherischen Landeskirche Hannovers, Loccum

M 24   Herr, zeige uns den Weg

704

1. Herr, zei - ge uns den Weg, den dei - ne
2. Herr, zei - ge uns das Kreuz, an dem du
3. Herr, brich mit uns das Brot wie einst in
4. Herr, zei - ge uns den Weg, der uns zur

1. Lie - be geht, daß wir den Spu - ren fol - gen,
2. heu - te trägst, daß wir es auf uns neh- men,
3. Em - ma - us, daß uns - re Her - zen bren- nen
4. Um- kehr führt, daß wir den Spu - ren fol - gen,

1. die du auf un - sern Stra - ßen hin - ter - läßt,
2. aus Lie - be, weil du un - ser Bru - der bist,
3. und wir er - fah - ren, daß du für uns lebst,
4. die du auf un - sern Stra - ßen hin - ter - läßt,

1.-4. da - mit wir le - ben als Le - ben - di - ge.

Text: Dieter Frettlöh
Melodie: Volker Gwinner
Aus: »Beiheft 83«, Nr. 704
© Hänssler-Verlag, Neuhausen–Stuttgart

Thomas Zacharias, Gang nach Emmaus   M 25

Aus: **Thomas Zacharias,** Farbholzschnitte zur Bibel, München o. J.; © Kösel-Verlag, München

M 26

Fotoarrangement: **Alfred Gescheidt,** Photography Annual 1972

Gott gab uns Atem   M 27

619

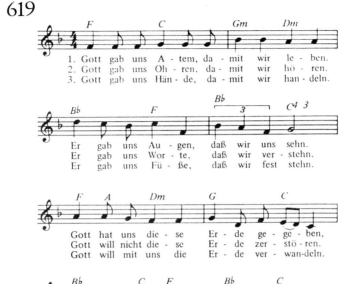

1. Gott gab uns A - tem, da - mit wir le - ben.
2. Gott gab uns Oh - ren, da - mit wir hö - ren.
3. Gott gab uns Hän - de, da - mit wir han - deln.

Er gab uns Au - gen, daß wir uns sehn.
Er gab uns Wor - te, daß wir ver - stehn.
Er gab uns Fü - ße, daß wir fest stehn.

Gott hat uns die - se Er - de ge - ge - ben,
Gott will nicht die - se Er - de zer - stö - ren.
Gott will mit uns die Er - de ver - wan-deln.

daß wir auf ihr die Zeit be - stehn.
Er schuf sie gut, er schuf sie schön.
Wir kön - nen neu ins Le - ben gehn.

Gott hat uns die - se Er - de ge - ge - ben,
Gott will nicht die - se Er - de zer - stö - ren.
Gott will mit uns die Er - de ver - wan-deln.

daß wir auf ihr die Zeit be - stehn.
Er schuf sie gut, er schuf sie schön.
Wir kön- nen neu ins Le - ben gehn.

Text: Eckart Bücken
Melodie: Fritz Baltruweit, © Musikrechte im Dagmar Kamenzky Musikverlag, 2000 Hamburg 73
Aus: Umkehr zum Leben. Kirchentagsliederheft '83, Nr. 619 (Hänssler-Verlag, Neuhausen-Stuttgart)

M 28 *Hans Georg Anniès*, Die Töpferin (Holzschnitt)

Veröff. von: Katechetisches Amt, Heilsbronn, als Motivationsblatt 81-04-39
© Hans Georg Anniès

Kain und Abel   **M 29**

© Musée National du Louvre, Paris (Service de documentation photographique de la
Réunion des musées nationaux, Paris)

M 29   Gottes Bund mit Noah (Ausschnitt)

Pag. 5 der Wiener Genesis (Cod. theol. graec. 31); © Österreichische Nationalbibliothek, Bild-Archiv und Porträt-Sammlung, Wien

Die Steinigung des Stephanus   M 29

M 30   Fresco vom Torbogen von St. Clemente de Taull (um 1225)

Im Klassensatz erhältlich beim Deutschen Evangelischen Kirchentag, Postfach 480, 6400 Fulda

Hand des Gekreuzigten (Isenheimer Altar)   M 31

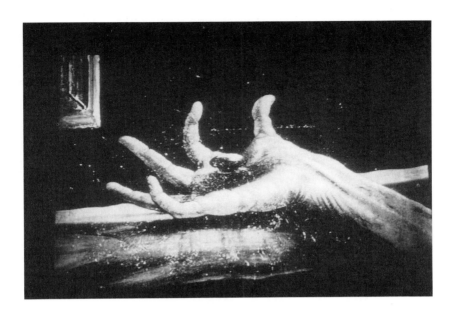

M 32

In Ängsten – und siehe, wir leben
Das Poster zum 16. Deutschen Evangelischen Kirchentag, Frankfurt am Main 1975
© Graphik: Hans-Jürgen Rau

M 33

Entnommen aus: **B. Jendorff,** Beiheft zu den Schallplatten und Kassetten »Wir haben Jesus
gesehen«, Folge 2, Limburg 1979, S. 35
© Lahn-Verlag, Limburg

M 34   *Klaus Staeck,* Zur Konfirmation (1970), Postkarte

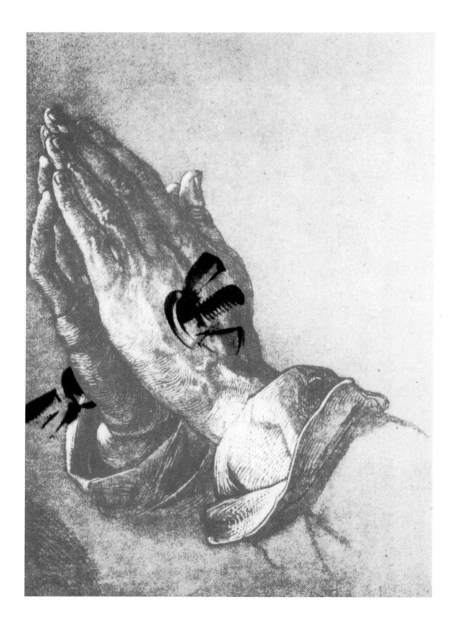

Brotbrechende Hände   **M 35**

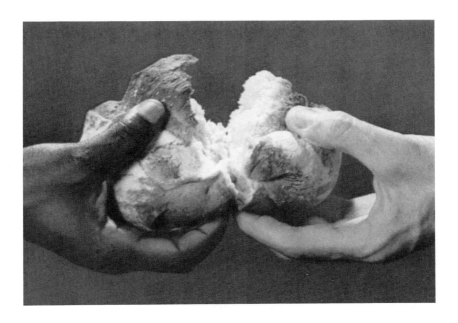

© Hans-Jürgen Rau (Studio Rau)

M 36   Die Schöpfung bewahren

© Heinrich Schreiber

M 37

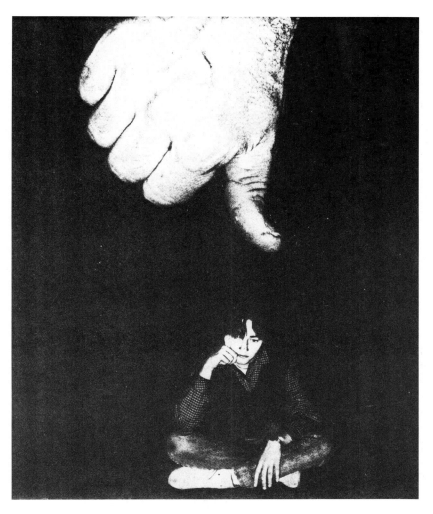

Institut für Hörgeschädigte
Fotogruppe Straubing (Ines Reichl, Gabi Stadler, Steffi Handler, Sabine
Schuhmann)

Aus: Jugend der achtziger Jahre, hg. vom Kinder- und Jugendfilmzentrum in der Bundesrepublik Deutschland u. a., Bonn 1985, S. 67; © ebd.

M 38 Ich erinnere mich, daß es zwei Götter gab: den lieben Gott meiner Mutter und den lieben Gott von Schwester Lioba, der auch der von Vikar Wittkamp war. Der liebe Gott Schwester Liobas war der Vater des nickenden Negerkindes aus Gips. Für einen Groschen zehnmal nicken. Der liebe Gott Schwester Liobas war stets darauf bedacht, alles zu sehen, alles zu wissen und alles zu bestrafen. Der liebe Gott Schwester Liobas hatte ewiges Leben und war mächtig und böse.

Der liebe Gott meiner Mutter war der Vater des Schutzengels. Der liebe Gott meiner Mutter war ein freundlicher alter Herr, dem die Himmelsschlüssel aus der Hand gefallen waren und jetzt als Blumen am Sielbach wuchsen. Der liebe Gott meiner Mutter war im Sommer ein leidenschaftlicher Gärtner, und ab September arbeitete er aushilfsweise in der himmlischen Bäckerei, zusammen mit den kleinen pausbackigen Engeln, deren Schicht mit dem Abendrot begann. Meine Mutter kannte alle Sorten der Plätzchen, die dort für Weihnachten gebacken wurden, und konnte sie mir aufzählen. Der liebe Gott meiner Mutter wäre niemals auf den Gedanken gekommen, hinter Kindern herzuspionieren, er machte lieber beide Augen zu und schickte den Schutzengel an die rechte Seite meines Bettes, wo er die ganze Nacht Wache hielt. Ich konnte seinen Engelsatem spüren. Der liebe Gott meiner Mutter hatte nur einen Fehler: Er starb, als ich fünf wurde und Schwester Lioba sagte: Seinen einzigen Sohn opferte Gott für die Sünden der Menschen, auch für deine Sünden, und mich dabei ansah.

Aus: **Jutta Richter**, Himmel Hölle Fegefeuer. Versuch einer Befreiung, © Beltz Verlag, Weinheim und Basel 1975 (Programm Beltz & Gelberg, Weinheim)

Tilman Moser, Abrechnung mit Gott   M 39

Aber weißt du, was das Schlimmste ist, das sie mir über dich erzählt haben?
Es ist die tückisch ausgestreute Überzeugung, daß du alles hörst und alles
siehst und auch die geheimen Gedanken erkennen kannst. Hier hakte es
sehr früh aus mit der Menschenwürde; doch dies ist ein Begriff der Er-
wachsenenwelt. In der Kinderwelt sieht das dann so aus, daß man sich
elend fühlt, weil *du* einem lauernd und ohne Pausen des Erbarmens zu-
siehst und zuhörst und mit Gedankenlesen beschäftigt bist. Vorübergehend mag es gelingen, lauter Sachen zu denken oder zu tun, die dich er-
freuen oder die dich zumindest milde stimmen. Ganz wahllos fallen mir ein
paar Sachen ein, die dich traurig gemacht haben, und das war ja immer das
Schlimmste: dich traurig machen – ja, die ganze Last der Sorge um dein Befinden lag beständig auf mir, du kränkbare, empfindliche Person, die schon
depressiv zu werden drohte, wenn ich mir die Zähne nicht geputzt hatte.
Also: Hosen zerreißen hat dir nicht gepaßt; im Kindergarten mit den anderen Buben in hohem Bogen an die Wand pinkeln hat dir nicht gepaßt,
obwohl das ohne dich ein eher festliches Gefühl hätte vermitteln können;
die Mädchen an den Haaren ziehen hat dich verstimmt; an den Pimmel fassen hat dich vergrämt; die Mutter anschwindeln, was manchmal lebens-
notwendig war, hat dir tagelang Kummer gemacht; den Brüdern ein Bein
stellen brachte tiefe Sorgenfalten in dein sogenanntes Antlitz.
(. . .)
»Herr, du erforschest mich und kennst mich. Ich sitze oder stehe, so weißt
du es; du verstehest meine Gedanken von ferne. Ich gehe oder liege, so bist
du um mich und siehest alle meine Wege. Denn siehe, es ist kein Wort auf
meiner Zunge, das du, Herr, nicht alles wissest . . . Wo sollte ich hingehen
vor deinem Geist, und wo sollte ich hinfliehen vor deinem Angesicht?
Führe ich gen Himmel, so bist du da. Bettete ich mir in die Hölle, siehe, so
bist du auch da.« (Psalm 139)
Der Kommentator der sogenannten Stuttgarter Jubiläumsbibel, die ich zur
Konfirmation erhielt, vermerkt hier über den Psalmisten und also über den
Leser:
»In allen nur denkbaren Lagen weiß er sich vom lebendigen Gott beobachtet und in seinem Denken, Reden und Tun durchschaut . . . Die Worte, die
ihm auf der Zunge liegen, ja die Gedanken, die noch ferne sind, die ihm selber noch nicht einmal zum Bewußtsein gekommen sind – Gott kennt sie.«
Weißt du, wieviel Drohung und Unentrinnbarkeit unter der Oberfläche
dieser Lobpreisung liegen? Und was meinst du, wie solche Liederverse auf
ein verwirrtes und verzweifeltes Seelenleben wirken, das vorübergehend
die Orientierung verloren hat und eigentlich Menschen suchen müßte, die
ihm weiterhelfen: »Weiß ich den Weg auch nicht, du weißt ihn wohl!«
Oder: »So nimm denn meine Hände und führe mich.« Oder: »Befiehl du
deine Wege und was dein Herze kränkt, der allertreusten Pflege des, der

den Himmel lenkt.« – Gesungen nach den einschmeichelndsten Melodien, die einem in der Verlorenheit die Tränen in die Augen treiben, weil bei dir alles in Ordnung gebracht zu sein scheint. Sind Menschen je warmherziger zur Selbstaufgabe ermuntert worden, sind kindliche Geborgenheitsbedürfnisse, Liebes- und Orientierungssehnsucht je inniger formuliert worden, um sie auf dich, einen riesigen Toten, zu lenken? Vieles von dem, was zu deinem Lobpreis und Gottesdienst erfunden worden ist, hat die Wirkung, einen süchtig zu machen. Wenn du einen einmal so weit hast, daß man diese Art von Seelennahrung akzeptiert und braucht und auf jene Sättigung hofft, die du in unwahrscheinlicher Dreistigkeit in deiner Schrift als unmittelbar greifbar anbietest, dann ist man verloren. Dein Angebot ist ausgerichtet auf die tiefsten, im Leben unerfüllt gebliebenen Sehnsüchte der Menschen. Was Menschen nicht geben können oder wollen, kannst du geben!

T. Moser, Gottesvergiftung, Frankfurt/M. 1976, S. 13f.41ff.
© Suhrkamp Verlag, Frankfurt/M.

Psalm 139,1–18   M 40
»Jahwe, du hast mich erforscht und kennst mich!«

1 Dem Chorleiter. Von David. Ein Psalm.
   Jahwe, du hast mich erforscht und kennst mich,
2 du weißt, ob ich sitze oder aufstehe,
   du merkst auf mein Vorhaben von ferne.
3 Mein Wandeln und Ruhen – du prüfst es,
   mit allen meinen Wegen bist du vertraut.
4 Ja, es ist kein Wort auf meiner Zunge,
   das du, Jahwe, nicht genau kenntest.
5 Von hinten und von vorne umschließt du mich,
   legst auf mich deine Hand.
6 Zu wunderbar ist die Erkenntnis für mich;
   zu hoch, ich kann sie nicht fassen.
7 Wohin könnte ich gehen vor deinem Geist,
   wohin fliehen vor deinem Angesicht?
8 Stiege ich zum Himmel empor – so bist du dort;
   machte ich mir ein Lager in der Unterwelt – so bist du auch hier!
9 Würde ich die Schwingen der Morgenröte erheben
   und ließe mich nieder am äußersten Meer –
10 so würde selbst dort deine Hand mich ergreifen
   und deine Rechte mich fassen.
11 Und spräche ich: »Nur Finsternis möge mich decken,
   und Nacht sei das Licht um mich her!«,
12 so wäre auch Finsternis nicht finster vor dir,
   und die Nacht leuchtete wie der Tag.
13 Ja, du bist es, der meine Nieren geschaffen,
   mich gewoben im Leibe der Mutter!
14 Ich danke dir, daß ich so wunderbar geschaffen!
   Wunderbar sind deine Werke!
   Meine Seele erkennt das gar wohl!
15 Vor dir war mein Gebein nicht verborgen,
   als ich im geheimen gemacht ward,
   bunt gewirkt in den Tiefen der Erde.
16 Schon in der Urgestalt sahen mich deine Augen!
   In dein Buch ward geschrieben jeden Tag!
   Alle meine Tage waren gestaltet,
   und war doch keiner vorhanden!
17 Für mich aber – wie schwer sind deine Gedanken, o Gott!
   Wie gewaltig ist ihre Summe!
18 Würde ich sie zählen, es sind mehr als der Sand!
   Wäre ich zu Ende – ich wäre noch immer bei dir!

Übersetzung: **H.-J. Kraus**, Psalmen. 2. Teilbd. (Psalmen 64–150), Bibl. Kommentar Altes
Testament, Bd. XV/2, Neukirchen-Vluyn ⁴1972, S. 913f
© Neukirchener Verlag, Neukirchen-Vluyn

M 41

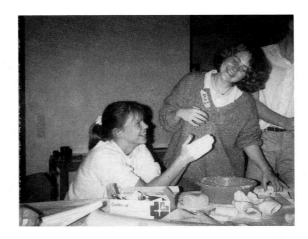

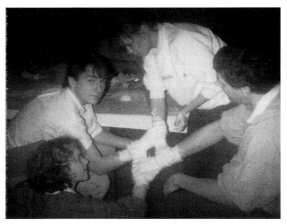

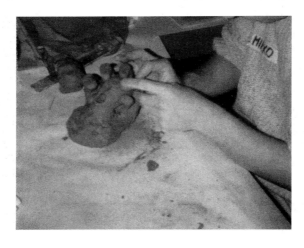

Gemeinschaft   M 41

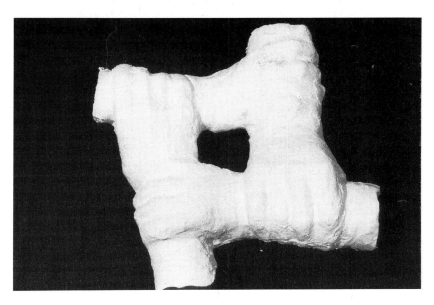

Schöpfung

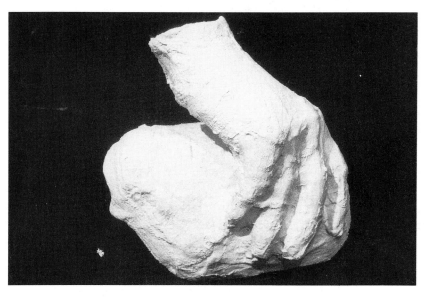

M 42

Flehen/Verzweiflung   M 42

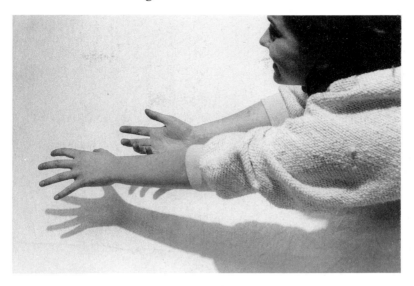

Gewalt

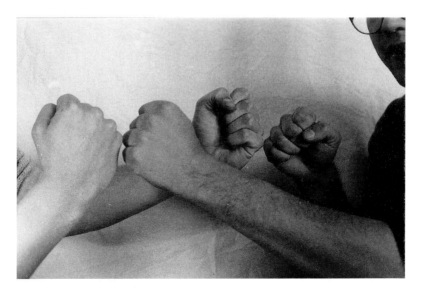

M 42   Segen

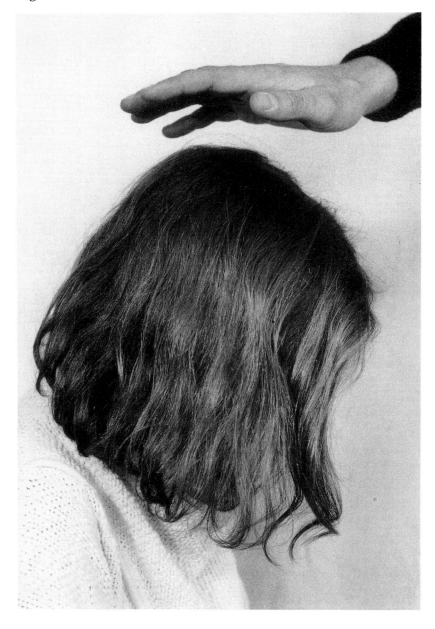

Annäherungen eines Mißtrauischen

Nachwort von Ingo Baldermann

Ein sicherer Maßstab für die Qualität eines Buches ist, ob es auch mißtrauische Leser zu gewinnen vermag. Ich war ein mißtrauischer Leser. Mein Mißtrauen gegen Begriff und Vertreter der Symboldidaktik hatte einfache Gründe:

– Vor allem bin ich tief mißtrauisch gegen alle Versuche, die Sache des Religionsunterrichts mit dem zu identifizieren, was wir mit einem »Dritten Auge« wahrnehmen. Ich halte die Diesseitigkeit des Glaubens, von der Bonhoeffer schrieb und die in seinen letzten Briefen immer deutlicher wurde, für das schlechthin Fundamentale unseres Religionsunterrichts, halte seine Kritik der Religion nach wie vor für im Kern berechtigt und denke, daß wir nur von diesen Voraussetzungen aus die Schnittpunkte zwischen den Erfahrungen der Schüler und denen der Bibel finden werden.

– Ich bin deshalb auch mißtrauisch gegen einen didaktischen Ansatz, der den Bildern einen so entscheidenden Platz einräumt. Nach der Medienwelle scheint mir ein sehr kritischer, sparsamer Umgang mit Bildern sowohl aus theologischen wie auch aus Gründen einer didaktischen Ökologie dringend geboten.

– Mißtrauisch bin ich schließlich gegen einen Begriff, der so benutzt werden kann, daß er alles und gar nichts sagt. Jeder Unterricht in jedem Fach ließe sich mit einigem Fug und Recht als Symboldidaktik bezeichnen. Ich wünsche mir für die didaktische Diskussion Begriffe mit scharfen, polemischen Konturen.

Aber Peter Biehl hat es immer wieder verstanden, seinen Leser aus der Ekke verärgerten Widerspruches zu holen und auf Wege mitzunehmen, die zugegebenermaßen zu interessanten Aussichtspunkten führten.

Mit solcher Neugier und solchem Mißtrauen also lasse ich mich von ihm in die Symboldidaktik einführen. Und dabei finde ich einen Symbolbegriff, der durchaus scharfe Kanten hat, der keineswegs dem Bild das Prae vor dem Wort einräumt, der auch nicht das Dritte Auge braucht, sondern sich auf die Knotenpunkte der Erfahrung konzentriert und auf den Vorgang, in dem sich komplexe Erfahrungen zu einfachen, mitteilbaren Zeichen verdichten. Ich entdecke didaktische Wege, die versprechen, in der Frage der Elementarisierung noch ein Stück weiter voranzukommen; ich mache selbst neue Entdeckungen an biblischen Symbolen; ich sehe neue Möglichkeiten, in den schwierigen Fragen emotionaler Erziehung jedenfalls ein Stück weiter voranzukommen. Und hatte ich den (gewiß nicht ganz unbegründeten) Verdacht, Symboldidaktik könne sich auf zeitlose Erfahrungen und Bilder verlegen und darüber die heute mit beispielloser Dringlichkeit gestellte Frage der Hoffnung übergehen, so zeigt Peter Biehl, daß der Umgang mit der Geschichte und insbesondere die Sprache der Hoffnung auf Symbole überhaupt nicht verzichten können.

Am stärksten aber hat mich von der didaktischen Notwendigkeit eines solchen Umganges mit Symbolen überzeugt, was über die Brückenfunktion der Symbole grundsätzlich und praktisch gesagt wird. Ich würde das eher eine Verknüpfungs- oder Knotenfunktion nennen: Sie verknüpfen unterschiedliche Erfahrungen, Erfahrungen verschiedener Subjekte, Erfahrungen mit Zeichen, Erfahrungen mit Überzeugungen, die des einzelnen mit denen der Gesellschaft, Rationalität und Emotionalität, die Gegenwart mit der Geschichte, die Vergangenheit mit der Hoffnung, die Verheißung mit der Forderung. Die Verfasser haben damit wirklich einen Knotenpunkt der didaktischen Reflexion erfaßt (sozusagen einen Meta-Knoten), und wie sie es von den Symbolen sagen, so ist auch ihr Ansatz nicht abstrakt, doktrinär und einengend, sondern anregend, er öffnet die Augen für neue Entdeckungen und fordert die Kreativität des Lesers.

Im Rückblick wird mir deutlich, wie sehr sich der Symbolbegriff für die didaktische Reflexion anbot. Die Entdeckung seiner didaktischen Schlüsselrolle war geradezu notwendig. Sie ist eingebettet in große geistesgeschichtliche und engere sprachwissenschaftliche Zusammenhänge, die Peter Biehl so durchsichtig macht, daß sich der/die Leser/in nicht wie zwischen den steilen Felswänden der Fachsprache eingeschlossen, sondern zu einem befreienden Gipfelblick mitgenommen fühlen kann. Und noch anderes macht den Symbolbegriff didaktisch attraktiv: Er erlaubt eine Systematisierung, die sich nicht im Raum abstrakter Begriffe abspielt, sondern ganzheitliches Verstehen einschließt, die eine Reduktion auf überschaubare Zusammenhänge ermöglicht, ohne daß die Komplexität der Erfahrung, Anschaulichkeit und Emotionalität ausgeblendet werden. Das wird es leichter machen, Unterrichtsplanungen vorzulegen, die übersichtlich sind, ohne platten Mißverständnissen Vorschub zu leisten, die sich an wesentlichen Erfahrungen der Schülerinnen und Schüler und zugleich an theologisch zentralen Sachverhalten orientieren.

Bei all diesen Stärken behält der Begriff des Symbols eine deutliche Schwäche. Unser Sprachgebrauch ist ambivalent; wir sprechen zwar von Symbolen der Hoffnung und von Symbolfiguren des Widerstandes, aber in dem geläufigen, auf eine einseitige Wirklichkeitswahrnehmung fixierten Sprachgebrauch wird sich an unsere Rede von Symbolen immer wieder die Frage anhängen: Also »nur« ein Symbol? Das Buch will zeigen, daß und warum diese Frage unsachgemäß ist. Um das »nur« zu entkräften, braucht es kein Drittes Auge; es genügt die einfache Einsicht, daß im Symbol Erfahrungen und Hoffnungen zusammengeballt gegenwärtig sind. Dem Wortsinn nach ist das Symbol das »Zusammengeballte«. In diesem Sinne hießen im kirchlichen Sprachgebrauch bis in die Neuzeit hinein die Glaubensbekenntnisse Symbole. In ihnen sind Einsichten und Überzeugungen von Generationen versammelt, und das Blut der Märtyrer bezeugt und unterstreicht ihr Gewicht. Die Entdeckung, welche didaktische Dynamik in einer solchen Zusammenballung liegt, ist einfach faszinierend; sie wartet nur auf den Impuls, der sie entbindet. Auch die großen Grundworte des christlichen Glaubens, gegenüber denen uns Bonhoeffer »ganz auf die Anfänge des Verstehens zurückgeworfen« sieht – Schöpfung und Erlösung, Auferstehung und Rechtfertigung –, sind in *diesem* Sinne Symbole, die auf den Impuls warten, der sie wieder zum Reden bringt. Was mich von dieser Art, Symboldidaktik zu treiben (von »kritischer Symbolkunde« zu sprechen, halte ich für ein sympathisches understatement), noch viel erwarten läßt, ist schließlich dies: daß exegetische und systematische Theologie hier eine gemeinsame, für die didaktische Arbeit fruchtbare Gesprächsebene finden. Denn freilich ist der Ansatz bei den Symbolen der Ansatz des Systematikers, der aber den Exegeten nicht erschlägt oder frustriert, sondern beflügelt und das geschwisterliche Gespräch zwischen den Disziplinen in einer Weise neu in Gang bringt, die auch didaktisch fruchtbar wird. Ich denke nicht, daß biblische Didaktik künftig in Symboldidaktik aufgehen könnte, wohl aber, daß gerade sie hier noch viel zu lernen und zu gewinnen hat.

Namenregister

Stichwortregister

Seitenzahlen mit * verweisen auf Anmerkungen.